PANA通信社と戦後日本

汎アジア・メディアを創ったジャーナリストたち

岩間優希
YUKI IWAMA

人文書院

はじめに

ＰＡＮＡ通信社という風変わりな企業の名前を知ったのは、私が大学院で「ヴェトナム戦争とジャーナリズム」について研究していた頃のことである。ヴェトナム戦争を本格的に報道した最初の日本人ジャーナリストで、ベストセラー『南ヴェトナム戦争従軍記』などで知られる岡村昭彦は、六〇年代にＰＡＮＡの特派員として東南アジアに渡ったのだという。岡村のヴェトナム報道を考察する上では、まずこのＰＡＮＡなる通信社について調べてみなければならない。

インターネットで検索をすると、すぐに同社の公式ホームページが表示された。ＰＡＮＡとは「Pan-Asia Newspaper Alliance」の略だという。そこに掲載されている「沿革」には、次のように書かれていた。

一九四九年
パン・アジア・ニュースペーパー・アライアンス（ＰＡＮＡ通信社）は、タイガーバームで大富豪となった胡文虎氏の支援の下、香港で中国系米国人の宋徳和（Norman Soong）が、「アジアの、アジア人による、アジアのための通信社」として設立。

全く予想外の出自に私は強い興味を覚えた。沿革によればその後、一九五〇年に東京・有楽町の朝日新聞本社ビル六階に支局を開設し、六二年には報道カメラマン近藤幹雄が宋徳和から東京支局を引き継ぐとともに、六三年に日本法人として再出発した。六四年以降、ヴェトナム戦争が拡大してからは、アメリカの『ライフ』誌を飾った岡村昭彦や、『ニューズ・ウィーク』『タイム』誌を飾った嶋元啓三郎など、多くの特派員が活躍した、とある。現在は、日本の二大通信社の一つである時事通信社の子会社となっている。

以上のようなことが分かったわけだが、それだけしか分からなかったともいえる。メディア史研究の領域でもPANAに関する書籍や論文は皆無であった。何か資料のようなものでもないかと、同社に問い合わせをしてみることにした。「私は大学院で岡村昭彦について研究しています。御社の歴史を知りたいのですが、社史などはございませんでしょうか」というような内容のメールを送った。するとほどなくして返信があった。

「社史はつくっていないのですが、どのようなことにご関心がおありでしょうか。岡村さんがいた時代に社長をしていた方と連絡が取れますので、ご紹介しましょうか。また、シンガポールにも当時のことに詳しい方がいるそうです」。大変ありがたい申し出である。ところで、私はカスタマー担当者からの返信があると思っていたのだが、メールをくれたのはそのような担当者ではなかった。差出人の名前には、「PANA通信社　代表取締役　新井公夫」とある。一大学院生の問い合わせに代表取締役が返信をしてくれるというのも、驚いた。

ともあれ、このようにして岡村がヴェトナム報道をしていた当時の社長、近藤幹雄へのインタヴユーが実現したのである。当日は、現ＰＡＮＡの（つまり時事通信社の）ビルにあるオフィスをお借りし、関係者の方数名も集まって聞き取りが行われた。今にして思えば、初めて耳にする内容ばかりであったため十分に理解できていなかったり、追加で質問して確認すべきなのをしていなかったりした部分もある。それほどまでに、ＰＡＮＡの歴史は私の想像を超えるものだったのだ。岡村昭彦、嶋元啓三郎、宋徳和、ヴェトナム戦争、朝鮮戦争、ＥＰＵ、東京オリンピック、長谷川才次、アジア各国のジャーナリストたち…、近藤の話は誠に多岐にわたった。しかも時系列を無視して。圧倒される私を見て近藤は、「何が何だか分かんなくなったでしょ？」と言い、同行してくれていた元秘書の本間和美も「そうでしょう」と気遣ってくれる。私が「はい」と答えると、近藤は「これも作戦だよ」と笑った。一体何の作戦なのか。

近藤へのインタヴューを皮切りに、京都から東京、シンガポールへと足を延ばし、カメラマンから営業、経理まで多様な元スタッフの方に取材を続けた。それによってようやくＰＡＮＡという存在がおぼろげながら見えてきた頃、調査した内容を踏まえて、博士論文では岡村昭彦のヴェトナム報道を考察することができたのである。

しかしそれまでに行ったＰＡＮＡの調査は、岡村と関係の深い部分に限定したものだった。私はさらにＰＡＮＡそのものの歴史を知りたいと考えていた。宋徳和とは一体どんな人物なのか、タイガーバームの胡文虎が支援をしたというのはどういうことなのか、なぜヴェトナム報道で活躍していたにもかかわらず六〇年代から時事通信社に吸収されていったのか。これらの謎を探るために私は本格的にＰＡＮＡの研究を始めることを決意し、ポストドクターの数年間をかけて調査は実施されたのである。以下の章に述べるのは、その結果である。

私は本書をまとめるにあたり、ＰＡＮＡに関わったジャーナリストたちのライフヒストリーを基軸に、複数の視点から同社の歴史を照射することにした。それは私が、戦後の混沌から経済発展の時代に彼らが持った夢、野望、情熱、利害の交錯する場所としてＰＡＮＡを捉えるようになっていたし、その歴史は単なる社史ではなく人間ドラマとして描かれるべきだと考えたためである。各章の主人公として取り上げた人物だけでなく、できるだけ多くの視点からＰＡＮＡを捉えるようにした。もちろん十分とは言えない。しかしながらいくらかは多面的に見ることに貢献していると思われる。

本書は広く一般に読んでもらいたいと考えているため、必ずしも学術書の形式にはのっとっていない。内容伝達に支障のない範囲で記載を統一していない部分もある。例えば個人名にはアルファベット表記と、判明している場合には中国名表記をしてあるが、歴史上の著名な人物については割愛している。また日本の新聞社・通信社の略称は単語の他の意味と混同しやすいためカッコをつけている（共同通信社を「共同」、毎日新聞社を「毎日」、など）が、欧米の通信社についてはそのような心配がないのでカッコをつけていない。文献引用の際、読みやすさを優先させて漢字は新字体・常用漢字に、仮名遣いは現代仮名遣いに改めてある。

なお、「チャイニーズ（Chinese）」は、中華民国ないし中華人民共和国の国籍を持つ人を指す場合に「中国人」と表記し、国籍は中国ではないが民族的に「チャイニーズ」であるという場合に「華人」と表記している（文脈に応じて「中国系」とすることもある）。

それではまず、私がＰＡＮＡと出会うきっかけになった岡村昭彦のライフヒストリーから辿っていくことにしたい。

目次

ＰＡＮＡ通信社と戦後日本

——汎アジア・メディアを創ったジャーナリストたち

第一章　ヴェトナム戦争とPANA通信社

――戦場を駆け抜けたフォトジャーナリスト・岡村昭彦

一九六三年　南ヴェトナム・サイゴン

南ヴェトナムの首都、サイゴンは「東洋のパリ」と呼ばれている。フランス植民地時代に建てられたコロニアル建築が町のいたるところに残り、ノンラーと呼ばれる笠帽子をかぶった商人やアオザイを着た女性たちとのコントラストが独特な雰囲気を醸し出す。ここ「東洋のパリ」には「ヴェトナムのシャンゼリゼ通り」もある。サイゴン川から大教会まで一直線に続くにぎやかな通りがそれである。フランス統治時代、この通りは「カティナ（Catinat）通り」と呼ばれていた。一九五四年にヴェトナムの南北分断が定着し、この場所が南ヴェトナムという国の一部となってからは「トゥドー（Tu Do自由）通り」に名前が変わったが、現地の人々は、相変わらずカティナ通りという使い慣れた名前で呼び続けていた。フランス統治時代から一貫して、この国で最も人通りの多い繁華街の一つだ。

サイゴン川からカティナ通りを北に向けて歩いていくと、国会議事堂が右手に見えてくる。かつてオペラ・ド・サイゴン劇場として植民地時代の一八九七年に建築されたもので、ハノイの大劇場より規模が小さいが、フランス人植民者たちにとっては人気の娯楽場だった。そのすぐ奥にあるサイゴン最古のホテル、コンチネンタル・ホテルと合わせて、本国から長い旅路を経てやってきたフランス人旅行者にフランス式の生活を提供した。一九六〇年代には、外国からヴェトナム戦争を取材するためにやってきた報道関係者たちのたまり場となっている。このコンチネンタル・ホテルと国会議事堂を、レロイ（Le Loi）通りが隔てていた。

カティナ通りとレロイ通りの交差点、コンチネンタル・ホテルの向かい側にある、これもまたフランス時代に建てられた重厚なつくりのビルの五階に、一九六三年、一人の日本人が部屋を借りにやってきた。その男は、ここを拠点にしてヴェトナム戦争の真実を世界に発信するのだという。実際、彼はその言葉通りジャングルの奥地まで従軍取材し、数日間部屋を空けたと思うと泥だらけになって帰ってくることもしばしばだった。欧米のジャーナリストたちは、神出鬼没な彼のことを「ミステリー・マン」と呼び、後に訪れた日本の記者たちは「将軍」と呼んでその知識と経験を称えた。フォトジャーナリストの岡村昭彦である。

岡村がサイゴンに降り立った当時、日本人の多くはインドシナで起こっている紛争について全くと言ってよいほど無関心だった。日本のマスメディアでサイゴンに支局を置いているところは一つもなく、何か事件があるごとに香港やバンコク、シンガポール駐在の特派員が臨時で取材に来る程度だった。ほとんどの日本人にとっては、ヴェトナムというのは遠くにあるよく分からない国だったのだ。ほんの二〇年ほど前まで自国がそこを占領していたことなど、まるで忘れているかのようである。岡村は日本におけるヴェトナム報道の先駆者となった。

ヴェトナム戦争の生々しい状況を伝える岡村のルポは、当初は週刊誌などの大衆メディアに掲載され、六五年以降に戦争が国際政治のトップニュースとして扱われるようになってからは大手全国紙にもこぞって取り上げられた。それまで無名だった若者は、一躍ジャーナリズム界のスターになったのである。さらに、日本国内のメディアのみならず、著名なアメリカのグラフ雑誌『ライフ』にも写真が掲載された他、出版した著作はベストセラーとなり、各種写真賞を総なめするなどその地位を不動のものにしていった。

ところで、彼はもともとジャーナリストとして働いていたわけではなく、その教育を受けたこともなかったのである。東南アジアに行く前は、共産党の活動や被差別部落解放運動に身を投じて各地を転々としていた。そんな彼が、なぜカメラを片手にヴェトナムの地に降り立ち、世界を驚かせるスクープをものにすることができたのであろうか。岡村自身の志向や能力はもちろん重要に違いないのだが、それに加え彼を成功に導いた背景としてのPANAの役割を示すことが本章の主眼である。それは、岡村を東南アジアに送り、その報道をプロモートした同社の存在を、ジャーナリズム史における関係性のうちに位置づけなおすことだとも言いかえられる。

生い立ち

岡村昭彦は一九二九年一月一日、海軍軍人の父・於菟彦《おとひこ》と母・順子《のぶこ》の長男として、東京帝国大学医学部附属医院で生まれた。於菟彦はのちに大佐となり、仏印作戦の参謀としてサイゴンにいたこともある。ちなみにそうしたことから岡村の名前はインドシナ三国やタイの日本大使館で大変受けが良く、とりわけ駐在武官の間でそうだったという。武官たちの多くは戦前・戦中の士官学校の出身者であったため、岡村の父が海軍大尉だったということで恭しく「大先輩、大先輩」と声をそろえたのだった［陳インタヴュー］。

父方の祖父には、英国証拠法の権威で、後に中央大学学長となる岡村輝彦《てるひこ》がいる。輝彦は一八七六年、東京開成学校在学時に穂積陳重《のぶしげ》らとともに国費留学生としてイギリスのロンドン大学で法学を学び、帰国後は大審院判事、横浜始審裁判所所長などを歴任した人物である。また、曾祖父には明治天皇侍従を務めた堤正誼《まさよし》がいた。母・順子は一関藩田村家の出で、母方の祖父にはアナポリス海軍兵学校に留学した海軍少将・田村丕顕《ひろあき》や、曾祖父には伯爵で日本赤十字社を創設した佐野常民がいる。ようするに、岡村が生まれ育ったのは当時の上流階級の家柄だったということである。原宿にあった家は、地下一階、地上三階の洋館で、大理石の門から表玄関まで車がゆったり回転できるロータリーがあった。一階にはロビー、パーティーのできるサロンなどがあり、二階には大きな洋間や、壁一面天井まである巨大な本棚にはしごをかけてのぼる図書室もあったという［暮尾：一九九二］。

一九四一年、岡村は学習院初等科を卒業し、そのまま同中等科に進学した。同期には、後に共同通信社社長になる犬養康彦や、東南アジア史研究者になる永積昭などがいる。岡村は途中で東京中学校（現・東京高等学校）に転校するのだが、永積によればこれは岡村が悪友とのいたずら行為を続け、放校処分になったからだと言う［永積：一九八七］。東京中学では一年下に推理作家の佐野洋がいた。

なおこの四一年は、日本が米英と開戦し、第二次大戦へと突入した年でもある。日本は緒戦こそ優勢であったものの次第に形勢は逆転し、戦況が悪化するにつれて深刻な労働力不足に悩まされるようになった。それを補うため学徒勤労動員が強化され、四四年には岡村も蒲田の軍需工場で労働に動員されている。

四五年三月の米軍による大空襲では、原宿の自宅が全焼するという出来事があり、焼け崩れる洋館の火を岡村は狂ったように消し止めようとした。後に書かれた岡村の著作には、空襲で焼けただれた東京についての記述が登場し、そこには、「戦争というものは、一度手から離したものを、ふたたび返すという保証を、ぜったいにしないものだ。焼けただれた東京の街を母の手をひきながらさまよい歩いた少年の私の体に、なによりも強烈にやきついたのはそのことであった」と書かれている［岡村：一九六五］。この経験は岡村にとっての原体験になったであろう。

四五年八月に日本が降伏して戦争は終結したが、それまで豪奢な家で裕福な生活を送っていた一家にとって落差は一層大きく、岡村の精神にも大きな打撃を与えたと考えられる。戦後は海軍将校だった父も公職追放となり、自宅の焼失と合わせて全てが岡村の目の前で崩れ落ちたのである。

岡村は四五年四月には叔父の緒方知三郎が学長を務める東京医学専門学校（現・東京医科大学）に入学したが、そこに籍を置きながら輪タクや米軍相手の闇屋などの仕事をして必死に一家を支えた。弟で演出家の岡村春彦が敗戦後の兄の様子について、「敗戦後の約一年間、公職追放で放心の父や、病弱の母、姉達をはげましながら大家族を支えて必死に生活と闘った当時一六歳の健気な兄を私は忘れることができない」〔岡村：一九八六〕と回顧しているように、長男である岡村が家族を助ける責任を強く感じていただろうことは想像に難くない。なお東京医専は、授業料値上げ反対運動の急先鋒となって学長である叔父と対立したことなどから四七年の三月頃に中退する。

ここで注目すべきは、春彦が同じ回想記で述べているように、岡村が戦後の生活の中で次第に「左傾化」していったことである。もちろん、戦後の共産党ブームや労働運動の盛り上がりを見ても分かるように、当時としてはそれほど珍しいことではない。ただ、岡村はその中でもかなり深くコミットし、日本共産党にも入党していたと見られている。共産党はその方針をめぐって五〇年から内部対立していたが、岡村は武装闘争路線をとる所感派の「山村工作隊」に参加し、北海道での活動に従事したのだった〔高草木：二〇一六〕。

活動家としての遍歴

北海道での動向について詳細は明らかになっていないが、確かなことは、岡村が無免許での医療行為によって逮捕されていることである。岡村は釧路市内に診療所を開き、そこで診察や手術などの医療活動を行っていた。専門学校で医療を学んではいるが、右に書いたように中退なので免許は取得していなかった。だが五一年に逮捕された際、取り調べで岡村は「私よりホンモノの医者達こそ詐欺行為をしている」と現代医療を辛辣に罵倒し、「資格がなくとも、刑務所いりすることが判っても要するに病気を確実に治せばいいと思ってあえて私はやった〔中略〕資本主義社会ではある者から取り、ないもの〔ママ〕に与える以外、ない者は永久に救えない。だから私は貧乏な患者から金をとるつもりはなかった」と力説した〔北海道新聞：一九五二、一二月一七日付夕刊〕。

　このように岡村の立場は社会主義的思想に立脚したものだったが、患者から安価での治療に感謝する声もあった一方、拙劣な堕胎手術を受けたため重態となったケースもあったというから、倫理的にも許されることではない。裁判の結果は懲役四カ月の実刑判決である。なおここで実刑となったのは、すでに米ドル不法所持の罪状で執行猶予中の身であったためである。

　しかし実刑となったことよりも何よりも、この時の岡村にとって一層辛かったのは交際していた高校生画家の加清純子が自殺したことだと思われる。自殺の動機については定かではないが、芸術家としての才能に悩んでいたなどとも推察されているし、あるいは岡村が「にせ医者」として逮捕されたことと無関係ではないと見る向きもある〔高草木：二〇一六〕。彼女と札幌南高校の同級生であった小説家の渡辺淳一は、彼女を主人公のモデルにした『阿寒に果つ』という作品を書いた。「第五章　あるカメラマンの章」に登場する「殿村知之」は岡村をモデルとした人物である。岡村は北海道でのことについて著作に書き記しておらず、この時の彼の心境を知ることはできない。ただ刑期を終えた後は、熱心なカトリック信者だった母親・順子の勧めで、函館郊外の渡島当別トラピスト修道院に住みこみで働くようになった。ここでカトリック関係の本を読んだり、各国からやってくる神父と交流をしたりしながら、一年半そこで静かに時を過ごしたのである。

　その後、岡村は函館市内の小売書店の女性と知り合い、結婚した。娘も二人生まれたが、その女性とも数年後には離婚した。一カ所に留まらない風来坊的性質がすでに表れていると言えよう。しばらくは母親の住む浜名湖畔の舞阪町と函館を行ったり来たりしながら出版関係の仕事やラジオドラマを書いて暮らしたが、福岡県の三池炭鉱で起きた三池闘争に参加したことが岡村に次の道を開くことになった［暮尾：一九九二］。

国内最大の炭鉱、三井鉱山三池鉱業所で大規模な労働争議が起こったのは、五九年から六〇年にかけてのことだった。背景には、この時期に日本の基幹エネルギーを石炭から石油に転換する政策がとられ、石炭産業の斜陽化が多くの炭鉱閉鎖や、労働者の失業をもたらしたことがある。三池闘争は雇用者側の人員整理策に労働者たちが反対して起こった大規模な労働争議として戦後史にその名が刻まれているが、岡村はそこに参加して炭鉱労働者とともに暮らすようになったのである。またここで被差別部落出身者や部落解放運動の指導者である松本治一郎に出会い、次第に部落問題への関心を深めていった。

その後、東京の荒川にある町工場で皮革労働者として働き、さらにそこで出会った同僚の勧めで千葉県の上本佐倉で部落解放運動に身を置くようになるのが、六〇年頃のことである。部落解放運動の中には、部落出身者以外を全て〝差別者〟として攻撃する「部落排外主義」の考え方があったが、運動にまったく参加できないというわけではなかった。岡村はその都度の出会いによって、実に様々な場所を転々としていたことが分かる。村では住民の悩み相談を受けたり、役所との交渉役を務めたりといった仕事もすることで、差別を受けていた上本佐倉の状況を変革していったが、それでもよそ者が入っていくのはやはり容易なことではない。中には岡村の存在を快く思わなかった者もいたようだ。当時の状況を知る者によれば、些細なきっかけで村人と岡村の間に誤解が生まれ、ある日を境に彼は一切顔を出さなくなったのだという〔白石：一九九九〕。

実はちょうどこの時期、社会党系の総評（日本労働組合総評議会）が週刊誌『新週刊』を創刊した。編集長の加藤子明と交際があったことから岡村は編集次長のポストを得ることになり、様々な企画を立案、実際に取材や編集を行った。その中の代表的なものとしては、「明治を生きた日本人」「地底に生きる日本人」など、日本の近代化をテーマとしたものがある。ここでメディアの仕事に初めて携わった訳である。また、この仕事を通じて、炭鉱作家の上野英信やカメラマンの土門拳、三木淳らと知り合う機会も得た。ところが『新週刊』は経営が上手くいかず、四億円近い負債を残して一九六二年七月に廃刊することになる。またしても岡村は無職になった。

PANAとの出会い

さて、ここまでがPANA以前の岡村の歩みとして評伝などで明らかになっている部分であるが、この後なぜ岡村がジャーナリストとして東南アジアに渡ることになったのかは十分にわかっていない。

まずは岡村自身の言葉を見てみたい。彼が後に語るところによれば、「私が特にアジアのニュースに強いPANA通信社と契約したのは、タイに恋人がいて、どうしてもバンコックに行きたかったからであった」という〔岡村：一九七五〕。彼がヴェトナム戦争報道というきわめて政治的テーマで活躍したことを考えれば、何とも私的な理由に拍子抜けしてしまう。だが、えてして人生の岐路とはそのようなものかもしれないし、岡村の場合、〝外国人の彼女を追って〟、という物語が彼の著作にスパイスを加えてもいる。というのは、『南ヴェトナム戦争従軍記』はタイ人の恋人「スーニー」との文通から始まる形になっていて、「ピンキィ」とのやり取りを全体にちりばめたロバート・キャパの『ちょっとピンぼけ』を彷彿とさせるのである。キャパは岡村の憧れのカメラマンであり、岡村自身も『従軍記』が「どっぷりとキャパにつかってしまっている」ことを認めている〔岡村：一九七八〕。

とはいえ当時を知るPANAのスタッフらによれば、このスーニーという女性は実在していたようである。『従軍記』に登場する「シンガポールのC支局長」こと陳加昌（Chin Kah Chong）は、彼女はタイ国際航空のキャビン・アテンダントであったと教えてくれた。確かに、CAでもなければこの時代に「毎月一回、かならず定期便のように彼女は日本にやって」くるのは難しいように思われるし、「夜一〇時ちかくに羽田につき、翌朝八時にはもう羽田をとびたってゆく」（『従軍記』）生活はそうそうあるものではない。

当時、羽田空港内にはPANAの支局があったのだが、岡村がPANAの仕事をするようになってから空港に用がある際には、その機会を利用してスーニーに会いに行っていたという。PANAのカメラマンとして羽田勤務をしていた石井義治は、「ある日の夕方、帰り支度をしていた昼番といたとき、岡村さんが突然事務所に入ってきて「おい腕章貸せ」と言って飛び出していったことがありました。岡村さんが羽田で取材することなんてないですからね。スーニーに会いに来たんですよ」というエピソードを語ってくれた。

タイ国際航空は一九五九年に設立された航空会社である。六〇年五月の運航開始と同時にバンコク－羽田便を就航させ、日本と東南アジアの距離を近づけるのに貢献した。羽田は五一年のサンフランシスコ講和条約で民間空港として再開して以降、五三年から国際線の発着を次々と開始しており、五〇年代後半から六〇年代にかけての国際線増加は日本の戦後再出発を象徴するような出来事でもあった。飛行機自体が一般人にはまだ珍しいものであった頃、タイからやってきたCAのスーニーは岡村にとって誠に魅力的であったに違いない。

どのようにしてスーニーと出会ったのかは定かでないが、タイ国際航空が羽田に就航したのは岡村が部落解放運動から距離を置き、『新週刊』で働き始めた頃である。当時、国外の記者が取材した原稿やフィルムを日本に届けるために、それらをキャビン・アテンダントに運んでもらうことはよくあることだったため、スーニーがそうした役割を担っていたことも考えられる。このような機会を通じて岡村はスーニーと知り合うことができたのかもしれない。

では、スーニーによってアジアに関心を持った岡村はどのようにしてPANAで働くことになったのか。それは、共同通信社の社会部記者（後に社長）であった犬養康彦による仲介によってであった。前述の通り、二人は学習院の初等科・中等科を通じての幼友達であり、『新週刊』が廃刊になった六二年、岡村は犬養の家に居候をしていたのである。犬養が岡村に「何かしたい仕事はないのか」と聞くと、「それではカメラマンになるかな」と軽く答えが返ってきた。そこで犬養は、PANAの社長であった近藤幹雄に岡村を紹介したのだという［新藤：二〇〇六］。

私が近藤にこのことを尋ねると、彼も岡村を紹介したのが犬養だったことを認め、次のように語った。

共同通信の犬養が僕に、「面白い男がいるから会ってみてやってくれよ」と言ってね。「たまたま今日、うちにいるから」って言うから行ったんですよ。「変わった人間だからな。気をつけろよ」って言うんです。気をつけろよっていう紹介のしかたはないんじゃないかっていうんだよ。

それで、どうもタイに行きたいらしいということでね。タイで書き物をやりたいと。なぜかというと、タイはずっと独立国でいたわけでしょう。それは東南アジアの中では珍しいですよね。他の国はみんな植民地になったんだから。「それについてまとめたい」というのに対して、犬養が「近藤、何か手助けしてやってくれよ」って言うんですよ。それがきっかけです［近藤幹雄インタヴュー］。

ここでは岡村は全くスーニーのことなど口にしていない。もちろん、タイに仕事で行かせてもらうよう説得するのに女性の存在を前面に出すとは考えにくく、タイの歴史について関心を持っていたことも嘘ではないだろう。『新週刊』で働いていた間に写真家の土門拳などと知遇を持ち、写真という表現手段に関心を持ったことも岡村は後に述べているので［岡村：一九七八］、事実だとすれば、タイへの接近手段としてカメラマンという職業を選択したことも不自然ではない。いずれにせよ、このようにして岡村はPANAで働くことになり、ジャーナリストの道に一歩近づいたのである。

ただし、すぐにタイに行けるほど甘くはない。まず岡村にはカメラマンとしての知識も技術もなく、当時のカメラは専門技能がなければ素人には扱うのが難しかった。さらに、タイにはすでに現地法人となっているバンコクPANAのオフィスがあり、支局長のアレックス・ウー（Alex

H. Wu 伍亜力）の他、人員は足りていたのである。また、PANAの中でも海外に赴任したいカメラマンが自らの順番を待ちわびる中で、新人の岡村を先に行かせる理由はなかった。

しかし岡村はめげなかった。タイに行けないのであれば、何のためにPANAに入ったのかが分からない。岡村は「給料を返上して自腹を切ってでも取材したい」と訴えた。あまり熱心に言うので、近藤はシンガポールの陳加昌に手紙を書き、「岡村に活動の場所を与えてやってほしい」と相談をすることにした。六二年一一月のことである。

一二月に入って陳が東京にやってきた時、岡村は羽田まで彼を迎えにいった。陳はすらりとした長身のシンガポール華人である。年齢は三一歳で岡村と同年代だ。東南アジア情勢について詳しく、また日本語も堪能なので岡村にとってはタイ取材を実現させるためにぜひ協力を得たい人物である。岡村は東京へ向かうまで、そして陳が泊まっていた帝国ホテルのバーでも自分のバンコク行きの希望を熱心に語り、そこを東南アジア取材の中心地にしたい旨を訴えたという。

翌日、東京のPANAの責任者数名と陳、そして岡村の間で話し合いがもたれ、彼の東南アジアでの仕事先が検討された。その際、すでに五六年から何度も南ヴェトナムを取材し、戦争の不穏な兆候を察知していた陳は岡村にタイではなくヴェトナムへ行くことを勧めた。ヴェトナムならまだ取材しているジャーナリストも少ないし、その政治情勢は目が離せないものになっているからだ。だが、岡村は同意しなかった。陳によれば、岡村は「自分はかつて戦争を体験しているのでもう戦争の災禍を目にしたくない」「戦争よりも民衆の間に深く入り込んで生活や文化を理解することに関心がある」と主張したのだという［陳：二〇一一、陳インタヴュー］。むろん、ここでもスーニーのことなど一切口にしない。だがタイに行きたい最大の理由は彼女に会うためなのだから、ヴェトナムでは意味がない。

結局、ＰＡＮＡの経営者たちは岡村の意を汲み、また東南アジア全体の情勢変化に鑑みて彼を派遣することのメリットも考え、ようやくバンコク行きが認められることになったのだった。そうして岡村は一九六二年一二月、クリスマスの前夜に旅立っていった。三三歳のことである。

東南アジア行き

ちょうど六三年一月一二日、タイではボクシングのファイティング原田が世界フライ級王者防衛戦を行うことになっていた。岡村はこれを撮影するよう近藤から命じられ、さっそく取材を開始した。だが、近藤によれば試合の写真はどれもピンボケだったり構図がいまいちで全く使い物にならず、ピントどころか露出の意味もわかっていないのではないかという状態だったという。ちなみに、ボクシングは動きが速く撮影が難しいため、新人カメラマンの腕をテストするのにはよく使われた。ファイティング原田が人気の選手だったということの他に、近藤の念頭にはそうした意味もあったのだと思われる。

もちろん、岡村は行く前にもカメラについて基礎的なことは近藤から教えられていた。だが岡村は実に不熱心で、「写真というのは心で撮るもんだ。そんなこと教えられなくてもわかる」という有様だった［ＮＨＫ：一九八五］。後に当時を振り返って、「確かにフィルムの詰め方は知りませんでしたが、何にレンズを向けるべきかは知っていました。だから、私はプロでした」と述べている

［岡村：一九七九］。

岡村が東南アジアに取材に行った時の身分は、「ＰＡＮＡ通信社契約特派員」である。両者の契約は、岡村の撮った写真をＰＡＮＡが代理で販売し、売り上げの六割が岡村、四割がＰＡＮＡに支払われるというものであった。正規の特派員ではないため岡村の写真はＰＡＮＡから契約メディアへの「配信」はされず、「営業」部門で新聞社や出版社に販売されていた。ＰＡＮＡは委託販売の形で、新聞や雑誌に岡村の写真の売り込みをしていたのである。ただし、関係者の証言によれば、渡航費や取材費などはＰＡＮＡがほとんどを支払っていた。そのあたりは具体的にどういう取り決めになっていたかと言えば、明確な取り決めなどなかった。書面が交わされたわけでもないし、詳細が相互に承認されたわけでもない。岡村はただ取材して「よい写真」を送ればよかったのだ。なおこのような慣習は決してＰＡＮＡ独自ということではなく、メディアの世界では一般的なものであった。

また「契約特派員」であっても、特定メディアの後ろ盾があるということは取材において少なからず有利に働く。現地で取材許可証の発行を申請する際に、所属先があるか、少なくとも契約先があれば申請が通りやすくなったのだ。

東南アジアに着いてからの岡村の取材内容についても見ていきたい。彼はタイで祭りや農村の写真を撮ってしばらく過ごした後、六三年三月にラオスへと向かった。そこで、ラオス軍を指揮するサワット中佐こと山根良人について取材を行うのである。山根は、大戦中にラオスに派遣された元日本兵である。敗戦後、捕虜生活と処刑への恐怖から現地で脱走し、逃げ延びた先で乞われて軍事教官をしていた［山根：一九八四］。

山根の様に、戦後も日本へ帰国せずその地に住み着いた残留日本兵は少なくない。残留兵が確認されている場所は現在のヴェトナム、ラオス、カンボジア、インドネシア、タイ、ミャンマー、中国、マレーシア、シンガポール、フィリピン、ロシア、モンゴルなどアジア全域に及び、その総数は約一万人にも上るとも言われている［林：二〇一二］。彼らの中には軍隊経験を買われて当該国の軍隊や独立運動のための兵士育成を担った者もおり、山根もそのような一人であった。

山根は最初のうち岡村を警戒したが、次第に打ち解けて話すようになり、岡村は帰国時には山根の実家まで行って伝言を届けたりもした。七月に再度ラオスで山根に再会し、これらのルポや写真は、「ラオス軍を指揮する日本人将校」として『毎日グラフ』（一九六三年八月一八日号）に掲載された。少しずつ、ジャーナリストとしての歩みを進めつつあった。

南ヴェトナムへ

岡村が初めて南ヴェトナムの地に降り立ったのは、ラオス取材後の六三年七月である。仏教徒がゴ・ディン・ジェム政権の弾圧に対し抗議活動を活発化させていた時期で、六月には僧侶のティク・クァン・ドックが焼身抗議をして注目を集めていた。それでも当時、日本のマスメディアでサイゴン支局を開設している社は一つもなかった。新参者の岡村にとっては有利な状況だったろう。ちなみに、スーニーとは上手くいかなかったのだ。彼女は別の男性と結婚した。こうしたことも、ヴェトナムという新天地での仕事を後押ししたのかもしれない。ちなみに『従軍記』では岡村がヴェトナム報道に熱を入れすぎてスーニーと別れたことになっているが、陳加昌の解釈は彼女に振られたからヴェトナムに行ったというものだ〔陳：二〇一二〕。どちらが事実かは藪の中である。

さてここで少し、ヴェトナム戦争にいたるまでの歴史を概観しておきたい。そのことによって、岡村のヴェトナム報道の意義や位置づけがより明確になるであろう。

第二次大戦中、日本によって占領されていたヴェトナムでは、日本の敗北後すぐに独立派がヴェトナム民主共和国の樹立を宣言した。四五年九月二日、ハノイのバーディン広場で行われたホー・チ・ミンの演説は、アメリカ独立宣言やフランス人権宣言を引用しながら、「世界のすべての民族は、生まれながらにして平等であり、いかなる民族も、生きる権利、幸福の権利および自由の権利をもつものであることを意味している」と高らかに謳いあげた。列強の搾取に苦しみ、長きにわたって人間として低い地位に置かれてきた彼らは、西洋の思想を学ぶことで人間が平等であることを「発見」したのである。

しかしながら、欧米社会で尊いものとされた自由と独立の理念が、アジアの小国に適用されることを列強諸国は許さなかった。宗主国フランスが戻って来て再びこの地を支配し始めたのである。独立派はヴェトミン（ヴェトナム独立同盟）を基盤として各地で武装闘争を開始し、フランス軍やその傀儡として南部に樹立されたヴェトナム国と熾烈な戦いを繰り広げ、九年後の五四年、「ディエンビエンフーの戦い」でフランス軍を降伏させた。圧倒的な軍事力を誇るフランスが敗北したというニュースは瞬く間に全世界を駆けめぐり、同じく植民地支配に苦しむアジア・アフリカ諸国に大きな希望をもたらしたのであった。

ところが、冷戦期の大国による東西対立のさなか、休戦について話し合われていたジュネーヴ会議でヴェトナムは北緯一七度線を暫定軍事境界線として南北に分割することに決められた。ホー・チ・ミンらの悲願である南北統一は棚上げにされたのである。統一をめぐっては、二年後の五六年に総選挙を行って、体制などの政治的諸問題を解決するという内容が最終宣言で約束された。統一と独立を求めた人々にとっては納得のいくものではないが、後ろ盾であるソ連、中国を含めた大国の意向には逆らえない。二年後に向けて準備を万全にしておくしかなかった。ただし、アメリカは最終宣言への参加を拒否し、ヴェトナム国は休戦協定自体にも反対した。統一選挙を行えば、ホー・チ・ミンらが勝利することは目に見えていたからである。この時から、すでに次の戦いが始まっていた。

二年後、やはり総選挙は実現されないことが確実になり、ジュネーヴ協定後も南部に残り続けたヴェトミンはそれまでの政治闘争に加えて武装闘争の開始を模索した。これに北ヴェトナムの政権が承認を与え、六〇年に南ヴェトナム解放民族戦線が結成されることになる。すでにアメリカも五四年からヴェトナムへの介入を始めていて、当初は軍事援助顧問団の派遣だけだったのが次第に拡大し、六二年には顧問団を改組して米南ヴェトナム援助軍司令部を設立した。こうして、まずは南ヴェトナム国内で、解放戦線対アメリカ軍・南ヴェトナム政府軍の戦いが宣戦布告もなく始まるのである。いつしか世界はこれをヴェトナム戦争と呼ぶようになっていった。フランスとの間で戦われたインドシナ戦争からヴェトナム戦争まではひと続きであり、後者がいつから始まったか論者によって意見が分かれるのは、このようにはっきりとした起点を確定しにくいためである。アメリカは少しずつ泥沼の深みにはまり、そのうちに抜け出せなくなっていた。

これらの動きを嗅ぎつけ世界各地からやってきたのが、戦場ジャーナリストたちである。岡村はそうしたうちの一人だったが、日本人としては誰よりも早く現地に拠点を築くことができた。前述のように、岡村がサイゴンを訪れた頃に日本のメディアで特派員を常駐させていた社はなかったのだ。日本のメディアがこの地で起こっている戦争の重大性を認識しサイゴンに支局を開設し始めるのは、一九六四年八月のトンキン湾事件が起こってからであるので〔岩間：二〇一〇〕、その一年以上も前からサイゴンに根をはっていたことの意味は大きいだろう。

ヴェトナム取材と『ライフ』への掲載

岡村がサイゴンに行った時期には、PANAのサイゴン支局も存在しなかった。岡村が借りていたアパートが実質的なPANAの支局になったのである。この部屋の賃貸料はPANAが出しており、後にPANAから正式の特派員として派遣されたカメラマンの市来逸彦や、その後の嶋元啓三郎、守田弘一郎などもそこを利用するようになったというから、PANAのサイゴン支局は岡村によって開設されたと言ってよい。

そのアパートはレロイ通りとカティナ通りが交差する北西の角にあり、国会議事堂や米軍が記者会見を行う司令部なども比較的近い便利な場所だった。一階の道路に面した商店には、インド人が店番をしている雑貨店、外国人相手の輸入食品専門店、ソニー・ラジオの代理店、外国人記者がたまり場にしているジブラル喫茶店などがあり、内側には外国製品を売る商店やフランス映画の常設館があった〔岡村：一九六五〕。

市来逸彦は、六五年二月にＰＡＮＡの正規特派員としてサイゴンに派遣されてこの部屋を訪れた際、岡村が日本から持ち込んだ大量の書籍が書棚を埋め尽くしていたことに驚いたという。読書家の岡村がすっかりサイゴンに拠点を築き上げてきた様子がうかがえる。なお、市来によればここは「支局ではなく生活拠点」だということである〔市来インタヴュー〕。確かに、そこで仕事はするものの、事務用品などが揃ったオフィスではなく、寝泊まりをする生活拠点をイメージした方がより実態に近そうである。

六三年七月からサイゴンに移って以後、岡村はどのように取材を進めていったのだろうか。まず、確認できる岡村のヴェトナム関係の報道で最も早いものは、『サンデー毎日』（一九六三年一一月三日号）に掲載された「特別手記　サーロイ寺院の襲撃」である。これは、八月に南ヴェトナム政府がサイゴン最大の寺院であるサーロイ寺院に軍隊を差し向け、多くの逮捕者を出した事件であった。その際に岡村も秘密警察に逮捕されそうになるのだが、外国人特派員の仲間たちによって助けられるという経験をした。ただ、この特別記事が日本の週刊誌で取り上げられたことに関して、岡村自身はあまり良い評価をしていない。彼は次のように述べている。

ひょっこの特派員であるぼくの報道は、もの珍しい目で日本のマスコミの人たちに見られ、たいへんものずきな日本人のカメラマンがサイゴンで夢中になっているとしか考えられませんでした。ですから、一九六三年中にぼくが送った記事で日本のマスコミがとりあげたのは、ぼくがゴ＝ジン＝ジェムの秘密警察につかまったという話はおもしろいということで『サンデー毎日』がとりあげただけでした［むの・岡村：一九六八］。

この時はまだ、日本でヴェトナム戦争の重大性は認識されていなかったのである。その後、岡村の報道がようやくまとまった形で取り上げられるのは、六四年一月のことである。朝日新聞社から出ていた人気週刊誌『朝日ジャーナル』の一月二六日号から四回にわたって、「苦悩するインドシナ三国」のシリーズが連載されたのである。「生きている〝植民地〟」「知られざる南ベトナム戦争」「メコン・デルタの戦闘」「醜い日本人」など、従軍報告だけでなくヴェトナム戦争を歴史的観点や日本との関連で捉えた岡村らしい記事であった。

また、六四年二月から三月にかけては韓国を訪れ、日本人として初めて李承晩ラインを韓国側から取材している。李承晩ラインは、五二年に韓国の李承晩大統領が自国の主権の及ぶ海域として朝鮮半島周辺に設定した線で、日本側はこれを認めていなかったものの、韓国側による日本漁船の拿捕事件がたびたび起こっていた。そんな状況下において、岡村は相手側からの視点でこの問題を捉えたいと考えたのである。この時の成果は、『サンデー毎日』（「李ラインを韓国漁船で行く」一九六四年四月一二日号）や月刊誌『世界』（「ルポルタージュ・韓国漁船にのって李ラインを見る」一九六四年五月号）に掲載されている。

岡村初の著書『南ヴェトナム戦争従軍記』の出版が決定するのはこの頃である。岡村は六四年四月に一時帰国した際、『新週刊』の仕事で知り合って以来慕っていた炭鉱作家の上野英信へ次のような手紙を書いている。「四月一一日に羽田を発つとき、岩波の田村氏が駆けつけて下さり、「新書の出版が編集会議で決まった」と、わざわざ伝えて下さいました」「八月上旬に帰国し、岩波新書を書いてしまうつもりです」〔上野：一九八六〕。この時期、まだトンキン湾事件も起こる前だが、きな臭くなってきたインドシナの情勢に日本のメディアも少しずつ注目し始めたようである。

続いて、六四年五月二六日の『朝日新聞』夕刊には、「ベトコン作戦に従軍して——メコン・デルタの最前線から」という記事が掲載される。三ページ目の紙面全体が使われており、全国紙で大々的に取り上げられた初の岡村の記事であった。

そしてついには、アメリカのグラフ雑誌『ライフ』（一九六四年六月一二日号）が岡村の写真を特集記事として掲載するのである。『ライフ』はかつてロバート・キャパも契約していた著名な雑誌で、カメラマンにとって憧れの存在である。そこに駆け出しのカメラマンの写真が九ページにわたって掲載されたのであるから、報道関係者の間では話題になった。

この頃、岡村はすでに従軍取材を何度も経験しジャーナリストとしても腕を挙げるようになったが、それにしてもほとんど無名だったカメラマンの写真が使われることは珍しい。一体どのようにして掲載にいたったのだろうか。当時、ＰＡＮＡで写真販売を担当していた木村譲二は次のように語った。

その頃、ヴェトナム情勢は内戦の域を超えはじめていましたが、少なくとも日本国内では対岸の火事視されマスコミを含み関心は薄く、海外のヴェトナム報道もそれほど活発ではありませんでした。しか

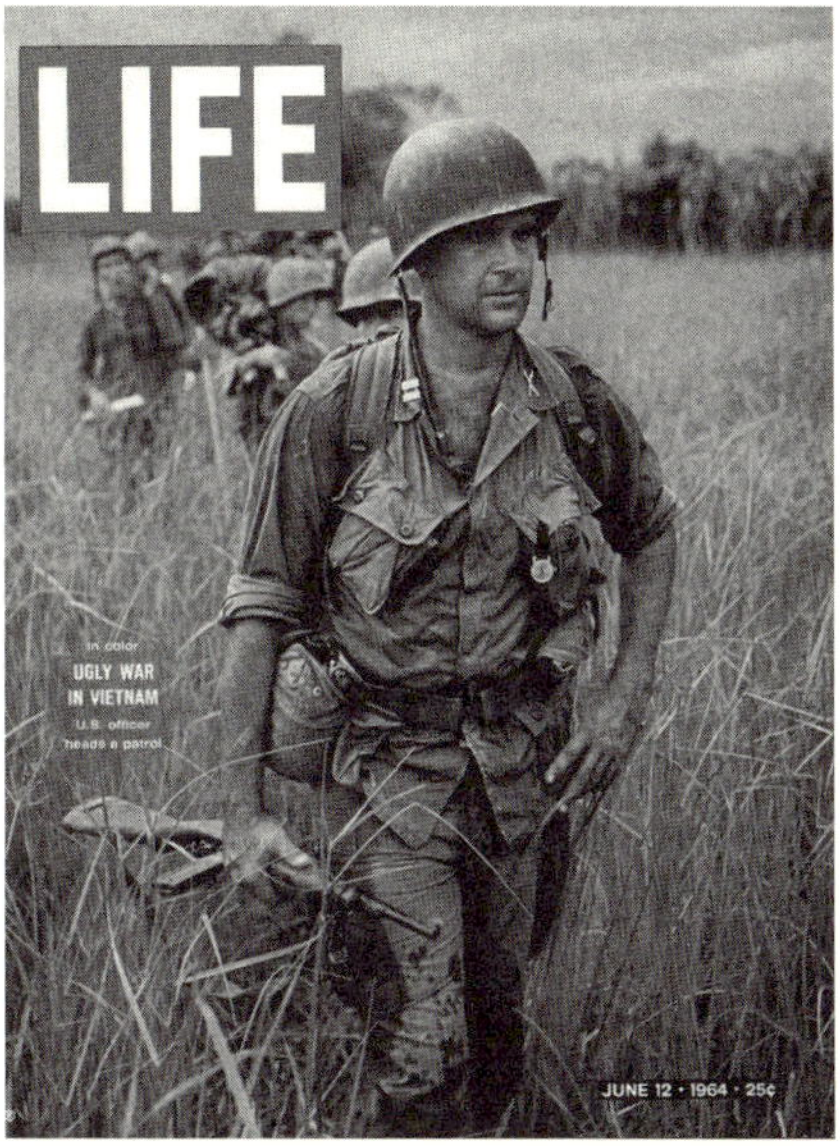

岡村の写真が掲載された『ライフ』表紙と記事

し、岡村の取材写真を一瞥すれば、ヴェトナム戦争本格化の兆しは一目瞭然でした。そこで小生は契約のある朝日、毎日、読売三社にサンプルを持参して売り込みを図りましたが、この写真を見て「これはスクープだ！」と即座に判定したのは毎日新聞の大森実外信部長だけでした。が、大森氏は「残念だが、上の連中が一括買い上げを決めるまで時間が掛かりそうだから、今回はパスする」と、当方の締め切り条件には応じられそうにないと断られました。

こうして一応、契約のある朝毎読三社には義理を果したので、『ライフ』東京支局長に電話を入れました。というのも『ライフ』誌が、ヴェトナム戦争特集を組むべく大々的な取材をしている最中で、まだ「キー・ピクチュアーが撮れていない」との噂を耳にしていたからです。そこで南ヴェトナム政府軍陣地に突入して地雷あるいは砲弾に吹っ飛ばされたベトコンの死体など、前線における数点の生々しいカラースライドを支局長に見せながら「all or nothing」の条件で売りつけたところ、二つ返事で百点を超えるスライドを一括購入してくれたのです。しかも掲載に当たって岡村氏申し出の条件「特集の表題に ugly war の表現を含むこと」に応じるほか、ページ当たり通常の二倍の掲載料を払ってくれたのですが、残念ながらその時の料金を覚えていません。ただ、同誌最高のレートだったことは確かです［木村インタヴュー］。

岡村は「よい写真」を撮ってきた。だが日本のメディアの中ではまだそれが理解されなかったようだ。しかしそのおかげで岡村の写真は『ライフ』の目に留まり、アメリカで評価されることになったというわけである。これは岡村が国内の新聞社や出版社と契約したカメラマンだったら同じようにはならなかっただろう。国際写真通信社であるＰＡＮＡと契約していたからこそ、道を開くことができたのだと言える。

『南ヴェトナム戦争従軍記』の執筆

六四年八月二日と四日、北ヴェトナムのトンキン湾でアメリカの駆逐艦マドックス号が北ヴェトナムの魚雷艇から攻撃を受けたという出来事があった。この事件への報復としてアメリカは北ヴェトナムへの爆撃（北爆）を行い、南ヴェトナムへの地上部隊大量派遣に踏み切ることになった。これがトンキン湾事件である。同事件は、戦争が南ヴェトナム国内だけでなく、北ヴェトナムへも拡大することを意味していた。ちなみに、四日にあったとされる二度目の攻撃は実はアメリカ軍による捏造であったことが現在では明らかになっている〔ニューヨーク・タイムズ編：一九七二〕。しかしトンキン湾事件こそはアメリカのヴェトナム介入を本格的に推し進める重大な契機となったのであり、日本のメディアもこぞって現地へ特派員を送り事件を報道した。この辺りから、日本の大手新聞社や通信社もサイゴン支局を開設し始めるのである〔岩間：二〇一〇〕。

他の記者に先駆けて取材していた岡村は、『ライフ』への掲載と戦争そのものの激化によって次第に注目を集めるようになっていった。六四年八月号の『世界』には、「南ヴェトナム戦争従軍記」という、後に書籍につけられるのと同じタイトルのルポが掲載され、また『朝日新聞』（一九六四年八月六日夕刊）にも「南ベトナムの山岳民族特別部隊――ベトコン作戦に従軍して」という記事が大々的に掲載される。そしてこの夏頃、先の上野英信への手紙にあったように岡村は日本に帰国し、

『従軍記』の執筆にとりかかるのである。執筆は福岡県筑豊炭田近くの廃鉱部落にあった上野の自宅にて行われた。岡村は上野に励まされたり修正されたりしながら、『従軍記』を書き進めていった。

その傍ら、この時期に雑誌や新聞などのメディアにも多く登場している。六四年九月から一二月にかけての露出を見ると、次のようなものがある。

「荒垣秀雄連載対談・時の素顔六三――南ベトナムの従軍記者」『週刊朝日』九月一八日号
「ベトナム戦線従軍記」『サンデー毎日』九月二七日号
「南ベトナム　山岳部族の反乱」『朝日新聞』九月二八日夕刊
「一七度線を行く――前線できくトンキン湾事件」『世界』一〇月号
「素顔をみせた南ヴェトナム――それは宗教戦争ではなかった」『世界』一一月号
「ベトナム戦争　従軍手帳」『太陽』一一月号
「緊張つづく南ベトナム戦線（カラー）」『週刊朝日』一一月六日号
「インタビュー　医者の卵から従軍記者」『サンデー毎日』一一月八日号
「南ヴェトナムの歴史と現実――グエン・トン・ホワン元副首相に聞く」『世界』一二月号

これ以前と比較して大幅に増加しているのが分かる。またこの中には、戦争そのものを伝える記事だけでなく、インタヴューで岡村という人物に焦点を当てた記事もある。突如現れたこの人物が一体何者であるのかに興味がもたれたのである。『サンデー毎日』の記事では、「彼は〝入社〟したのではない。日本にも新しいレポーターができたものである」、「しろうと従軍記者が、そこでたちまちのうちに国際記者に育った」と、その新しさが強調されている。実際、新聞社や通信社の特派員でもない若者が国際的事件の報道で群を抜くなどということは、日本のジャーナリズム史上、前代未聞であった。

一一月には講談社写真賞も受賞し、かつて一活動家だった岡村は、国際報道の世界で一躍時の人になったのである。

大ブーム

寄稿や対談で忙しくしながらも岡村は著書の執筆を進め、書き上げると年末には再びサイゴンへと戻っていった。そのため六五年一月に『従軍記』が発売され評判となった状況を直接目にすることはなかった。

『従軍記』は、同時期に発売された他の二冊の書籍とともに、ベストセラーになった。トンキン湾事件以降少しずつ日本のメディアもヴェトナムに注目し始めたことは先に述べたが、こうした関心の高まりを背景に、ヴェトナム物の書籍が出版され部数を伸ばしたのである。他の二冊のうち一冊は、三月に毎日新聞社が発刊した『泥と炎のインドシナ』である。これは外信部長だった大森実の発案で五人の特派員が南ヴェトナム、カンボジア、ラオスを取材し、一月四日から三八回連載された特集を書籍化したものである。同企画は大手新聞社が行った本格的な取材として最も早いものであった。

もう一つは、朝日新聞社から三月に刊行された作家・開高健の『ベトナム戦記』である。これは『週刊朝日』の臨時特派員として六四年末から南ヴェトナムに派遣された開高が、帰国後の一月から一〇回にわたって同誌に連載したルポを書籍化したものであった。こちらは隆盛を極めていた週刊誌の中で、最も早くヴェトナムを取り上げた企画だと言える。

そして岡村の『従軍記』出版が一月である。この三冊が日本におけるヴェトナム報道の本格化を象徴するものであった。いずれも大きな注目を集め、『朝日新聞』の「最近のベストセラーズから」という記事では、これらの「特派員ものの南ベトナム・ルポルタージュが三冊、そろって非常な売れ行きをみせているのが目立つ」と報じられている〔朝日新聞：一九六五、三月三一日付朝刊〕。

ヴェトナム戦争は世界中が注目する事件であったが、日本の特殊事情としては、アメリカの対ヴェトナム政策において日本が大きな役割を果たしていたことがある。沖縄をはじめ日本各地には米軍基地があり、そこから多くの兵士がヴェトナムに向けて飛び立っていたのである。戦闘機の修理や燃料補給、負傷した兵士を治療する野戦病院や休暇の遊び場など、日本はアメリカにとって不可欠な後方基地であった。さらには、基地内や軍事物資を運ぶＬＳＴ（戦車揚陸艦）でも、多くの日本人労働者たちが働いていた。

こうした状況に対し、自分たちが戦争の一端を担うことを憂慮する声もすぐに大きくなっていった。アメリカの北爆開始から一週間後の六五年二月一五日には沖縄の労働組合などが抗議デモを行い、約一五〇人が参加しているが、沖縄から出発した海兵隊二個大隊が南ヴェトナムのダナンに上陸するのはその半月後である。その後、東京をはじめ日本各地で反戦運動が組織され、アメリカのヴェトナム介入に対する批判は日に日に強まっていった。四月二四日には、日本最大規模のネットワークへと拡大する「『ベトナムに平和を！』市民・文化団体連合」（べ平連）のデモが作家の小田実らによって組織されている。こうした動きを生み出した要因として、記者たちの現地報道が大きな刺激となっていたことは言うまでもない。ヴェトナムから送られてくる写真や映像が、まだ戦争体験世代が多く残っていた日本でかつての記憶をよみがえらせ、多くの人々の反戦平和の思いを駆り立てたのである。

とはいえベストセラーとなった三冊の中で、岡村のルポはまた別の側面も持っていた。無名だった青年がカメラ片手にアジアを駆けまわり、タイ人女性と恋をし、従軍取材し、やがて国際的にも認められるジャーナリストとして成長するという成功物語でもあったのだ。この点はとりわけ若者を魅了したと思われる。六月頃には自称文筆家や自前のカメラマンが「特攻」的にサイゴン入りし、雑誌社との個人契約に急き立てられるように「一番危険なところ」に消えていくケースや、問題を起こして大使館の世話になるケースが相次いだが〔毎日新聞：一九六五、六月四日付朝刊〕、これらの現象には岡村的生き方への憧れが影響していたと見て差支えないだろう。

また岡村のルポが他の二冊と異なる点は、そのスタンスである。『従軍記』では、第二次大戦中のアジアに対する日本の加害や、アジアの民衆が歴史的に植民地支配に苦しんできたこと、そして現在も戦争の中で苦しんでいることなどが全体の基調となっている。『従軍記』に貫かれる平和主義の理念と民衆への眼差しは、六〇年の安保闘争から六八年へと続く社会運動の雰囲気と合致したも

岡村昭彦写真展の様子（陳加昌氏提供）

のであった。これは岡村が他の多くの記者たちと異なり、社会運動と地続きにジャーナリズムの世界へ飛び込んだためである。また先に述べたように、炭鉱の記録作家として著名な上野英信の影響を受けながら執筆されていることも、作風に影響していたはずである。そうした意味でも、岡村のルポは同時期のヴェトナム報道において異彩を放っていたのである。

異例とも言える当時の岡村ブームをさらに見ていこう。六五年三月には、岡村初の写真集『これがベトナム戦争だ』が「毎日」から出版され、発売と同時に写真展「動乱のベトナム写真展」が東京、大阪、福岡で同時開催された。展示された写真はカラー四一点と白黒六五点、六日間で五万人の入場者が訪れたという「毎日新聞：一九六五、三月二日付朝刊、毎日新聞：一九六五、三月二三日付朝刊」。ちなみにこの写真展は「毎日」の主催で、富士写真フィルムが協賛、ＰＡＮＡは「後援」になっている。

加えて、四月には芸術選奨文部大臣賞、アメリカ海外記者クラブ最優秀報道写真年度賞、そして六月には日本写真協会年度賞を受賞した。まさに時代の寵児になったと言ってよい。

しかしながら、彼はこれらを受賞したことをすぐに知ることができなかった。この時すでに、解放戦線の基地があるジャングルのDゾーンにて囚われの身になっていたからである。

PANAとの軋轢

Dゾーン取材について見ていく前に、悪化しきっていた岡村とPANAとの関係にも触れておきたい。そもそも岡村が東南アジアに渡ったすぐの時期から、両者の間には対立が起こっていたようだ。費用を負担しているのだから指示通りに動いてほしいPANAと、自分の好きなように取材をしたい岡村の間で衝突が絶えなかったのである。明確な取り決めをした契約ではないので、こうした言い分の違いも起こるべくして起こったものだった。

『従軍記』が発売された六五年には、それは周囲から見ても分かるものになっていた。なぜなら『従軍記』中にそのことを書いているからである。まず岡村は、本社から送られてきた手紙の文面として次のように記している。

きみをバンコックに送ってから、もう三カ月になります。一生懸命にやっているのでしょうが、きみが送ってくる記事および写真は、あまり売り物になりません。きみはぼくと同意見だと思いますが、ジャーナリストに言訳は無用。今日現在、世界各国に、これがニュースだといって売れるものが、ぼくの手もとにとどいていないということです。そのうえ、金がたりなくなったから送金をたのむなどと、よく言って寄こせたものだとあきれてしまいます〔岡村：一九六五〕。

これは「東京のデスク」からの手紙として紹介されているものである。「デスク」とあるが、手紙の文面や当時の指示体制から判断すると、送ってきたのは社長の近藤幹雄だと考えられる。また、手紙には次のような記述もある。

お金は送れないばかりか、立替えた航空切符代などのお金を、まず返済してもらいたいぐらいです。このままでは、当社としては契約を解約し、東京に帰ってもらうことになりそうです［岡村：一九六五］。

岡村のこうした引用からも、ＰＡＮＡが取材費を負担していたことがうかがえる。これに対し岡村は、「小心かつ頑迷、青年の創造力を失ったデスクからの手紙を、良識ある私の頭で判読すると、要するに、東京は金を送ってくる気がないらしい」と書いている。そして、次のように続ける。

契約を切るなら、お切りなさい。損をするのは会社のはずですよ。第一、日本への帰りの切符はもっているのだし、金を送らなければ、この切符をラオスにでも南ヴェトナムにでも、切り換えができます。おまけに有楽町の飲み屋にツケをつくるよりも簡単に、飛行機の切符がツケで買えるのをご存じありませんな。そんなことは、私だけが知っておればよいこと。ともあれ、こちらは自由な立場というわけ［岡村：一九六五］。

繰り返すが、これらのやり取りが六三年になされていたということを、六五年に出版された書籍の中で記しているのである。ようするに東南アジアに行った当初から衝突があったということである。仮に二年間のうちに記憶がさらに敵対的なものに変化していたとしても、少なくとも六五年の時点でこのような認識であったことは事実である。この頃、岡村と近藤の関係は決定的に悪化していた。

しかしそれでもまた、岡村は南ヴェトナムへ取材に行った。ただし発表媒体に事欠かなくなった岡村にとって、ＰＡＮＡはもはや不可欠な存在ではなくなっていた。岡村にとっては本社の意向など重要ではなく、ヴェトナム戦争の真実を探ることこそが第一の目的なのであった。

解放区の取材

『従軍記』では、ヴェトナム戦争とはどのような戦争であるかについて岡村の考えは明確化されていない。この頃の取材では、アメリカ軍と南ヴェトナム軍への従軍でしか戦争を見ることができなかったため、まだ全体像をつかめなかったのであろう。片側から見るのではなく、解放戦線の側からも見たいと願うようになるのは当然の成り行きであった。そのため、六四年一二月に南ヴェトナムに戻って以降、岡村は解放戦線側からの取材に力を入れるようになる。

この時期、サイゴン政権が混迷する一方で解放戦線は農村に浸透し、その支配地域を拡大していた。すでに西側の研究者やジャーナリストによって書かれた解放戦線についての記録もあったが、それらは戦闘組織や補給経路などの報告が主眼であり、岡村としては解放区に住む民衆の生活や考えを取材したかったのだという［岡村：一九六六］。

六六年に刊行された『続南ヴェトナム戦争従軍記』によれば、岡村が初めて解放区へ行ったのは、テト（旧正月）停戦中の六五年二月二日である。記述によると、サイゴン仏教会本部から解放区の寺に派遣された二人の若い僧侶に案内されて一緒に行ったのだった。

解放区に入ること自体は決して不可能ということはなかった。例えば日本のメディアでも、六五年三月に「朝日」の瀬戸口正昭記者が解放区の取材を成功させている［朝日新聞：一九六五、三月二〇日付夕刊］。『泥と炎のインドシナ』で「毎日」に遅れを取ったと感じた同社は、『泥と炎』が政府軍地区からの取材を中心としていたので、解放戦線をその内側から取材することで対抗すべく瀬戸口を派遣したのだった。その際、瀬戸口はサイゴンにいた残留日本兵のコネクションを頼って解放区入りを成功させたのだという。前述の通り、東南アジアには第二次大戦後も日本に帰還せず現地の独立派などとともに闘った日本兵がいたが、ヴェトナムでもヴェトミンに加わるなどして現地に留まった元日本兵が三〇～五〇名ほど住んでいた。瀬戸口はまず、ある日本人に紹介されたヴェトナム人の手引きでメコン・デルタの解放村に入ることに成功した後、さらに中部クイニョン付近の解放戦線と連絡をつけ、元日本兵の吉田道雄を通訳兼案内役として取材を実現した［朝日新聞百年史編修委員会：一九九四］。

それでもやはり、解放区に入ることは慎重さを必要としたし、サイゴン政府の監視の目もあった。岡村も入念な調査と連絡を踏まえたうえで取材をしているが、僧侶に連れられて行った取材では自由な行動はできず、写真撮影も禁じられた。そのため、解放区第一回目の取材は納得のいくものにならなかった。

しかし二回目以降、今度はサイゴンの女子大生に連れられて取材をするようになってからは、より自由に取材をすることができた。彼女は「それはおそらく、あなたがあまりに特別のところへ入るという意識をもちすぎたからでしょう。それで向うもまた、特別に警戒するということになったのでしょう」と言い、実際に自分の親類のいる解放村にいとも簡単に岡村を案内した。村の解放戦線の委員に対しても岡村のことを詳しく説明せず、尋ねられると、「お友だちよ」というだけで過ごしていたと岡村は記している〔岡村：一九六六〕。

こうして岡村は解放区の様々な現実を知り、目を開かされていった。そこでは政府軍支配地区との間で当たり前のように村人が手紙のやり取りをしていたり、民衆が公然と解放戦線に対する批判や反対を口にできたりした。『続従軍記』には、「やっと、私はこれまで閉ざされていた片目を開かれ、二つの眼でヴェトナムをみることができるようになってきたのである」と書かれている。

そして、二月から三月にかけて解放区入りを繰り返した末、岡村はいよいよジャングルの中にある解放戦線の拠点を取材すると決意したのである。

「デスク」からの手紙

解放戦線の拠点には、サイゴン北西四〇キロほどの地点、カンボジア北東部につながるCゾーンや、サイゴン北東四〇キロほどの地点にあるDゾーンがあった。どちらも幹部や物資が集まる基地である。このうち、岡村が行くことになったのはDゾーンである。

これらを取材することは通常の解放区入りと異なり、西側のジャーナリストには非常に困難であった。唯一、解放戦線の内部を自由に取材できる存在としてオーストラリア出身のジャーナリスト、ウィルフレッド・バーチェットがいたが、共産側に通じていることからすでに「西側」とみなされておらず、彼が内実を伝えようとすればするほど、うさん臭く見られたのである。それゆえ岡村は、「招かれざる一介の旅人として」内部に入ることが重要であると考えた［岡村：一九六六］。そして自分こそがそれを成功させるのだと意気込んでいたのだ。

ところが、東京のＰＡＮＡは岡村が解放戦線の拠点を取材することに反対した。この頃のことについて岡村は、『続従軍記』でまた「ＰＡＮＡ通信社のデスク」から来た手紙を紹介しつつ、次のように記している。

東京の首脳部の判断するところでは、私が〝解放村〟に出入りして取材しているニュースは、価値が認められないから、もう一度考えなおすよう、重ねて忠告する、という文面である。もしあえて続行する場合には、契約を破棄するかもしれないという、私に〝Ｄゾーン〟行きを断念させるための脅迫じみた文句まで書きそえられている［岡村：一九六六］。

契約解除をちらつかせながら岡村に指示を出そうとする様子は、前作で紹介されていた「東京のデスク」からの手紙と全く同じである。しかし結局、岡村はそのようなことで言うことを聞く男ではなかった。岡村はこれに対し、次のような記述を続ける。

そこには、民衆の代表として、血のしたたるような現実の断面を切り取り、読者に送りとどけようという、ジャーナリストとしての意欲と責任感は、塵ほどもなかった。あるのはただ、私の行動によって引き起こされるであろう、南ヴェトナム政府と彼らの通信社との間の軋轢に思いをはせて苦慮している、ジャーナリストの仮面をかぶった、良識ぶった猿のような顔だけだった。私は手紙に火をつけて焼き捨て、ぐっすりと午睡をとった［岡村：一九六六］。

ここから分かるのは、岡村と近藤との間の亀裂が完全なものになっていたことと、「彼らの通信社」と述べているように、岡村にとってPANAが全くの他者であったことである。

岡村が解放戦線の拠点取材を画策していた時、近藤がそれを止めさせようとしたのは事実であった。同時期にサイゴンにいたシンガポールPANAの陳によれば、これに頭に来た岡村は、契約を解消するのでもうPANAへの写真提供の義務はないと周囲に口にしていたという［陳インタヴュー］。もちろん正式にいつの時点で解消したかを確定することは難しい。そもそも書面も交わされていない契約である。ただ岡村のヴェトナム報道のハイライトとなったこのDゾーン取材こそが、PANAとの決別をもたらしたことは間違いない。

Dゾーンへの出発

Dゾーン入りの前夜、岡村のアパートで壮行会が開かれた。そのことが『続従軍記』で次のように記されている。

夜、私のアパートで、ささやかな別れの宴が開かれた。その席で、PANA通信社のシンガポール支局長Cは、中国人なまりの流暢な日本語で、こう厳然と言明した。「ぼくはジャーナリストとしてきみの行動を支持する。東京の会社が解放戦線入りに反対でも、ぼくはあくまでも岡村君の計画に賛成だといってやったところだ」[。] 彼は私の健康と苦難な前途に幸い多いことを願うといって、ウィスキー・グラスをさしあげた。彼は私がはじめてバンコックの土をふんで以来、一貫して私の東南アジア取材に協力し、たえず私を励ましつづけてくれた男である［岡村：一九六六］。

ここで「シンガポール支局長C」と書かれている陳は、確かに近藤からは岡村を止めるように要請されていた。だが、ジャーナリストとして岡村の取材を応援することにしたのだった。岡村自身が語るように、陳の存在は報道の世界で素人だった岡村の強力な助けであった。

他に、この壮行会には『続従軍記』には書かれていないものの、PANA特派員の市来逸彦と、それからもう一人、サイゴン日本人会会長の湯浅保則も参加している［陳・市来インタヴュー］。この湯浅という人物についても少し紹介しておきたい。

湯浅はもともと仏印時代にやってきた日本軍の軍属で、通訳や交渉事を行っていた人物である。一八九七年に千葉県に生まれ、政治の勉強のためにフランスに渡ったのち四〇年の日本軍北部仏印進駐にともなって陸軍に召集された。四二年には、日仏のインドシナ共同統治に関する協定の成立と、両国の友好親善に貢献したという理由で、フランス政府からオフィシエー・ドラゴン・ド・ランナン勲章を受勲している［国立公文書館資料：一九四二、一月二九日付］。第三八軍司令官の土橋勇逸とパリ時代に知り合い、四五年の仏印処理後に土橋が仏印総督代行を務めることになってからは、総督特別秘書官として彼の下で働いた。ハノイ出身のヴェトナム人女性と結婚していたこともあり、終戦後はそのままインドシナに残り、五四年のジュネーヴ協定後、南ヴェトナムへ移ったのだった。ヴェトナム在住邦人はもちろん、ヴェトナム戦争を取材した日本人特派員なら知らぬ者はいない著名人で、多くの特派員が「湯浅老人」の世話になった［小倉：一九七七、土橋編：一九八五］。

実はこうした戦中からの在留邦人や、戦後賠償のダム建設で派遣された技術者、あるいはかつて日本語教育を受けたヴェトナム人などが、日本人ジャーナリストの協力者としてしばしば活躍したのである。第二次大戦中の占領が、このような形で日本のヴェトナム報道に関わっていたことを指摘しておきたい。

湯浅は、岡村がサイゴンにやってきた早い時期から彼のことを可愛がり、よく面倒を見ていた。壮行会では湯浅が日本食レストランから寿司と日本酒を取り寄せ、湯浅と市来が万歳三唱をして岡村の前途を祈ったという。この時の岡村について市来は、「解放区潜入には自信ありげだったが、その手段や方法については口を割らなかった」と述べている［市来インタヴュー］。

なお、この壮行会での出来事として、『続従軍記』には次のような記述がある。「《Dゾーン出発直前の岡村特派員》という写真をとりたいとの彼の求めに応じて、私は壁に張った大きな軍事地図の前にたち、明日は入るだろう〝Dゾーン〟を指さした。もし私が死んだときには、この写真をあくまでPANA通信社から世界中に流させるのだ、といってC支局長は笑った」［岡村：一九六六］。

写真は岡村がDゾーンから無事に帰ってきたので世界に流れることはなく、また『続従軍記』中

地図上のＤゾーンを指す岡村
（陳加昌氏提供）

にも掲載されなかった。しかしそれから五〇年を経て、この時に撮影された写真を陳に見せてもらうことができた。そこでは、本当に『続従軍記』の描写通りのポーズをとった岡村がほほ笑んでいる。明日にはジャングルに入る岡村の自信と好奇心が溢れ出ているようである。

囚われの四三日間

四月のある朝、岡村はサイゴンの街はずれで北へと向かう長距離バスに乗った。岡村を乗せたバスはDゾーンの中央部を貫く国道一三号線に向かって猛スピードで走り、検問所やいくつかの村を抜けてフランス人経営のゴム園入り口で停まった。

岡村はそこで、たまたま乗り合わせた五人の兵士に話しかけられる。「あなたは、いったいどこへなにをしにゆくのかね」。「田舎で、民衆の生活を写真にとろうと思ってね」。自分が日本から来たことを伝えると、一人の兵士が「われわれは南ヴェトナム解放民族戦線の兵士だ」と述べた。それを聞いた岡村は、とたんに用心深くなる。サイゴン政府軍の兵士たちが解放戦線を装い悪事を働いたり、また賛同者を見つけるために罠にかけることがあると聞いていたからだ。

しかし恐る恐る、彼らが停めたトラックに言われるままに乗車し、とある村までやってきた。五人がいなくなった間に別の兵士たちから敵だと疑われてしまうが、間一髪のところで五人が戻ってきて事なきを得た。こうして彼らが本当に解放戦線の兵士だったことがわかり、彼らの案内で岡村はDゾーン入りに成功するのである。これが『続従軍記』に記された経緯である。

しかしながら、実際にはこうしたおとぎ話のような入り方をしたわけではない。岡村のDゾーン取材は事前に解放戦線側と取り決めがなされ、周到に準備されていたのである。これについてはまた後の章で述べることにしたい。

だがそうした事情にもかかわらず、岡村はアメリカ軍のスパイ容疑で四三日間にわたる軟禁生活を送らねばならなかった。どのような手違いがあったのかは不明だが、岡村は体調を崩し、話し相手もいないまま、先の見えない日々を余儀なくされたのである。何の音沙汰もないので、当然ながらPANAのスタッフたちも万が一のことがあったのではないかと覚悟をした。ちなみに一カ月ほどたったある日、一人のヴェトナム人がPANAサイゴン支局にやってきて数十本のフィルムを「岡村のものだ」と言って置いていったことがある。驚きつつも現像しようとすると、感光していて何も写っていなかったという不思議なこともあった［陳：二〇一二］。

四三日目の夕暮れ、衰弱した岡村の元にいつもの収容所所長とともに見慣れない男性がやってきた。岡村はその「中国の周恩来首相を小型にしたような人物」のことを最初に見たとき、中国の新華社通信の特派員だと考えた。しかし予想に反して、その男は「体の調子はよいですか」と丁寧なヴェトナム語で話しかけてきたのである。側近の大男が岡村にささやいた。「この方は解放戦線で二番目に偉い人です」。「では、ミスター・ファット！」。岡村は驚いてそう叫んだ。

フィン・タン・ファット

　フィン・タン・ファットは、解放戦線の副議長や民主党書記長、サイゴン・ジャディン地区解放戦線委員会議長を務めた大物である。そしてファットとの会見こそ、岡村がこのDゾーン取材で得た最大の成果だった。Dゾーンを動き回っての取材は許されなかったものの、ファットは岡村の様々な質問に答えた。例えばヴェトナム戦争中に最も重要な論点となっていた、解放戦線に対する北ヴェトナムからの浸透や影響力について岡村が尋ねると、ファットは「もし解放戦線の人間が一万か二万ならば、北から補給してもらうことも、あるいは可能かもしれません。しかし、もう一〇〇万人にもなった現在では、北からの補給はむしろ不可能なのです」とこれを否定している。実際、岡村も収容所に入れられる前にDゾーンの解放村で過ごしていたとき、国道一三号線を通ってサイゴンから物資を積んだジープやトラックがジャングルへと入っていくのを目撃しており、「もしこのようなことが白昼公然と南ヴェトナムの各国道でおこなわれているとすれば、N政治委員の言葉どおり、別に北ヴェトナムから多くの補給を仰ぐ必要はない」と述べている。

　次に、岡村がファットに共産主義者かどうか尋ねたとき、彼は「私はもとは仏教徒で、いまは社会主義者です」と述べている。さらに、「解放戦線が南ヴェトナム全土を支配するようになったら、どんな政府がつくられ、どのような政策がとられるのでしょうか」という質問に対しては、「独立をかちとった場合、私たちは、どこの国とも軍事同盟を結ばない、非同盟・中立の政府をつくります。経済政策は、社会主義政策がよいと考えています」と答えた。これは当時としてはかなり踏み込んだ発言である。

これらファットの発言について、岡村がどこまで信じているのかは判然としない。ただ岡村は、『続従軍記』中で収容所所長に語ったセリフとして、「ファット氏は政治家なので、大切なところを巧みに避けてしまいました。でも、誠実に話してくれましたし、感謝しています」と記している［岡村：一九六六］。

ファットという人物について現在では詳細を知ることが出来る。ヴェトナム研究者の比留間洋一によれば、ファットは一九一三年にヴェトナム南部にあるメコン・デルタのミトで生まれ、ハノイのインドシナ美術高等学校で学んだ建築家であった。奨学金をもらうほど成績優秀だったが、フランス統治下におけるナショナリズムの盛隆とともに政治活動に関わるようになる。首席として建築学科を卒業し、フランス人建築家の下で働いたのち自ら建築事務所を開くが、富裕層相手の仕事で裕福になることを良しとせず、政治活動に一層傾注、四五年三月にインドシナ共産党（五一年からヴェトナム労働党）に入党した。以降、党の枠組みの中で民族独立のために身を捧げ、一九六〇年の解放戦線成立時に副議長のポストに着いたのをはじめ、南北ヴェトナム統一後に至るまでも要職を歴任した［比留間：二〇一〇］。

つまり、ファットは初めから党員だった。しかしこのことは解放戦線の内部でも秘密にされていた。解放戦線の中心的人物で、自身は党員ではなかったチュオン・ニュ・タンはヴェトナム戦争後に書いた回顧録の中で、「だが私が知らなかったことは、ファト《［ママ］》が四五年以来秘密党員であ」ったことだと述べ、ファットのことを「民族解放戦線とその関連組織の政治的中核を形成していた人びとに対する、北ベトナム労働党の統制を保っていくうえで、おそらく最も重要な役割を果したと思われる人物」だと記している［チュオン：一九八六］。解放戦線は北ヴェトナム労働党の指導を受けたものであったことや、北から南への人的・物的補給は存在したことが現在では明らかになっているが、ファットこそは両者の中間に立つ人物だったのだと言える。こうしたことについて、岡村は事実をつかみ切れなかったのだ。

ただ、解放戦線の指導部にさえ内密にされていたことを岡村がただ一度の会見で見抜くことができなかったからといって批判するのは酷である。ある人の発言をそのまま伝えるところまででもジャーナリストの仕事であるから、岡村の報道も数ある情報の一つとして読者の判断材料となればよいだろう。

ファットとて、入党したのはイデオロギーではなく民族の自由と独立を願う気持ちからではないだろうか。党はあくまでもその道具である。ヴェトナム人は大国に翻弄された歴史の中でこのように苦悩し、同じ民族同士で新たな戦争をしなければならなかったのである。

真相を引き出すには至らなかったとはいえ、この時期に解放戦線幹部に直接取材した岡村の功績は大きなものだった。危険を承知で挑んだDゾーン取材は、それなりのステップアップを彼にもたらしたのである。そのために多大な犠牲を払ったとしても、である。そしてPANAとの別離の時も近づいていた。

国際フォトグラファーへ

ファットとの会見後、命からがら岡村はサイゴンへと戻ってきた。約二カ月の収容期間を経て精神的にもかなり衰弱していた。そんな岡村をサイゴン政府の追及から逃れるため出国させ、羽田で出迎えたのはPANAのスタッフたちである。『続従軍記』では、岡村はサイゴンから香港に飛び、そのままニューヨークへ向かって『ライフ』にDゾーン体験記を口述、その後はドミニカ、ヴェネズエラ、メキシコ等を取材し、八月に入ってようやく東京に帰国したことになっている。だがこれは表向きのストーリーである。

岡村がDゾーン取材を終えてサイゴンに戻ってきたとき、PANAの市来が東京本社にそのことを連絡した。「MISS AKIKO ARRIVING at HANEDA」(アキコさんが羽田に到着します)。これが、岡村が東京に帰ることを知らせる暗号電である。市来はこのメッセージを近藤の秘書である本間に送った[市来インタヴュー]。東京で連絡を受け取ると、写真販売を担当していた木村譲二、カメラマンの嶋元啓三郎、そして『ライフ』の東京支局長が羽田空港で岡村を出迎えた。木村はこの時のことを次のように述べている。

ベトコンに釈放されてサイゴンに帰還した時点で、岡村写真特集の大ヒットで味をしめた『ライフ』は、解放区潜入体験記を独占すべく岡村氏の保護を画策していました。岡村氏の状態は不確かでしたが、いずれにしろ同氏のためには好都合と判断して『ライフ』の思惑に便乗することになりました。こうしてサイゴンから隠密裏に東京経由でニューヨークへ向かうことになり、東京で一泊の予定を立てて『ライフ』の支局長と小生が羽田で岡村氏を出迎え、そのままホテルへ小生が同伴して翌朝の出発まで付き添いました[木村インタヴュー]。

岡村はホテル・オークラに一泊した後、翌日の午後七時台の便でニューヨークに出発している。PANA側は岡村が東京に立ち寄った事実を知らないことにし、対外的にも岡村はサイゴンから直接ニューヨークに向かったことにした。岡村の写真が『ライフ』に掲載されればPANAに問い合わせが来ることは目に見えているが、すでに岡村がPANAを離れる方向だったのは両者とも暗黙の了解であったからである。加えて、『ライフ』に掲載される記事の内容によっては、PANAの正規のサイゴン特派員である市来、そして市来の後任となった嶋元の仕事に支障が出ると心配したのだった。

事実、『ライフ』(一九六五年七月二日号)に掲載された岡村の体験記は大きな反響を呼んだ。現地で撮影した写真は危険を回避するため後から岡村のもとへ届けられたので、イラスト入りでの記事となったが、それでも知られざる解放戦線の拠点を描くスクープとして話題となった。

日本では同様の体験記が『毎日新聞』(一九六五年七月二日朝刊)にも詳しく掲載された他、独占手記が『サンデー毎日』の六五年七月一八日号、二五日号の二回にわたって公開された。岡村自身はこうした時期に日本にはおらず、ニューヨークの後、ドミニカ、ヴェネズエラ、メキシコをまわり、再びアメリカを通過して日本に帰国している。

東京に着いた岡村には、ファットからの手紙が届いていた。岡村はDゾーンで手紙を送ってもらう約束を取り付けていたのである。約束が守られるか岡村は心配していたが、無事届いたその手紙は「ベトナムと日本人――解放民族戦線からの手紙」として『朝日ジャーナル』(一九六五年八月二九日号)に発表された。その後、手紙は岡村によって大切に保管され、現在は静岡県立大学図書館の岡村文庫資料に所蔵されている。

日本へ帰ってきてから、岡村は「続南ヴェトナム戦争従軍記」を『世界』の六五年一〇月号から六六年三月号まで連載し、後に約半年をかけて単行本『続従軍記』へとまとめ上げた。同書は前作に続いてベストセラーとなる。

その後、岡村はどうしたのであろうか。PANAとの関係が悪化していたことはすでに見てきた通りである。契約がいつの時点で切られたのは判然としないものの、『続従軍記』の著者略歴では「一九六五年PANA通信社を退社／現在—「サンデー毎日」契約特派員、「ライフ」誌契約フォトグラファー」と記されている。

『ライフ』との関係について、木村は次のように語る。

ニューヨークに行く途中、東京で一泊した際、岡村氏はかなり精神的に参っていました。それでも『ライフ』が岡村氏の保護に固執したのは、記事の独占を意図しただけではなく編集長のハント氏が岡村氏を逸材と認めていたからです。ハント編集長から見れば岡村氏の写真撮影技術は未完成ながらニュース・センスに鋭いものがあると高く評価していました。「撮影技術は訓練で磨けるが、ニュース・センスは教えようがないものだ。写真の上手いやつにニュース・センスを教えるよりも、ニュース・センスのあるやつに写真を教えるほうが確実」というのがハント氏の持論で、どうやら『ライフ』誌も人材が払底していたようです。こうしてハント編集長の肝煎りで体調回復後の岡村氏には本社で個室が与えられ、写真技術の指南番がつくようになったのですが、この体制は長続きしなかったようです［木村インタヴュー」。

『ライフ』は岡村を育てようとしたが、それは上手くいかなかった。元来、自由奔放な性格の岡村である。一つの場所で他人に指導されながら過ごすのは彼にとっては無理な話であった。それでも「『ライフ』誌契約フォトグラファー」となっているのは、「いい写真」が撮れたら掲載する、ということなのだろう。岡村はカメラ片手にまた世界を渡り歩いた。

しかし彼の写真を再び『ライフ』誌上で見るのは、七一年のラオス侵攻作戦まで待たねばならなかった。この作戦は、米軍の全面支援を受けた南ヴェトナム軍が、ラオス南部を通過する北ヴェトナムから解放戦線への補給線を切断するために行われたものである。作戦中、ジャーナリストたちは締め出され、厳密に取材が規制されていたが、岡村はまんまと現地に入り込み、他のジャーナリストたちを差し置いて写真を撮影することができたのである。長いブランクを経たにもかかわらず、南ヴェトナムに現れた途端にこのような大スクープを達成した岡村に、記者たちは感服するばかりだった。

「長いブランク」というのは、実は岡村はDゾーンの取材後、南ヴェトナムに五年間入国禁止処分となっていたからである。六五年から七〇年まで、彼は一歩たりとも南ヴェトナムの地に足を踏み入れることはできなかった。情勢が最も激しく動いていた時期に現地を取材できないことは悔しかっただろう。それでも岡村は、カンボジアやビアフラ、北アイルランドなどを取材し、時代と向き合うべく大陸を駆けめぐったのだった。

こうして、新しい時代のフォトジャーナリスト岡村昭彦は、ＰＡＮＡという通信社を踏み台に跳躍し、そこから世界へと羽ばたいていった。

第二章　六〇年代のＰＡＮＡ通信社

——戦後写真報道と近藤幹雄の挑戦

二〇〇九年一〇月二一日　東京・銀座

「岡村の話はしたくないんだよ。だいたい、悪口になるから」

近藤が話の途中でそのように述べると、そこにいた全員が苦笑した。

インタヴューが行われたのは時事通信ビルである。地下二階、地上一四階建ての白とガラスを基調とした現代的なデザインの建物は二〇〇三年に竣工したばかりで、京都からやってきた大学院生の私は大いに圧倒された。この日、現ＰＡＮＡの方々の紹介で、岡村昭彦が契約していた頃のＰＡＮＡ社長、近藤幹雄に話を聞くことができた。

しかし近藤から出てきたのは右のような言葉である。それまで私は岡村がＰＡＮＡの誇らしい歴史として認識されていると考えていたため、近藤がそのように言うのを聞いて全く意外に感じたのだった。どうやら思っていたのと違うみたいである。

私が話のネタにと持ってきた『サンデー毎日』の近藤と岡村の対談記事（一九六五年一月一〇日号）を見せても、「こんな対談するはずがない」と言う。てっきり懐かしの思い出が語られるのかと思っていたので、あっけにとられてしまった。同席してくれていた近藤の元秘書・本間和美も、「六五年と言うと、確かに二人が対談するなんて考えにくいわねえ。二人が対談中の写真も載ってないし、編集者がそれぞれに電話して聞いた内容を対談風にまとめたんじゃないかしら」などと言っている。そんなことがあるのだろうか。

確かによく読むと、対談とはいえ、インタヴュアーが近藤と岡村に順番に質問をして、それぞれがそれに答えるといった形で、二人の間にあまり会話のない「対談」となっている。しかし、少しはある。近藤の発言に対して岡村が「ぼくも」と言ったり、「ベトナムはそれとはちょっとちがうな」と言ったりしているのである。しかしこれさえも編集によって付け加えられた文章である可能性もある。もちろん二人は本当に同じ場所にいて、嫌々ながらも仕事のために「対談」したかもしれない。いずれにせよ、私はここで近藤と岡村がいかに不仲であったかを知らされたのだった。

だが、岡村がＰＡＮＡの歴史の中で特筆される存在であるのは間違いない。日本のジャーナリズム史を考える上でもそうである。岡村によってヴェトナム戦争の様子が生々しく伝えられただけでなく、自分の腕だけを頼りに世界を取材して回る新しいタイプのジャーナリストが日本に生まれたのである。岡村に憧れてその道を目指した若者は決して少なくない。

それに、話をしたくないと言いつつも、近藤は時おり冗談を交えながら岡村の思い出やＰＡＮＡの仕事についてあれこれ語ってくれた。亡くなる三年前のことである。

二度のオフィス引っ越しを経て、六〇年代頃の資料は現ＰＡＮＡにほとんど残されていないそうだ。そうした中、経営者として同社を率いた近藤の話は、ＰＡＮＡの実像を知る上で重要な情報を与えてくれる。

本章では、近藤のライフヒストリーを軸にしながらＰＡＮＡの歴史を見て行くことにしたい。岡村をきっかけにＰＡＮＡを知った私は、こうして別の面から捉え直す機会を得たことにより、単に「岡村昭彦が契約していた通信社」ではなく、戦後メディア史において同社がもっと大きな意味を持つことを実感するに至るのである。

生い立ち

近藤幹雄は一九三〇年二月二五日、父・綸二と母・多喜家の長男として東京九段で生れた。綸二は弁護士や高等裁判所長官を務めた法律家であり、多喜家は、三菱長崎造船所長を務めた江崎一郎の次女で、敬虔なカトリックであった。

近藤家は代々医者を多く輩出している家系である。父方の祖父・次繁は帝国大学医科大学（現・東京大学医学部）でユリウス・スクリバに学んだ後、ストラスブルク、ハイデルベルク、ベルリン、ウィーンの各大学に留学、後に東京帝国大学医学部附属病院長、日本外科学会名誉会長等を歴任した明治大正医学界の重鎮であった。野口英世の左手の二度目の手術を行ったことや、日本で最初に胃癌の手術を成功させたことでも有名である。また、次繁が婿養子として結婚した妻・憲《おきて》の父親・近藤坦平も医師で、愛知県碧南郡鷲塚村（現・碧南市鷲林町）に最新の西洋医学を導入した診療所

「洋々医館」や、東海地域初の洋式医学校「蜜蜂義塾」を開き、地元に貢献した人物として知られている。

幹雄の父・綸二は医者にはならず、東京帝国大学法学部で学んだ後に弁護士となり、一九二六年に渡仏してソルボンヌ大学およびシャルル・ルグラン法律事務所でフランス法の研究に従事した。帰国後は、自由人権協会の創立や東京家庭裁判所所長として新少年法などの理念確立に尽くしたほか、広島、名古屋、東京で高等裁判所長官などを歴任し、人権擁護のための制度づくりを牽引した。

人権という理念がまだ浸透していなかったこの時代に、虐げられた人々の権利を守ろうとした綸二の功績を法曹関係者らは高く評価している。彼の死後に友人らが出版した評伝、『自由人　近藤綸二』は、「[綸二の]父祖の経歴から想像しうるものは当時の最高の知識階級に属するファミリーの一員としてのめぐまれた生立ちであり、また祖父から父へまたその子供たちへと伝えられた貧しく病める人々に対する同情と労わり、といった精神的遺産であろうか」［内藤・川島編：一九八八］と述べている。綸二の精神性の根幹にこうした系譜を見るならば、近藤の面倒見の良さにもそれがいくばくか受け継がれていると言えようか。

だがそれよりも近藤にとって影響が大きかったのは、綸二の思想的立ち位置だと思われる。綸二は一貫したリベラリストで、晩年には、人間に等級をつけるべきでないとして勲一等叙勲を辞退した。東京高等裁判所長官の経験者には勲一等叙勲が慣例となっていたため、先例を破るものとして困惑した当局は、家族などを通じて説得を依頼したが、本人は決意を変えることはなかった。そのときに綸二は、「僕の尊敬する二人の先輩―長野国助さん、海野晋吉さんらもたしか勲二等だったね。

長野さんが叙勲を受けられた時は、周囲の事情から或いは止むを得なかったかもしれないが、海野さんが受けられた時は、あの海野さんが—と率直にいってがっかりしたよ。だいたい人間に勝手な等級をつけるなんて愉快じゃないよ。僕の趣味にあわないよ」と述べたという〔内藤・川島編：一九八六〕。「自由人」近藤綸二の面目躍如といったところである。こうしたリベラルで時として反抗的な気風は近藤にも受け継がれている。

綸二は親権について書いた一九二七年の論文の中で、「子供は親の道具ではない。子供は親の所有物ではない。子供は親の創作であるとしても人格が出生によって出現するや人と人との関係が主となる」と書いている〔近藤：一九二八〕。父親の権限が絶対的であった当時の日本の状況を考えれば、かなり先進的な思想の持主であった。この最も身近な年長男性である父親との関係が権威主義的でなかったことは、近藤のその後の奔放さに影響していると考えられる。

なお、綸二は次男だったということもあり、医者にはならず法曹の道を選ぶことができたのだったが、兄の経一も志賀直哉らとともに白樺派として活躍する小説家になっている。近藤経一といえば、若くして文名を獲得し、『キネマ旬報』の創設や文藝春秋社の『映画時代』の編集を手がけた人物として知られている。父はてっきり長男が家業の医者を継ぐものと考えていたので、慌てて三男に医師のコースをとることを命じたが、タイミングが違えば綸二も法曹の道に進むことは許されなかったかもしれなかった〔内藤・川島：一九八六〕。三男・駿四郎と四男・台五郎はそれぞれ脳外科、内科の医師となり次繁の跡を継いだ。

ちなみに台五郎の息子は、産経新聞記者としてサイゴン特派員を務めた近藤紘一である。つまり幹雄と紘一は従兄弟同士なのである。紘一が一九七一年にサイゴンに赴任することになった際、近藤はヴェトナム取材経験のあったPANAスタッフを紹介してアドバイスを依頼したりしている。その後、紘一はサイゴンで出会ったヴェトナム人女性・ナウと結婚して夫人の娘・ミーユンを引き取り、妻娘との生活をつづったエッセイ『サイゴンから来た妻と娘』（文藝春秋、一九七八）がベストセラーとなってドラマ化もされた。著作には、「東京で小さな事務所を開き、利権話のやりとりや小企業の経営指導など、どうも得体の知れぬなりわいで生き延びている従兄」として幹雄も登場し、ナウ夫人のパリのマンション購入資金を紘一に貸したエピソードなどが紹介されている［近藤：一九八八］。ナウやユンは近藤家で居候をしていた時期もあり、幹雄は紘一の死後も何かと面倒を見ていたのだった［近藤毅インタヴュー］。

さて、綸二はフランスへ渡る一年前の一九二五年二月、恩師である弁護士・原嘉道の媒酌のもとに江崎多喜家と結婚した。二六年一一月、綸二が留学した翌月に長女のみち子が誕生し、帰国の翌年三〇年二月に近藤が誕生する。近藤は母親の影響もありクリスチャンとなり、暁星小学校・中学校と、カトリック系の学校に学んだ。近藤が生まれたのは、日本が軍国主義をさらに強め戦争の道を突き進んでいた頃のことである。三一年には満州事変が勃発し、翌年には関東軍が満州全域を制圧するとともに、愛新覚羅溥儀を傀儡として満州国が建国された。中国では抗日の動きが日に日に強まっていた。

フランスからの帰国後、綸二は中央大学法学部講師や有馬忠三郎事務所の弁護士として働き、三四年に自宅兼事務所を麴町四番町に開設した。しかし四二年、近藤が一二歳の時に綸二と多喜家は別居する。子供たちは多喜家とともに東京の大岡山に移り住むことになった。多喜家は別居はしても離婚はしないというほど敬虔なカトリック信者で、五二年に綸二が自らの家庭の事情を理由に東京家庭裁判所長のポストを固辞した際、近藤の仲介でようやく離婚が成立したほどだった。

別居後も綸二は近藤らが住んでいた大岡山の家に時々訪ねて来ていた。戦時中の父とのやり取りについて語る次のような言葉から、少年時代の近藤がうかがえる。

敗戦の時私は中学四年生でしたが、たしかその二年前頃、この戦争は必ず敗けるよと言った父に、当時軍国教育で固まっていた私が〝非国民〟と喰って掛かり、親子激しく口論をしたことなどを今はなつかしく思い出します［内藤・川島編：一九八六］。

当時の教育を受けた者なら誰もがそうであるように、近藤もまた軍国少年として日本の勝利を疑わなかったのである。四三年に学徒勤労動員が拡大されると、近藤の通っていた暁星中学校の生徒たちも京橋郵便局や中央郵便局に動員されることになった。近藤は京橋郵便局に配属され、そこで郵便物の仕分けの仕事をして戦中を過ごすことになる［近藤幹雄インタヴュー］。一九四五年、一五歳の年に敗戦を迎えた。

東京写真工業専門学校

暁星中学校を卒業後、近藤は四八年四月に東京写真工業専門学校（現・東京工芸大学）の写真技術

科に進学する。同校は写真・石板器材を扱う小西本店の店主六代杉浦六右衛門の遺志によって一九二三年に設立された小西写真専門学校が前身で、当時唯一の写真専門学校であった。「学理及び技術に通じた君子、すなわちゼントルマンを養成するところであるという校風」を教育方針として多くの専門家を育成し、二六年に東京写真専門学校、四四年に東京写真工業専門学校に改称した。戦中は、学生が勤労動員されたことや空襲で校舎が全焼したことなどにより授業もままならなかったが、戦後は小西六写真工業の工場内施設を仮校舎として授業を再開している［六十年史編纂委員会編：一九八三］。

近藤は、同校へと進学した理由を次のように述べている。

松方のおやじがね、僕に忠告したんだよ。「君ね、何ができるんだよ？」って。英語もうまくないし、文章も下手だって言われてね。そしたらね、「写真だけうまかったじゃないか」って言うの。「写真撮れよ」って［近藤幹雄インタヴュー］。

近藤にアドバイスをしたという「松方のおやじ」とは、共同通信社の常任理事兼編集局長をしていた松方三郎である。明治期に総理大臣を二回務めた政治家・松方正義の十三男で、満鉄東亜経済調査局、新聞聯合社社外信部などで勤務した後、同盟通信社発足時には初代調査部長を務めた。戦後に「同盟」が解散して「共同」に受け継がれた際、常任理事に選出されている。近藤は松方と親しく付き合っており、何かと世話になっていたそうだ。私が近藤にインタヴューした際、すぐに別の話題に切り替わっていったので、松方とどのように知り合ったのか聞きそびれてしまった。

可能性としては、自由人権協会で松方とともに活動をしていた父・綸二の関係であったことが考えられる。同協会は人権思想普及のためにGHQの意向で四七年に創設された民間組織で、綸二は設立前から携わるとともに、設立後は常務理事として名前を連ねている。松方（当時は改名前の義三郎）も同じく常務理事をしているのである［内藤・川島編：一九八六］。

もう一つの可能性は、キリスト教の関係である。先に述べたように近藤の母・多喜家は熱心なカトリック信者であった。近藤自身も田園調布教会で青年会のメンバーとして精力的に活動し、交友関係を広げていた。一方、松方の妻・星野はベツレヘムの星にちなんで命名されたという敬虔なカトリックで、松方自身もキリスト教関係で多くの人脈を構築したというから、そこで知り合う機会があったとも考えられる［近藤穀インタヴュー］。

いずれにせよ、まだ十代の近藤が三〇歳以上年の離れた松方と知り合うには、こうした親の影響で形成された生活環境によるものだと考えるのが自然であろう。

近藤が東京写真工業専門学校に入学した頃、同校はまだ小西六写真工業淀橋工場構内の施設を仮校舎として授業を行っていた。戦後は機材も何もない状態での再開で、施設らしいものと言えば特設の暗室のみであったが、少しずつ復興が進み、写真技術や写真光学の他、色彩学、材料・薬品に関する知識などが教授されていた［六十年史編纂委員会編：一九八三］。終戦直後こそ食糧入手のためにカメラを手放す写真家が後を絶たなかったが、写真業界はGHQ相手の商売や産業復興にともなう広告写真などによりすぐに息を吹き返し、写真雑誌も相次いで復刊したので、専門家の育成も一定の社会的需要があったのである。

サン・ニュース・フォトス

戦後、銀座・有楽町のあたりも空襲でほとんどが失われていたので、わずかに残った鉄筋コンクリート造の建物の他には、木造の仮設建築ばかりといった有り様だった。銀座のシンボルである和光の時計塔や百貨店の松屋などはGHQに接収され、進駐軍向けの売店PXとして使われていた。そんな有楽町の毎日会館六階に、新興の写真通信社「サン・ニュース・フォトス」があった。近藤は専門学校で勉強をするかたわら、同社でアルバイトをしていた。

サン・ニュース・フォトスは、写真家の山端《やまはた》祥玉《しょうぎょく》が毎日新聞社の出資を受けて設立した通信社である。戦中に日本軍の嘱託として宣伝写真を撮影していた山端は、その技術を生かして四五年一〇月に「毎日」と共同でサン・ニュース社を設立し、翌年にはサン写真新聞社とサン・ニュース・フォトスを起ち上げた。それまで報道写真の配信を担ってきた同盟通信社や写真協会が体制転換をし、既存の構図が変わろうとしていたときに商機を見出してのことであった［師岡：一九八〇、白山：二〇一四］。

自社のカメラマンが撮影した写真はもちろん、契約していたアメリカの写真通信社アクメ（UP通信の子会社）やフランスのAFP通信の写真を国内の加盟各社に配信するのが主な業務内容で、他には日本に取材にやってきた『ライフ』カメラマンの暗室作業を請け負ったりもしていた［岡部：一九七八］。

同社では、ドイツで写真を学び日本に報道写真という理念を導入した名取洋之助や、名取が創設した「日本工房」に参加して同じく日本の写真報道の道を開いた木村伊兵衛など、錚々たる写真家たちが働いていた。名取や木村も、戦中は日本軍の対外宣伝の仕事に従事していたが、戦後は山端のもとで仕事をしていたのだった。とりわけ四七年一一月に創刊された『週刊サンニュース』は、「日本の『ライフ』をつくる」という年来の夢を持っていた名取がエネルギーを注いだ仕事だった。結局、硬派な記事や斬新すぎるレイアウトがあまり大衆に受け入れられず四九年三月には廃刊してしまうのだが、この雑誌を通じて多くの写真家が育っていった。戦前から活動していた木村や藤本四八、牧田仁に加え、稲村隆正、薗部澄、小柳次一、小島敏子、三木淳らが名取に鍛えられた［飯沢：二〇〇八］。近藤が働いていたのはこうした日本写真史上に残る現場だった。

ところが、近藤は一九五一年頃、木村と大げんかをしたのだという。その時のことを次のように語った。

当時はサン・ニュース・フォトスっていうのがあってね、そこでアルバイトをしていたんです。そこに木村伊兵衛という大家がいてね、あるとき僕はすごく怒ったんですよ、先生［木村］に。それはなぜかというと、僕は自分の写真を大切に扱うからね、写真を裏、表、裏、表と重ねて先生のところに持っていったわけ。そしたらね、先生は「こんなもの、お前」って言いながら次々に下に置いて、「こんなの写真かよ」ってかんかんになって怒るんですよ。だって裏側を見てるんだよ。なぜ裏表にしてるかっていうとね、表と表だけはきれいにして、裏同士がくっつくように重ねたわけ。それ、見てたわけでしょ。

だから、それで大げんかになって〔近藤幹雄インタヴュー〕。

木村は写真の裏側を見ながら「こんなの写真かよ」と誤解したのであろうか。また仮にそうだとしても、近藤は事実を説明するのではなく怒ったのだろうか。そんなことで、と思わないでもない。ただサン・ニュース・フォトスは写真家の世界なので「師匠」と「弟子」の関係であり、師匠が弟子に厳しく当たるのも珍しくない雰囲気はあったようである。五三年に『アサヒカメラ』に掲載された座談会「弟子は師匠から何を学んだか」では、写真家たちが木村から「お前なんかは写真は下手だ、みっともないから弟子にはしない」と言われたり、「今度こういうものを撮りました」と見せると「ヘタな写真だね」といつも言われたりした体験を懐かしげに話している〔渡辺他：一九五三〕。名取洋之助はもっと厳しくて、写してきた写真を「物もいわずにペリペリっと破いて布古籠に捨ててしまう」こともあったという〔三木：一九七四〕。こうした光景が日常茶飯事だったというから、十分にあり得ることかもしれない。それにしても木村はこの時五〇歳で写真界の大スター、近藤は二一歳の専門学生である。周りはこの生意気な学生に驚いたに違いない。

木村と大げんかした近藤をなだめたのは、三木淳であった。三木は国際的に活躍したカメラマンで、戦後日本写真界を率いた一人である。四八年にサン・ニュース・フォトスを退社していて、アメリカのメディア王ハーストの系列であるＩＮＰ通信社に入社、翌四九年にはシベリア抑留者の引き揚げを取材したルポが認められ、『ライフ』の契約カメラマンとなっていた。そして三木こそが、近藤が後に情熱を傾けることになるＰＡＮＡとの出会いを導いたのである。近藤は次のように語る。

三木淳さんっていう人がね、『ライフ』のカメラマンでいたんですよ。その人が「近藤、ちょっと、カッカカッカとおやじにもそんなことしたらお前追い出されるよ」って言うんですよ。だからね、「しょうがない」って言ったの。「だって無礼だろう」と。だいたい、人が一生懸命スポッティングまでして持っていったやつを…。だから、それで大げんかになって。さらに三木さんがね、「お前ね、とてもじゃないけど木村のおやじとじゃあやっていけない。暗室に永久に入っているよりしょうがなくなっちゃう」って言われてね。「ちょっと来いよ」って言っていうから着いていったら、朝日新聞の六階に上がっていったの。それで「ハーイ、ノーマン」とか何とか言って、「いいタマ、連れてきたよ。ちょうど日本人、探してるとこだろう」ってね。「この男をちょっとテストしてみてくれ」って、三木淳さんがそう言ってくださったんです［近藤幹雄インタヴュー］。

三木が近藤を連れて行った先は、中国系アメリカ人のジャーナリスト、宋徳和（ノーマン・スーン Norman Soong）率いるＰＡＮＡ通信社だった。当時、近藤はＰＡＮＡがいったいどういう会社なのかよく分からなかったが、宋の秘書だったカナダ出身の日系二世、グロリア鈴木が両者の通訳をし、ともかく近藤は働くにあたってのテストを受けることになった。

テストと言っても単純なものである。宋は「あんた、写真撮れるんだったら、撮ってこい。それを自分で現像して、コンタクトプリントをつくって、俺のところにもってこい」と近藤に指示を出した。「それでだめだったら、もう、見た途端にだめだ」と言ったという。撮影技術やセンス、現像の技術なども含めて、持ってきた写真を見ればすぐにわかるということだろう。「カメラは何を使ってるんだ?」と聞かれ、近藤が「ライカです」と答えると、当時は高くてなかなか買えなかったフィルムを「これで撮ってこい」と渡された。そして、さっそく被写体を探しに出かけたのだった。

それで僕はね、どこへ行って撮ろうかと思ったんだけど、当時、日劇の地下にパチンコ屋があってね、えらい流行ってたから、そこへ写真を撮りに行ったんですよ。これに「パチンコ」っていう名前を付けて出したらノーマンが笑っててね。それで、「ああ、これならいいよ」って。それでおいしまいなんですよ［近藤幹雄インタヴュー］。

1950年代の朝日新聞社ビル（手前）と日本劇場（時事通信フォト提供）

日劇（日本劇場）は朝日新聞社ビルのすぐ隣である。こうして近藤は宋に認められ、PANAで働くことになったのだった。二一歳のことである。

近藤に発行された当時のPANAの身分証明書を見ると、その発行日は一九五一年一二月一〇日となっている。外国通信社の身分証明書の効力は絶大で、これさえあれば他の日本のマスメディアが入れないところでもほとんどどこでも取材ができたというから［富重・江越・藤村：一九九八］、近藤もPANAの証明書を持って取材に駆け回ったことだろう。そうして仕事をし始めた近藤に、しばらくすると宋は思いがけない仕事を与えた。
「朝鮮へ行ってこい」
前年に勃発していた朝鮮戦争の取材に、近藤は特派員として駆り出されることになった。

朝鮮戦争取材

日本に植民地支配されていた朝鮮半島は、日本の敗戦とともに長いくびきから解放された。アメリカとソ連は現地にいた大日本帝国陸軍第一七方面軍・朝鮮軍管区を武装解除させ朝鮮を占領管理するため、北緯三八度線を境界線にして、北側にいた日本兵をソ連に、南側にいた日本兵をアメリカに降伏させた。この南北の分割こそ、すでにその形を表し始めていた冷戦体制の東西対立の中で戦後の朝鮮半島の在り方を大きく規定したのだった。

南北朝鮮は米ソの下で異なる方針を選択し、南側は四八年八月に大韓民国、北側は九月に朝鮮人民民主主義共和国をそれぞれ成立させた。これによって南北朝鮮の分断は決定的なものとなる。朝鮮半島で緊張が高まっていた一方、中国で続いていた共産党と国民党の内戦では共産党が勝利し、四九年一〇月に中華人民共和国が成立した。このことが北朝鮮を大いに力づけたことは言うまでもない。

五〇年六月二五日、北朝鮮軍が三八度線を越えて南側に一斉攻撃を開始し、朝鮮戦争が勃発した。韓国側は不意を打たれた形となり、六月二八日にソウルが陥落すると、すぐにアメリカも朝鮮戦争に全面的に介入することを決定し、米軍を中心とした国連軍が現地に投入されることになった。当然ながら、朝鮮戦争は日本にも大きな衝撃をもたらした。敗戦後間もない日本にとっては再び戦火に巻き込まれるのではないかと脅威となった一方、米軍が戦うために必要とした物資や労働が莫大な特需となり、日本の経済復興に寄与したことはよく知られている。

一進一退が繰り返された後、五一年七月一〇日から休戦会談が開城で開始された。日本のメディアが現地からの報道を許されるようになったのは、この頃のことである。それ以前、GHQの占領下にあった日本人は海外へ自由に出国することはできず、メディアも現地へ特派員を送ることはできなかった。そのため朝鮮戦争の報道は、外国通信社が発信するニュースに頼るか、GHQの発表をそのまま記事にするしかなかった。あるいは、福岡県の雁ノ巣飛行場や板付飛行場に帰ってくる負傷兵や関係者や外国メディアの特派員に間接取材することもあった。しかし間接取材からつくられるのはせいぜい雑感記事である。公式な戦況についてはやはり東京のGHQ発表に頼らざるを得ず、内幸町のNHK東京放送会館にあった米軍のPIO（Public Information Office）で公式発表を聞くのがほとんどだった。もちろん報道内容は全て検閲された［笠井・竹内：一九九八］。

休戦会談の開始とともに日本人記者も現地取材が許され、五一年七月一一日に第一陣として新聞社や通信社一六社一八名が東京の立川基地から出発した。日本にいた外国メディアの記者はこのような制限を受けなかったが、アメリカのINS通信社で働いていた藤村一郎によれば、外国通信社で働いていた日本人はこの限りではなく、むしろ日本メディア所属の日本人よりも現地へ行けたのが遅かったという。藤村は外国人記者クラブや『ライフ』の東京支局長ジョニー・フロリア邸でハウスボーイを経てINSのカメラマンになった人物で、近藤とも交流があった［藤村インタヴュー］。

藤村に取材許可が下りたのは五二年五月、巨済島捕虜収容所事件の頃である。この時、北朝鮮の捕虜を収容していた巨済島の施設で暴動が起こり、司令官が捕らえられるという事件があったのだ。藤村は、外国通信社所属の日本人ジャーナリストの中で最も早い時期に許可を得られたと述べている［富重・江越・藤村：一九九八］。近藤が朝鮮へ送られたのも、同じこの事件の時なので［岡村・近藤：一九六五］、この頃に外国通信社所属の日本人に現地取材を解禁する決定があったのかもしれない。

釜山録音テープ没収事件

記者たちは国連軍の従軍記者という位置づけであったが、国連軍といっても大半は米軍である。記者も米陸軍将校用の制服を着て、佐官クラスの待遇を受けた。アメリカではジャーナリストが高い位置で扱われるほど報道の意義が理解されているので、第二次大戦中の日本軍しか知らない日本の記者たちは大変驚いた。飛行機はどれでも乗れ、少尉以上の将校専用機にも記者団は乗ることができた［笠井・竹内：一九九八］。

外国通信社所属の日本人は現地取材の許可が遅かったと言ったが、許可が下りてから実際に飛び立つまでの手続きは迅速であった。当時、日本人がパスポートを取得するには持ち出し外貨の割り当てを受けなければならず厳しい制限があったのだが、外国通信社の場合は外貨を持っているので証明書をもらってすぐにパスポートをもらうことができた。日本のメディアの場合は、外務省の受付の前に日本銀行から外貨持ち出し額の承認を得なければならず、この手続きがいろいろと面倒だったのである［富重・江越・藤村：一九九八］。

特派員たちのソウルでの滞在場所はプレスビレットと呼ばれる宿舎で、三国石炭という戦前の日本企業の社宅だった建物が使われた。四階建てのモダンな建物で、三棟のうち一棟は内装が焼けて外側だけになっていたが、ここに日本の特派員たちが簡易ベッドを並べて入れられた。残る二棟のうち一棟に外国特派員が入り、もう一棟は軍人専用であった［中村：一九八五、富重・江越・藤村：一九九八］。

プレスビレットから各地への移動はジープに乗っていく。このジープはAPやロイターといった大手通信社は一台ずつあてがわれたが、ニューヨーク・タイムズやロサンゼルス・タイムズなどの新聞社は一台も持てず、通信社に同乗するしかなかった。日本の記者にももちろん割り当てはなく、通信社に頼んで乗せてもらっていた［笠井・竹内：一九九八］。

ところが、近藤にはジープが一台貸し出され自由に使うことができたようだ。息子の毅によれば、近藤は他の日本人特派員からたいそう羨ましがられたと話していたという［近藤毅インタヴュー］。PANAは香港を本社とする戦勝国のメディアであり、しかもアメリカでは新聞社よりも通信社が優遇されるので、小さな通信社の特派員である日本人の近藤でも一台使うことができたのだと思われる。

「釜山録音テープ没収事件」が起こったのは、近藤が朝鮮取材を始めて数カ月たった五二年〇月のことである。これは、釜山を訪れた日本人記者三名が同地で日本への入国許可を待つ約二〇〇名の日本人引揚者を取材した際、韓国政府の許可なく行ったということで当局を立腹させた事件である。韓国側は彼らの取材テープを没収するとともに、その後は日本人記者の活動範囲をソウルや汶山《ムンサン》などの戦線地域に限定するという声明を出した［朝日新聞：一九五二、一〇月一〇日付朝刊］。実はこの日本人記者というのが、ＮＨＫの伊沢龍雄、読売新聞の川名久男、そして近藤のことなのである。

休戦会談が休会中の一〇月二日、近藤がまず釜山の少林寺を訪れると、そこで八月に済州島沖で拿捕された山口県の第五七福丸の船員一〇名が収容されているのを発見した。漁船員の写真取材をして同日の夜に打電したが、特にとがめられることもなかったので、翌日三名で改めて取材に出かけ、他の引揚者たちにも取材をした。韓国政府外務部の旧日本課長がぜひ会いたいと言ってきたのはその時だった。近藤は万一のことを考えてカメラやフィルムを全て置いていったが、他の二人は「取材が出来るかもしれぬ」と考えてテープや録音機をそのまま持っていった。すると韓国側は無断で取材したことを問題視し、テープを差し出すよう要求してきたのである。記者らは抵抗したものの、結局、テープの一部を渡すことを了承し、ソウルへと戻っていった［新聞協会報：一九五二、一〇月二〇日付、笠井・竹内：一九九八］。

その後、実際には日本人記者の活動範囲制限はなされず、大きな外交問題にも発展しなかった。だが朝鮮戦争報道を研究した李虎栄はこの事件を、「戦後日韓メディア関係におけるはじめて起きた衝突事件としても意味がある」と指摘している［李：一九九八］。ということはつまり、日本人特派員が現地政府との間で起こした戦後初の衝突事件だということでもある。若き日の近藤にもこのような経験があったのだ。

PANA退社とユニオン商事

朝鮮戦争中の五一年九月八日、日本はサンフランシスコ講和条約を締結し、第二次大戦中の連合国との戦争状態を終結させた。同条約は五二年四月二八日に発効し、GHQによる日本占領の終結を告げるとともに、独立国としての日本の再出発をもたらすものだった。敗戦から約七年がたち、街のインフラや政治制度、会社組織などあらゆる面において日本は新たな歩みを進めていた。

PANAはアジアとのネットワークを強みとして、東南アジアの華字紙や日本の国内メディアにアジア地域のニュースを配信していた。そんな中、五六年に近藤はPANAを辞めるのである。後年にPANAの社長となる近藤だが、実は一度同社から離れていたのだ。理由は、この時も上司とけんかしてのことだった。近藤はその時のことを次のように回顧する。

PANAを辞めたのはなぜかっていうと、ジョン田路っていうゼネラル・マネージャーがいてね、それと大げんかしてひっぱたいたんだよ。そしたらすぐノーマンが飛んで来て、「おまえ、何をするんだ」って言うの。それで、「あんた、どっちを取る。俺を取るのか、向こうを取るのか?」って言ったらノーマンはさすがに困ってね。それでね、「もういい。おまえ、辞めるなら辞めてくれよ」って言われたから、それがきっかけで辞めたの［近藤幹雄インタヴュー］。

近藤とけんかしたゼネラル・マネージャーは田路順という。一九一六年にロンドンで生れ、日本大学在学中から日本の英字紙「ジャパン・アドバタイザー」に勤務、その後は満州電業や軍の仕事に従事した。戦後は宋徳和と同じ中国国民党の中央通訊社に所属し、ＰＡＮＡ設立時から特派員、後に東京支局長として同社で働いていた人物である［Pan-Asia Newspaper Alliance：一九五八］。名前は田路順（Taji Jun）だが、「John Taji」とも名乗っていた。宋にとっては、中央通訊社時代からともに働いてきた田路の味方をしないわけにはいかなかっただろう。

近藤はＰＡＮＡを退社してからしばらくはフリーのカメラマンとして取材をし、『芸術新潮』や『週刊東京』などの仕事をして過ごしていた。そして、二年後の五八年六月一日、関根時之助という人物の出資のもと、株式会社ユニオン商事を四谷三丁目に立ち上げるのである。ユニオン商事の登記簿を見ると、同社の目的は次のようになっている。

一、写真機及び写真材料の販売並びにその現像・焼付
二、油、油脂及び日用雑貨の輸出入業
三、前項に関係する会社に対する投資
四、前各号に付随する一切の事業

輸出入業などとあるものの、ユニオン商事の売りはなんといってもカラー写真の現像だった。この頃、カラーで写真を撮れるカメラマンは新橋にあった日本発色という現像会社に頼むしかなかったのだが、次第に高まるカラー写真現像の需要に応え、近藤は自ら会社を立ち上げた。なお、日本発色は五四年の創業以来、プロ向けとして長らく親しまれた後、二〇〇八年に惜しまれつつ廃業し

ている。五〇年代の日本ではカラーフィルムは外国製しかなかったが、ＰＡＮＡは外国通信社なのでカラーフィルムを容易に入手でき、近藤もＰＡＮＡ時代にはよく日本発色に頼んでいた。自らユニオンを立ち上げてからは、仲間のカメラマンたちから「近藤のところだから安心だろう」ということで信頼もあり、繁盛したという〔菅田インタヴュー〕。

六二年一月一九日、ユニオン商事は「ユニオン」に商号を変更する。変更の理由は定かではないが、その頃に制作されたユニオンの「経歴書」という一六ページの小冊子（制作年不明）に事業内容が詳しく書かれている。ユニオンにはカラー現像部、写真部、フィーチャー・シンジケートの三部門があり、東京の他に山口県の岩国にも支社があった。岩国ではアメリカ海兵隊ＰＸ写真部との独占契約を結び、写真の現像、焼付、引伸ばしなどの業務を請け負っていた。

五〇年代から六〇年代にかけては写真技術が大きく発達し、日本でもカラー写真が普及しつつあった。こうした時代を背景に、近藤はカメラマンとしてだけでなく写真ビジネスを広げることができたのである。さらに写真部の方では、「活字媒体としての雑誌、またはメーカー側のＰＲ活動のための写真撮影、報道写真としての組写真製作」に応じると記載されている。

フィーチャー・シンジケート部門では、責任者を近藤幹雄とし、「モチベーション・リサーチ、ＰＲ企画・制作」「アイデア・コンサルタント」を行うと書かれている。内容を読むと、ようするにマーケティング・リサーチに基づいたＰＲの企画から製作までを行っていたということのようだ。

ここで興味深いのは、提携先の一つとしてＰＡＮＡの名前が筆頭に挙げられている点である。そこには「同社は、香港に本社をおき、東南アジアを主な取引先とする通信社ですが、同社のＰＲサービス・ディビジョンと独占契約を結びました。東南アジア方面へのPRは、同社のネット・ワークを使って確実かつ効果的に行われます」と紹介されている。上司とけんかをして退職をした近藤だが、PANAとはこうして取引きを行っていたのだった。

ところで、ユニオン商事立ち上げの際に資金を出し、代表取締役になっている関根時之助についても触れておきたい。関根は元々、『野生の叫び声』『白い牙』『どん底の人びと』などで名高いアメリカの作家、ジャック・ロンドンの使用人をしていた人物である。ロンドンが亡くなった際に意識不明状態の彼を発見したのも関根であり、ジャック・ロンドン研究においても重要人物と目されている。ロンドン研究者の辻井榮滋による「J・ロンドンに仕えた日本人使用人たち――関根時之助の場合」(『立命館言語文化研究』一九九〇)に詳しい経歴が記されている。

同論文によれば、関根は一八九二年八月二一日に東京の裕福な質屋で八人兄弟の末っ子として生まれ、大倉商業学校(現・東京経済大学)を卒業後、二人の兄を追うように一九一〇年夏に横浜から渡米した。ロンドンのもとで働いた期間も含めて一〇年間アメリカで暮らしたのち、二〇年に不景気のあおりを食らって一人無一文で帰国、その後は兄に借金をして田園調布に土地を買って牧場を経営する。これはロンドンの農園で働いた経験を活かしてのことである。この頃から、趣味の写真や映画に凝り、牧場の宣伝映画を製作したりしているうちに、戦後は英語が堪能なことを重宝され広島県呉市で海軍の写真関係の仕事に携わったりしたという。

近藤らとユニオン商事を設立するのはこの後である。ユニオンの事業目的に記載がある「油、油脂及び日用雑貨の輸出入業」というのはおそらく関根の手がけていたものであろう。論文中に紹介されている関根の従兄弟の謙吉によれば、ユニオンの資金不足の折には謙吉が用立てたりしたこともあったようである。宇都宮で開業医となった関根の息子の烝治は、父親のことを「事業家としては失敗の域を出なかった」と述べている。晩年は、田園調布の土地を切り売りしながら余生を送り、一九七〇年一二月一一日、心筋梗塞のため七八歳で亡くなった［辻井：一九九〇］。

近藤が関根と知り合うことになったのは、田園調布教会の青年会で活動していた際に烝治と親友になったことがきっかけであった。戦後に関根は米軍などとも商売をしており、近藤はフリーの時代に当時では入手が困難だったカラーフィルムを関根の人脈で仕入れたりもしていたそうだ［近藤毅インタヴュー］。

当時を知る関係者らによれば、近藤は年配者に好かれる性質を持っていたようで、関根も近藤のことをたいそう気に入っていたという。上司とけんかして仕事を辞めたなどというエピソードはあるものの、気に入られるところではものすごく気に入られていたのだ。この頃、近藤は二八歳、関根は六六歳である。

ちなみにユニオン商事を起ち上げたのと同じ五八年、近藤は日本航空の広報課で働いていた女性と結婚している。その後授かった長男には、三木淳から名前をもらって「淳」と名付けた。

トップ屋集団「東京ペン」

近藤はユニオン商事を設立した後、翌五九年四月に「東京ペン」という編集プロダクションも立ち上げている。東京ペンはユニオン商事の一部であり、四谷三丁目にあったオフィスの一階が現像所、二階が編集プロになっていた。二階にはカメラマンとライター達がおり、たばこの煙で一日中、部屋がかすんでいた。編集プロとはいうものの、東京ペンはいわゆる「トップ屋」の集団であった。トップ屋とは、出版社の依頼で週刊誌の記事を書くフリーライターのことである。雑誌の巻頭記事(トップ記事)を書いたことからこの名称が生まれ、丹波哲郎主演で『トップ屋』というテレビドラマができるほど当時は広く知られた言葉だった。

五〇年代後半から六〇年代、日本の出版界は週刊誌の花盛りであった。新聞社系の週刊誌『週刊朝日』や『サンデー毎日』などは一九二二年から発行されていて、また戦後には『週刊読売』(一九五二年七月創刊)、『週刊サンケイ』(一九五二年二月創刊)が刊行されていたものの、新聞社系でなければ難しいと言われていた週刊誌業界で出版社系の週刊誌が次々と創刊されたのはこの時期の特徴である。まず、初の出版社系週刊誌として五六年二月に『週刊新潮』が創刊された。文芸色を特色として新聞社系週刊誌との違いを出し、雑報的な読み物が読者に支持された。

新潮社が『週刊新潮』を発刊した際、新聞社の様に自前の記者をそろえるのが難しい状況で考え出されたのが、元新聞記者や作家志望の若者、週刊誌の仕事に興味がある現役新聞記者たちに外注するというシステムだった。欧米ではこうしたフリーランサーは珍しくなかったが、日本では記事は自社の正社員が書くものという慣習があり、外注するやり方は新しいものだった。彼らは単独ではなく、リーダー格のライターのもとに記者三、四人と原稿を手直しするリライターを含めたチームを編成し、編集部が企画内容を決めて指示を出すと三、四日ほどで記事を仕上げてきた。出版社の側は記者を雇用するよりも経費を節減でき、またライターらにとっても四、五ページの記事で新聞記者の月給ほどになる原稿料は決して悪い条件ではなかった。

『週刊新潮』の成功を見て、他の出版社も週刊誌を次々と創刊する。五七年に河出書房が『週刊女性』、五八年に集英社が『週刊明星』、五九年には講談社が『週刊現代』、文藝春秋社が『週刊文春』、平凡出版が『週刊平凡』を創刊するといったように、書店の店頭が週刊誌であふれるほどになったのである。これらの出版社系の週刊誌は、その多くが新潮社と同じようなシステムを採用し、外注のライターによって巻頭記事をつくっていた。『週刊新潮』が創刊されたころはまだその名はなかったが、このようなライター達はいつしか「トップ屋」と呼ばれるようになっていった。

これらのトップ屋グループの中でも人気だったのが、産経新聞社の記者から転じて『週刊新潮』のトップ屋になった草柳大蔵のグループ、『週刊明星』『週刊文春』で活躍した梶山季之のグループである。そして、ニュース物では近藤らの東京ペンもその次に位置づけられるほど健闘していた。ちなみに草柳は『実録　満鉄調査部』（朝日新聞社、一九七九年）など多数の著作を残すとともに評論家としても活躍、梶山も『赤いダイヤ』（集英社、一九六二年）、『李朝残影』（文藝春秋新社、一九六三年）などの膨大な作品群で知られる小説家となる。

東京ペンは、近藤が東京タイムズの北川衛に声をかけられて共同設立したものだった。北川はもともと、同じ中学出身の梶山季之と文章や写真の仕事を請け負う事業を設立しようとしていたのだが、梶山が『週刊明星』の仕事で忙しくなったため、一人でそれを進めることを考えたのである。ただ北川が考えていたのは、内容はトップ屋と同じ仕事であるものの、特定一社の専属になるのではなく、自分の好きな題材を取材して、それを新聞社や雑誌社に売り込むという欧米の通信社のような形のものであった。この構想を練っていた際に、東京タイムズの社会部長から近藤を紹介され、両者が意気投合して東京ペンを設立したのだった〔『首輪のない猟犬たち』：一九七二〕。

東京ペンは東京新聞、東京タイムズなどの新聞記者が多数関係しており、良質の情報を早く入手できたこともあって、かなり知られた存在となった。だが、ユニオンの経営全体としてみると、カラー写真現像の売り上げに頼るところが大きかったようである。当時、ユニオンで近藤らとともに働いていた菅田正俊によれば、「一階の現像所で稼いだ金を二階の編集プロで食いつぶしてるなあ」という状況だったそうだ。また、近藤の夢は、ゆくゆくは自前で週刊誌を出すことだった。世界と仕事をすることをいつも考えていたという〔菅田インタヴュー〕。

東京ペンは当時の様々な出来事を取材したが、六〇年安保もその一つである。五一年に結ばれた日米安全保障条約の改定をめぐって、五九年から六〇年にかけて大規模な反対運動が行われた。戦後最大規模の民衆運動であり、国会を取り囲んだデモには三〇万人を超える人々が集まったほどであった。東京ペンはその取材の集大成として『ユニオングラフ　日本の反省——安保をめぐって』（一九六〇年七月一五日発行）というグラフ誌を出版している。定価七〇円で、デモ隊の様子はもちろん、岸信介首相の動きから国会本会議、警官隊の動向など、六月一九日の新安保条約成立に至るまでが写真によって克明に記録されている。ただ、今から見ると安保闘争の貴重な記録となっているのだが、連日似たような写真がマスメディアに掲載されていた当時では、まだ振り返るには早すぎたのであろうか、あまり売れなかったそうだ。カメラマンの石井義治が六四年にユニオンに入社したとき、売れ残ったそれらの雑誌で「床が抜けそう」だったという。

PANAの社長になる

近藤がカメラマンとして忙しく働いていた六二年のある日、インドへ取材に行った帰りに木徳和から話があると言って呼び出された。そこで近藤は宋から、PANAを譲りたいと打診されたのである。近藤は次のように語る。

ケララ州で暴動が起きたんですよ。それで僕は「撮りに行ってくれ」って言われて行ったんですよ。PANAと関係ないですよ。どこからかアサインメントがかかって、ローマの新聞かな。ケララ州ってのは、インドのこういう先っちょのところです。その時、帰りがけにノーマンが「とにかくこっちに寄ってくれ」と言うんですよ。「おまえだけじゃ英語がまずいから、三上さんを呼んでくれ」とね。三上さんっていうのは日系二世ですからね。とにかく、この人と一緒に話をしてみると、「日本のPANA通信は近藤に譲るよ」って言うんですよ。僕はそう言われたって難しいからね、「いろいろ帰ってから相談するよ」って言いました［近藤幹雄インタヴュー］。

ケララ州はインドの南端に位置する州である。一九五七年に世界で初めて普通選挙によって共産党が政権をとったことで国際的に注目されていた場所だった。評論家の加藤周一による訪問記『ウズベック・クロアチア・ケララ紀行』（岩波書店、一九五九年）もある。しかし反共勢力との紛争が続き、六〇年に実施された選挙では共産党が敗北、〝赤い州〟は三年で終わりをとげていた。

六二年頃にケララ州で暴動が起こっているかどうか調べてみると、三月四日に農民による反州政府デモが起こっている。州政府の農民弾圧政策に抗議して約四〇〇〇人のデモ隊が州政府首相の自動車に投石をし、計三六人が逮捕されたのだ［朝日新聞：一九六二、三月五日付夕刊］。近藤が宋に呼びだされる前に取材に行っていたのはこの出来事だろうか。

近藤はＰＡＮＡを引き受けるかどうか悩んだが、周囲の声はそれを後押しした。カメラの道を進むよう勧めた共同通信の松方三郎からも、そのようなアドバイスを受けた。

松方のおやじさんに会って彼のアドバイスをもらったらね、とにかく「ノーマンが渡すって言ってんだから、やんなさい」って言うんですよ。「日本人もしっかりしなきゃだめだよ」って言われてね［近藤幹雄インタヴュー］。

また、ユニオンの若い仲間たちも乗り気だった。近藤のもとで働いていた菅田正俊、嶋元啓三郎、鷹橋信夫の四人が新宿の沖縄料理屋で話し合いをし、「どうしよう」という近藤に対し、三人は「やれやれ」と励ました。そうして近藤は、宋の申し出を受け入れることを決意したのである。

それにしても、なぜ宋徳和は近藤にＰＡＮＡを任せようと思ったのだろうか。近藤に尋ねると、「いやあ、俺に聞かれても、それは困るんだな。彼は違う仕事があったんだよね。『アジア・マガジン』っていう雑誌を出したから、そっちをやりたかったんじゃないかな。それでＰＡＮＡの方は「うまくやってくれよ」みたいな話だったと思うんだよ」とのことである［近藤幹雄インタヴュー］。

確かに、宋は六一年一〇月に香港で『アジア・マガジン』を創刊している。近藤にＰＡＮＡの引継ぎを打診したのが六二年三月であったとするならば、そちらに傾注したかったと考えるのは自然である。しかし、なぜ近藤だったのだろうか。彼は上司とけんかをしてPANAを辞めた人間である。実際、それまでPANAで働いていたスタッフ、とくに近藤よりも年上で、近藤がかつてPANAにいた時代に一緒に仕事をしていたスタッフの中には、「こいつの下で働けるか」ということで辞めてしまったスタッフもいた。近藤は人手不足を補うために東京ペンで働いていた者など様々な人間を集め、東京ペンは二人だけを残して細々と続けることになった。菅田も、「お前大学出なんだから英語の翻訳くらいはできるだろう」と言われPANAに移ることになった［菅田インタヴュー］。

近藤が東京のPANAを引き受けた後、アジアのPANA支局はそれぞれの国で現地法人として再出発することになった。そもそも、PANAの本社は香港であったが、実質的には宋が滞在していた東京が本社のような位置づけになっていた。その東京を近藤が引き継いだわけだが、宋のつながりで成り立っていたアジアのPANAが、新参者の近藤によって主導されることは容認し難かった。近藤は次のように回想している。

最初はいっしょくたにしようと思って東京で「アジアの支局長たちに」集まってもらったの。集まったんだけども、やっぱり東京に押さえられたくないんですよ、あんま、日本人に。それはあるんだよ、感じとしてね。何で横取りするんだよっていうようなもんだよ。そうするとね、「そんなこと言われるんだったら、もうやめだ」って、こういうふうに僕が言うでしょ。そしたら、シンガポールの陳加昌がだいぶまとめてくれたんだ。「じゃあ、これでどう?」って言う形で、みんな独立だと［近藤幹雄インタヴュー］」。

アジア支局のジャーナリストたちがどのような考えであったかは定かでないが、当時は戦後まだ二〇年足らずであり、かつて自国を支配した日本に対する感情が良くなかったのは事実である。どの国にPANAの拠点があったかは時期によって変動があるので六二年の状況を示す明確な資料はないものの、少なくとも台湾、シンガポール、タイ、インドネシア、フィリピンには支局があった。しかしこの期にPANAは東京を本社として各国を支局とするのではなく、各国がそれぞれの国で現地法人として登記し、連携関係をとってゆくという形で再出発したのである。

PANA東京は六三年八月六日付けで日本法人として設立された。当時の日本の商法では会社設立の際に七名の発起人が必要であったので、父親の近藤綸二や先輩写真家の三木淳に名前を連ねてもらい、取締役にもなってもらっている。三木淳はPANAのオフィスに顔を出すこともあったという。設立時の資本金は四〇〇万円で、一株五〇〇円の株式を八〇〇〇株発行している。登記簿に書かれている会社の目的は次のとおりである。

一、ニュース記事、写真の取材、提供及び流通
二、通信、報道機関として必要な調査事項の取材提供流通及び広報宣伝活動
三、出版

四、以上各項の業務及び業務運営に付随する一切の業務

会社の正式名称は、「株式会社　パン・アジア・ニュースペーパー・アライアンス」であった。「PANA通信社」はあくまでも通称ということになる。ただし近藤は「パナ通信社」という名を六六年九月一四日に商号登記している。こうして近藤は社長としてPANAを引き受け、日本の会社として再建していくことになった。

東京オリンピック

近藤がPANA東京を任され、日本法人となった後の最大のニュースと言えば、六四年一〇月の東京オリンピックである。アジアで初めて開催されるオリンピックであり、日本にとっては復興のシンボル的な出来事であった。五九年に開催が決定されて以降、新幹線や首都高速、地下鉄、モノレールなどのインフラが急いで整備され、本番が近づくと国中がお祭り騒ぎの状態になっていった。当然ながら、マスメディア各社も気合を入れて取材に臨んでいた。

近藤も、オリンピックが通信社としての真価を問われる重大なニュースとなることを認識しており、APやUPIなどの世界的通信社をしのぎたいという強い思いを持っていた。そのための制度づくりとして、開催の一年ほど前には日系二世で英語が堪能だったスタッフを連れてヨーロッパへ行き、EPU（European Pressphoto Union　欧州報道写真連合）と取材協力の協定を結ぶのである。EPUはフランスのAFPやドイツのDPA、スウェーデンのプレッセンスビルドなど、ヨーロッパ

EPUへの準加盟契約時の近藤（右から三人目）（近藤氏遺族提供）

の代表的な通信社の連合体であった。日本の小さな通信社であるPANAが提携を結ぶのは異例のことである。オリンピック後には、PANAはヨーロッパ以外からの初のメンバーとして準加盟通信社となった。

近藤は半月ほどヨーロッパに行って体制づくりを進めたのだが、その資金集めにも苦心した。そこで、近藤は営業担当者をよそから二人ほど引き抜き営業力を強化するとともに、『アジア・モニター』というB5判・約一六ページの小冊子を週刊で発行して資金の足しにした。この冊子は、アジアのPANA各社から送られてきたニュースをまとめたもので、二〇社ほどの大手商社に販売したという。オリンピック中も継続し、それが収入源の一部になった。

オリンピックが始まるとPANA全社をあげての大仕事である。EPUの加盟社も全社ではないものの、先述したフランス、ドイツ、スウェーデンの他にオランダ、ノルウェーなどいくつかの通信社がフォトエディターとカメラマンの精鋭二人ずつを送り込んできた。彼らは朝日新聞社ビル六階で一緒に仕事をしたので、期間中PANAのオフィスは大勢の人でごった返していた。PANAとEPU、さらに言えばユニオンのスタッフたちが混然一体となって取材に取り組んでいたのである。

カメラマンの石井義治はこの時オリンピック取材を行った一人である。石井はかつて、日大芸術学部写真学科に在学中からカメラマン・大竹省二の助手として、赤坂檜町《ひのきちょう》にあった事務所兼住居で働いていたことがある。このアパートは「テキサスハウス」と呼ばれ、戦後の芸能史を飾った著名人たちが住んでいて、俳優や作家、プロ野球選手などの業界人が遊びに来るお洒落な文化的拠点として知られていた〔佐々木：二〇一二、永・大竹：二〇〇六〕。

石井はテキサスハウスで一年半ほど過ごした後、六四年五月頃、近藤がPANAと並行で続けていたユニオンに入社する。きっかけは、新しい仕事を探していた時に大学時代の先輩から、ユニオンで働いていた森田昌宏を紹介されたからである。ユニオンの面接を受けようと思ったら、有楽町朝日新聞社ビル六階のPANAのオフィスに行くように指示された。不思議に思いながらともかく有楽町へ行って近藤と面接すると、「明日から来い」と言われた。近藤とのやりとりを石井は次のように語る。

面接するときにさ、「僕はそんなに長くいるつもりはありません」って言ったら、「なんだお前、何年くらいいるんだ」というから「三年くらいです」と答えたんです。「そのあとどうすんだ」「ぼくは総合雑誌のグラビアのページみたいなああいう写真が撮りたいです」って言ったら、「なんだばかやろう」って近藤さんが（笑）

「じゃあお前明日から来い」と言われて、「すいません、先生〔大竹省二〕にまだ何も言ってないんで。今いないから、明日帰ってくるから」といったら、「じゃあ大竹さんに話してからこっち電話しろ」っていうのが最初の出会いなんですよ。それから会うたびに、「石井お前はまったく図々しい奴だな。お前みたいなのはいなかったぞ」なんて言われてね〔石井インタヴュー〕。

当時のユニオンの様子や近藤の人柄がうかがえるエピソードである。ユニオンの面接にもかかわらず有楽町のPANAオフィスに来いと言われ、採用された石井はてっきりPANAで働くのかと思ったら、働くのは四谷三丁目だと言われた。PANAとユニオンは一体どういう関係なのかと不思議に思ったという。その上、オリンピックの際に石井はPANAの人間としてEPUに出向し、ヨーロッパから来たカメラマンとともに仕事をしたというから、ますます訳が分からなかった。それぐらい、PANAとユニオンは一体化していたのである。オリンピックが開幕すると、石井は国立競技場に特設された外国特派員たちのオフィスでヨーロッパから来たEPUの特派員らとともに仕事をした。他に、暗室マンや事務スタッフが二、三人ほどPANAからEPUに出向していた。

一方で、PANAのカメラマンたちもEPU出向組とは別に仕事をしていた。PANAは独自に各競技の取材をし、記事や写真をアジアのPANAなどに配信していたのである。競技場とは別に本社の方でも大忙しだった。

この時のエピソードとして面白いのは、銀座の高級クラブ「エスポヮール」のボーイの仲間たちが、PANAのフィルムや原稿をバイクで運ぶ仕事を手伝ってくれたということである。なぜそのようなことになったかというと、近藤のパートナーとしてPANAの取締役や経理の仕事をしていた川辺隆太郎という人物が、エスポヮールの川辺るみ子ママの兄だったからである。

エスポワールは銀座で一、二を争う有名店で、小林秀雄や大佛次郎、三島由紀夫といった作家や、マスメディアの幹部、政治家なども足繁く通っていた。一九五五年に京都・祇園の芸妓が銀座三丁目に開いた店「おそめ」とライバル店となり、上羽秀ママとるみ子ママをモデルとして書かれた川口松太郎の小説『夜の蝶』では、二人が白沢一郎（モデルは白洲次郎）という一人の男をとり合って争う様子が描かれて話題となった。この小説は脚色が入り混じった女の戦いの物語で、実際とは異なる点が多々あるようだが、小説や映画が大ヒットしたことで両店はますます話題の的となった［金森：一九九三、石井：二〇〇九］。

エスポワールは高級店なので普段からPANAのスタッフが通うということはなかったが、アジアのPANA各社から代表らがやってきたときなどは、そこでもてなすこともあった。そのような関係でオリンピック報道を手伝ってくれたのである［菅田インタヴュー］。

PANAではこの時に初めてカラーの写真電送を行うなど、近藤は並々ならぬ力を入れていた。またこの少し後、六五年三月にユニオンは閉鎖し、スタッフはそのままPANAへ移ることになった。仕事内容はほとんど変わらず、給与明細に記載されている「支払者」がユニオンからPANAに変わっただけであったが、「早番」「遅番」「夜勤」などの時間勤務が出てきたことは変化であった。オリンピックでPANAは総じていい仕事ができたが、経営としては大儲けするどころかお金を使い果たすほどであったようだ。また近藤は激務のあまり体を壊し、しばらく自宅療養を余儀なくされた。

ヴェトナム戦争と岡村昭彦

日本がオリンピックに沸いていた頃、インドシナでは紛争が拡大化しつつあった。一年半ほど前から契約カメラマンとして派遣していた岡村昭彦の写真は『ライフ』にも掲載され、日本の新聞社や週刊誌にも以前より売れるようになった。だが、岡村の相変わらずの奔放ぶりには手を焼かされてもいた。岡村は、近藤がPANAを任されるようになった頃に「共同」の犬養康彦から紹介された男である。近藤は岡村の性格を知るにつけ、犬養に「何だお前、あの男」と文句を言ったこともあるが、犬養の妻も「近藤さん、気をつけなさいよ。本当にうちの人はすぐね、面白いとか何とか言ってあの人のこと出入りさせるのよ」と忠告してくるほどだったという［近藤幹雄インタヴュー］。

岡村は写真も撮れないし英語もできないので、しばらく雑用をやらせていた。だが、どうしてもバンコクを取材したいといって聞かない。そこで、シンガポールの陳加昌にも相談をし、正規の特派員ではなく契約という形で東南アジアに送ることにしたのだった。六二年一二月のことである。ピンボケの写真や全く使い物にならない記事を送ってきた後、六三年七月から取材をしていたヴェトナムのニュースは、情勢の緊迫化とともに次第に注目されるようになってきていた。六四年八月から一時帰国していた岡村はPANAのオフィスにもやってくると、スタッフ全員がオリンピック報道で必死になっているときに、「そんなことよりアジアは動いてるんだ」と言って水を差していたという［菅田インタヴュー］。

帰国中の岡村は、週刊誌の対談やインタヴューで引っ張りだこになり、一躍ジャーナリズム界の新星として話題をさらった。六五年に入ってからは各種写真賞を総なめにし、六五年三月には写真集『これがベトナム戦争だ』を出版、発売と同時に開催された写真展「動乱のベトナム写真展」は大盛況となった。この頃になってようやく、それまで岡村に費やした取材費も取り返せるかといったところだった。ただし、PANAの利益になるのは岡村の撮影した写真が売れたときのみなので、岡村が出版した『南ヴェトナム戦争従軍記』がいくらベストセラーになっても、その印税に直接あずかれることはない。岡村が有名になったことで彼の写真が売れれば話は別である。

この頃、近藤と岡村の関係は決定的に悪化していた。しかも『従軍記』では近藤のことを指していると思われる「デスク」を「小心かつ頑迷、青年の創造力を失った」と形容しており、二人の対立は誰もが知るところであった。「社長」と「契約カメラマン」と言っても、近藤はこのとき二五歳、岡村が三六歳である。両方とも向こうっ気の強い独立心旺盛なタイプで、相手に対する腹立たしさが契約によるメリットを上回れば、けんか別れするのは時間の問題であったろう。本章の冒頭で言及した『サンデー毎日』の近藤と岡村の対談記事は、この岡村の一時帰国中になされたものである――本当に対談したとするならば。

再びサイゴンへと戻っていった岡村は、今度は解放戦線側からの取材に力を入れていた。解放区からのニュースは、アメリカ側からの報道ばかりだった西側の報道界においては貴重だが、南ヴェトナム政府ににらまれる可能性や、岡村自身の身に何か起こるリスクもあった。アメリカ軍は解放区への全面的な空爆を開始しており、万一アメリカ軍や南ヴェトナム軍に拘束されることになれば、最悪の結果をもたらすことになるかもしれない。また、PANAのサイゴン支局が閉鎖される可能性も否定できず、その後の取材体制に支障をきたすことがあるかもしれない。近藤が懸念したのはそのようなことだと思われる。
近藤は解放区の取材を控えるよう岡村に忠告し、彼のカメラマンとしての成功は周りのＰＡＮＡスタッフの助けがあってのものだと言い聞かせようとした。しかし、岡村は耳を貸さなかった。この頃、近藤はシンガポールＰＡＮＡの陳に次のような手紙を書いている。

CHIN-SAN

〝一将成って　萬卒枯る〟　Do you know?
I say.　一将 is OKAMURA, 萬卒 ARE PANA's STAFFS???
NO;　私は萬将成らせて一卒も枯らさないよう、
TRY MY BEST です。　"GRORIOUS PANA" よ。

近藤

［一九六五年二月二六日付手紙　陳加昌所蔵］

ここで言われているのは、中国晩唐の詩人、曹松による「己亥歳《きがいのとし》」にある結句「一将功成りて万骨枯る」のことで、一人の将軍の輝かしい功名の陰には、戦場に命を捨てた多くの兵士があるという意味である。成功者ばかりが功名を得、周りの者たちの尽力が忘れられるのを嘆く時に使われる。

そうなるのではなく、全員を成功させたいというのが近藤の思いだった（「万卒」も多数の兵士の意）。近藤は同じ内容の電報を岡村にも送ったが、頭に来た岡村は契約を解消するとして周囲にもそのように話していた［陳インタヴュー］。

ところで岡村の解放区取材は、近藤が朝鮮戦争の際に韓国政府の気に入らない報道をして、あわや日本人記者全体が取材制限されそうになったことを彷彿させないだろうか。近藤はこうした取材は慎重にやらなければ、自分ばかりでなく周囲の活動にも大きく影響することを身を持って体験していたのである。長年報道の世界に身を置いていた近藤に事実の探求やスクープの重要性、逆側からの視点で見ることとの価値が分からないはずはなく、西側メディアが行わない解放戦線側の取材はさせたかったに違いない。だが、経営者として難しい判断を迫られていたのである。しかし岡村は結局、六五年四月にジャングルの奥地Ｄゾーンへと取材に出かけたまま、しばらく消息を絶った。

この間、北爆の激化とともに、南ヴェトナム政府および米軍当局は報道管制をますます強めていった。ちょうど岡村がＤゾーンにいた五月には、国家元首の布告により反共諸法が強化され、「〝共産主義的政策に従い、平和とか中立という美名において行われるすべての陰謀や行動〟（この目的にそった文書写真の回覧、配布、販売も含まれる）」を処罰の対象とした［日本新聞協会：一九六六］。近藤が懸念していた方向に事態は進んでいた。

約二カ月後、岡村は再びサイゴンに現れた。前章で述べた通り、ＰＡＮＡのカメラマン市来逸彦が事前に決めていた通りの暗号電を東京に送り、連絡を受けたＰＡＮＡのスタッフと『ライフ』東京支局長が羽田空港で彼を出迎えたのだが、実はこの時近藤も羽田まで行っていたのだ。しかし岡村には意識的に顔を合わせないことにした。そのため岡村は近藤がそこまで来ていたことを知らない。また対外的には、岡村はサイゴンから直接ニューヨークへ行ったことにし、近藤及びＰＡＮＡ側は岡村が東京に立ち寄った事実を知らないことにした。『ライフ』に掲載される原稿の内容によっては、市来のサイゴンでの取材を含めたＰＡＮＡの仕事自体に支障が出るのを心配したためである。

その後、岡村は『ライフ』の契約カメラマンとなり、ＰＡＮＡとの関係は終わった。岡村はＤゾーンの記事によって南ヴェトナム政府から好ましからぬ人物とみなされ、五年間の入国禁止処分となっている。幸い、ＰＡＮＡの他の特派員や日本の記者たちに取材制限の影響が及ぶことはなかった。ＰＡＮＡに新しい風を吹き込んだフォトジャーナリスト岡村は、こうして嵐のように過ぎ去っていったのだった。

ＰＡＮＡ通信社の仕事

ここで、ＰＡＮＡの日常的な仕事について紹介しておきたい。内容は時期ごとに変動があるが、元スタッフらへのインタヴューと、現在唯一残っている『ＰＡＮＡ通信社業務案内』（一九六七年版）というパンフレットをもとにまとめると次のようになる。

まず、主たる業務は写真およびニュースの配信、販売である。東南アジアをはじめとして全世界から毎日数百枚の写真が電送や航空便で送られてきており、写真のネガはすべて東京でファイルされていた。白黒写真のネガ五〇万枚、カラー写真四万枚を数えると『業務案内』には書かれている。

扱っていたのはニュース写真、資料写真、顔写真などで、英字紙を含めた新聞社に提供していた他、本社の窓口でも出版社などに写真を販売していた。とりわけアジア各国の歴史を収めた写真が重宝されたようである。有楽町の朝日新聞社ビル六階に本社があり、他には羽田空港の中にも支局があった。

この頃、現地法人化したＰＡＮＡが、香港、フィリピン、シンガポール、タイ、ヴェトナム、韓国、インドネシア、台湾、パキスタン、インド、ラオス、セイロン（現・スリランカ）にあり、それらと緊密なネットワークを持っていた。『業務案内』には、「いまだ建国の激動期にあるアジア地域においては、現地での特殊事情を知り、現地に深く根をはった取材の力が必要であります」「新聞人にとっても、産業界の人にとってもいかに長期間その国に滞在しても所詮はエトランゼであり、現地人ほどにその国にはいりこむことはできません」と書かれ、現地のスタッフによる取材能力を売り込んでいる。また、取材をすべて現地の判断に任せるのではなく、「日本人の移動特派員を適時派遣して現地人との共同取材にあたらせ」、日本の新聞事情に合わせた取材をできることも強みとして謳っている。

しかしそのように書くと仰々しいが、実情はもう少し人間臭いものであった。アジアの支局に「こういう写真を送ってくれ」と言ったらみんなどこからから入手して送ってくれた。「朝日」、「毎日」、「読売」などの大手新聞社からは、「山賊みたいな会社」だと言われたそうだ。

六五年には、マーケティングの草分け的存在である有田恭助が創設した「経営調査」という会社と連携し、アジアの市場調査業務に着手している。アジアにニュース網を持ったＰＡＮＡが情報収集をし、「経営調査」の側が解析などを行うというプロジェクトである。近藤は、日本の企業人たちのアジア観が前時代的なのに対し、「どうしても真のアジアの市場調査を行い、まちがったアジア観をなおさねばならないと思ったのだ」と動機を語っている。ところが、この構想を話したところ、市場調査の依頼は日本企業ではなくアメリカ企業から来たということであった［近藤：一九六五］。

もう一つの部門、「フィーチャー・シンジケート」の部では、主に雑誌へ組写真、ファッション写真、インタヴュー記事等の取材、版権の斡旋などを行っていた。ケネディ狙撃事件の際に『ライフ』に掲載されたスクープ写真の日本における独占権を獲得したほか、当時の女性週刊誌の表紙もPANAで撮影しているものは多かった。

有楽町本社のオフィスは狭く、一人に一つのデスクがなかった。出社しても席がないのでその辺に立っているようなこともあったほどである。おまけにいろんな人が出入りしていて、アジアのPANAから来た記者やブラジルのカメラマン、どこかの政治家の秘書など、得体の知れない人が座っていることもしょっちゅうだった。そんなことはもうすっかり慣れていたので、スタッフはどれが誰なのか尋ねることもしなかったそうだ。

一方、羽田空港の事務所は、国際線の出発ロビーと同じ三階にあった。正面玄関から見て左にあり、廊下を挟んだところにインフォメーション・オフィスがあった。空港記者会が合同部屋だったのに対し、スタッフを常時駐在させ、暗室設備、伝送設備を充実させていたのはPANAぐらいのものだった。腕章も記者会とは別のもので、税関検査場以外どこにでも入ることができた。部屋の中には、泊まり番用の古いベッドと有楽町本社とのハンドル式内線電話、そして一人しか入れない狭い暗室があった。早番と泊まり番の連絡ノートがあったがほとんど誰も連絡事項など記入せず、「暗室に下着を干すな」とか、誰かが書いた小説のような文章ばかりだった。一度、近藤が羽田支局にやってきたときに読み、面白がって持って帰ってしまったという。以後、ノートが羽田に戻ることはなかった。

東京オリンピックの翌年から羽田勤務になったカメラマンの石井は、JALの仕事でよく滑走路近くで大型ジェット旅客機ダグラスDC-8を撮った。六六年二月四日に全日空羽田沖墜落、三月四日にカナダ太平洋航空墜落、翌日に英国海外航空機空中分解事故といったように連続で事故が起きたこともあり、その時は羽田支局で床に新聞を敷いて寝ていたら本社から電話で起こされ、悪い冗談だと思ったら本当だったので驚いたという。

PANA羽田支局の仕事には、独自のニュース取材の他に、契約した各航空会社からのアサインメントで指定されたVIP客を機体前で撮ることがあった。それらの乗客に税関まで同行して来日目的や期間など写真につける話を聞き、翌日各英字紙に流すことで航空会社のPRになったのだ。撮影した人すべての名前を確認せねばならないので、一人ではなく複数いるときには大変だった。大臣などの政治家にも撮影後に動かないでいてもらいメモをするのだが、雨の日などは苦労した。撮影した写真やキャプションは急ぎの仕事の場合はアルバイトが本社から取りに来るが、急がない仕事は翌朝本社へ、前日から泊まり番だった支局員が持参した。電送は不鮮明なので海外へ送る際しか使えなかった。

他に羽田支局での出来事について石井は、「パッセンジャー・リスト」を見せてもらい、サイゴンに行きそうな人に、白い粉の現像材やフィルムをもっていってもらいました。アメリカ大使館員か特派員。私は特に図々しく強引でしたが、警備課の人々はニヤニヤしてるだけ」と語っている。今では考えられないことであるが、当時は多くのメディア関係者が同様のことを行っていた。

経営状態について言うと、ＰＡＮＡは創業時からほぼ一貫して赤字であった。この頃、アジアの小さな通信社であるＰＡＮＡが経営的に成功していくのは困難な状況であったと思われる。アジアのニュースを日本のメディアに売る業務においては、次第に日本の新聞社が自前の特派員を世界各地に送り出すようになっていたので、それまで通信社に頼っていた外国ニュースを自社記事で賄うようになった。

さらにこの時代、写真という視覚的表現が新聞紙面における報道手段として重視されるようになったことも見逃せない。五〇年代後半頃まで、写真は活字による記事の補足やアクセサリー的存在だと認識されていたが、新聞はテレビという新しい映像媒体に対抗してニュースを印象的かつ分かりやすく伝える写真を重視するようになる。カメラ機材や技術の発達が写真報道を促進し、各紙は写真の量を増やすとともに、夕刊を中心としてグラフ面を常設するようになったのである［日本新聞協会：一九六四、日本新聞協会：一九七六］。そうなるとＰＡＮＡにとって追い風なのではないかと思いきや、外国ニュースと同じように新聞社自身が自前で写真取材に力を入れるようになり、ＰＡＮＡの写真を買う必要はそれほどなくなっていった。ＰＡＮＡの強みが発揮されにくくなるメディア環境の変化が進行していたのである。

ＰＡＮＡの経営の在り方にも問題はあった。羽田空港に行く際には高額のモノレールを使わないなどの細かい経費節減はしていたものの、岡村とのやり取りにも表れているように支出がどんぶり勘定な部分もあり、また「いい仕事をするためには金のことを考えない」、という風潮もあった。会社組織としては、成長するのは難しそうである。

それでも、近藤はヨーロッパやアメリカの通信社と契約してネットワークの拡大に努め、国際通信社としてのPANAを大きくしようと奮闘していた。近藤を慕う若手のスタッフたちも同じ夢を共有していた。「アジアの、アジア人による、アジアのための通信社」という社是は、具体的にどういう行動になるのかはともかく、スタッフ全員が知っており、絶えず頭の中にあった。

時事通信社による買収

一九六五年六月二四日、PANAは日本の二大通信社の一つである時事通信社に写真を供給する契約を結んだ（九月一日に発効）。と同時に、それまで四〇〇万円だった資本金は同年一一月には「時事」から六〇〇〇万円の出資を得て一〇〇〇〇万円に増資された［時事通信社社史編さん委員会：一九七〇］。またPANAの登記簿によると、六五年一一月の時点で「時事」から海野稔、久村定雄の二人を取締役に迎えている。経営状態がよいとは言えない中で、「時事」のような大企業と提携するのはPANAにとって決して悪い話ではなかっただろう。

提携後の六六年七月、PANAは事務所の一部を有楽町の朝日新聞社ビルから、「時事」が入っていた日比谷の市政会館一階へと移転した。市政会館は日比谷公園の隣にあり、塔時計と茶褐色の外壁を持った近代ゴシック風の重厚な建物である。日比谷公会堂とともに一九二九年に誕生し、現在は東京都選定歴史的建造物などに指定されている街のシンボル的存在だ。提携したことを受けてPANAもこちらに事務所を移し、一階の東側入り口を入ってすぐの場所全体がPANAのオフィスとなった。有楽町のオフィスと比べるとかなり贅沢な広さとなり、暗室もそれまでの倍の四畳半ほどあった。有楽町時代は一人一つのデスクもなかったことを考えれば、かなりの余裕ができたようである。後には地下にあった「時事」の写真部と同じ部屋に移動している。

しかし、こうした広いスペースを確保する賃貸料も含め、電送写真機やテレックス等の設備投資が過大となり、それまでも赤字経営だった業績はますます悪化した。そして、六七年八月、「時事」がPANAの株式の四〇%を取得し、事実上の運営を時事に移すことが決定されるのである。代表取締役には「時事」の代表取締役だった長谷川才次が着任した。この時のことは、「時事」の社史に次のように記載されている。

［PANAは］四〇年六月からは時事通信社に写真を供給する契約を結び、同年一一月には時事から六〇〇〇万円（従来からの借入金を含む）の出資を得て、資本金を一〇〇〇〇万円にした。しかし、その後経営難に陥り、負債整理をはかるために四二年九月、時事から四六三六万円の融資を受けるにいたった。その際近藤社長がしりぞき、新たに代表取締役に時事通信社の代表取締役長谷川才次を、取締役に海野稔、久村定雄を迎えた。一方、各国にあったPANA支局はそれぞれ経営的に独立したが、相互の連携は従来どおりつづけられた［時事通信社社史編さん委員会：一九七〇］

PANAの経営状態が悪化していたことは事実である。ただしこのタイミングで「時事」に経営を任せたのは、近藤の体調面も大きな要因となったようだ。この頃、近藤は胆のう炎にかかり、胆のうの切除手術を受けていた。当時としては大きな手術で、数カ月の療養を必要とした。その時のことを近藤は語った。

長谷川さんは悪い人じゃないけどね、でも、やっぱしワンマンだったからね。人の言うこと、聞かないもんね。それで僕もぶつかったこともあるし、「それじゃ、もう、皆さん、お渡ししますよ。お渡ししますから、どうぞ」という話にはしたんだけどもね。

（岩間：ぶつかったから「お渡ししますよ」ということになったんですか。）

いや、僕は病気してたからですよ。だもんだから具合が悪くてね、とても続けられるもんじゃないと思ってたわけ。だから、「じゃ、みんな差し上げますよ」というだけの話ですよ。ですからね、あんまりトラブルが起きないようにして、僕が全部の株を集めて、そして「「時事」さんにおあげするよ」ということで、額面でもって渡したということなんじゃないですかね。僕が調子が悪くなったから、寝てたり起きたりしてたんですけどね、それじゃあ、とてもじゃないけど通信社をやれるわけにいかないですよ。だから、できればそれを「時事」さんにお渡ししようかというふうにして［近藤幹雄インタヴュー］。

こうして、近藤は代表取締役から退くことにしたのである。インタヴューでは軽い調子で語る近藤だったが、宋徳和から任され心血を注いできたPANAから身を引くのは、言うほどは簡単なものではなかったはずである。

近藤は病気のため、ＰＡＮＡの最後の役員会議にも参加できなかった。出席する代わりに会議で読み上げてもらった手紙を、近藤の遺族に閲覧させてもらうことができた。それには、次のように書かれていた。

本来ならば本総会に出席して御挨拶いたすべきところ、未だ健康もままならず、あわせて諸般の事情から欠席したことを残念に思う次第です。ここに川辺隆太郎氏にたくして御挨拶の一端とさせて頂きます。川辺、三上、角、海野、久村、各取締役には在任中、絶大なるご協力を頂きましたにもかかわらず、いろいろな面で御迷惑をかける結果となり、代表取締役として深くおわび申し上げます。この度、時事通信社代表取締役であられる長谷川才次氏に再建の援助をお願い申し上げたところ快くお引受け頂きましたので、ここに代表取締役を辞任いたします。

未だ累積赤字をかかえた現時点において辞任いたしますことは、かならずしも私の本意とするところではありませんが、諸先輩の御忠告あり、健康回復を第一義と考え、ここのところは療養専一につとめる所存でおります。しかし幸いにも海野、久村両取締役は再任されると伺いましたので、若輩ながら後事をたくするにあたって私見を述べさせて頂きます。

省みますれば私がＰＡＮＡ通信社をひきうけました五年前、そのネットワークは衰退の一途を辿っておりました。しかしながらアジアの各地にはその国籍を問わず、このアジアの通信社を再興すべく努力を続けていた人々がいました。思い起こして下さい。かつて二十有余年前、当時の日本の指導者たちは大東亜共栄圏の美名にかくれて第二次世界大戦に我国を突入させました。

私共の年代は純真にアジアの解放と独立の為に銃をとり、そして幾多の友人たちがアジアの地に埋もれてゆきました。〝きけ　わだつみのこえ〟ではないが、終戦の時私は彼らを犬死に終らせたくない、そしてアジアのために貢献するチャンスがあれば全力を注ごうと誓ったのでした。それ故に、かつてのPANAの同僚の要望に応えて当時中小企業の経営者であった私は微々たるものではありましたが、それまで築き上げた人的物的資力の全てを投げうってここまでやって参りました。

完全とはいえませんがアジア各地におけるPANA通信社のネットワークもほぼ再建されたと思っています。残念ながら企業としてのバランスを任期中にとることが出来なかったのが心残りです。帳薄その他を御覧になればおわかりと思いますがPANA通信社の累積赤字はこのアジアのネットワーク再建に注がれた額とほぼ同額であります。ここで累積赤字に言及いたしましたのは、決して経営者としての責任回避の弁明を行っているのではなく、ひとえにPANA通信社の存在意義が奈辺にあるかということを指摘したいがためであります。御年輩の方々の中にはアジア諸国が独立出来たのは、あたかも日本のおかげであるかの如き詭弁を弄する人もいます。もちろん、歴史的にみて二次大戦がこれら諸国の独立をはやめたことは否めませんが、私は日本人は彼らに借りこそあれ、貸しはないと信じております。このような見地から日本の各界がアジアの各々の共通の場において出来るだけの援助と協力をすることが戦後の日本人としての責務であると思います。

海野、久村両取締役、あなた方は時事通信という日本を代表する通信社の取締役でもあられます。どうか、このような観点にたってＰＡＮＡ通信の再建を始動されることを望んでやみません。それが、ひいては時事通信社また日本のマスコミ界そしてまた国家としての日本に役立つことを信じて疑いません。先輩諸氏に若輩の私が説教じみたことを申上げるのは僭越ではありますが、私は日本人が国際的事業を持つときにいつも悲劇的な結果を生むのは何故かと考えておりました。これは一言にしていえば、日本国民の国際的良識のレベルの低さだと思います。つっこんでいえば、島国根性で独りよがりの視野のせまさ、自らの希望的見解と客観的情勢を混同して省みないという良識の低さであります。一度権力を持つと権力を持つ責任よりもそれを乱用していい気持になるという意識が国民全体にあるのではないかと思います。

我々が社会に生きてゆく上で自分の利益になることは同時に相手の利益にもならなくてはならないという共存の精神の欠如が各界の限界点となって国をあやまらせているのではないでしょうか。広い視野と共存の精神をもってＰＡＮＡ通信社の再建にあたって頂きたく時事通信社の幹部各位にどうかよろしくお伝え願います。

近藤幹雄

八月二五日記す

ＰＡＮＡ通信社　取締役各位殿

カメラマンであった近藤は、写真は残しても自分の考えを文章にして残すといったことがあまりなく、また私がインタヴューをした際にも、自分の考えについては多くを語らなかった。そのため、この手紙は当時の近藤がどのように考えていたかの一端をうかがい知ることができるものとして貴重である。もちろん取締役会向けの文章であるから、全てが本心だと言える保証はない。だが、少なくとも彼がこの内容を取締役らに伝えようとしたということは言える。

なぜ近藤はこのような長文の手紙をしたためなければならなかったのだろうか。もちろん、自分がこれまで手をかけてきたＰＡＮＡと残ったスタッフたちのことをよろしく頼みたいということがあったに違いない。しかしそれだけならば、その願いを丁寧に記すだけでよかったはずである。日本人のアジア観や気質をわざわざ取り上げてこれほど否定的に論じる必要があるだろうか。

思うに、近藤はこの部分を長谷川才次に向けて書いたのではないだろうか。近藤にとっては自分が経営をできない以上、提携している大手通信社である「時事」に任せるのは一番自然な選択肢に思われた。だが、長谷川のやり方でこれまでのようにアジアのＰＡＮＡと上手くやって行けるのか懸念していたのではないだろうか。ここで近藤が何を言おうと長谷川が聞き入れることはないだろうが、取締役として残る「時事」の海野や久村にメッセージを送ることで、一縷の望みを残したのかもしれない。近藤には長谷川の下でＰＡＮＡがこれまでとは異なるものになることが分かっていた。しかし、病身の自分にはもうどうすることもできなかった。

その後

近藤が代表取締役を退いて以後、「時事」による再建が進められた。スタッフの就業規則、賞与規定、退職規定も「時事」のものが採用され、人員の適正配置などによって合理化を進め、販売面に力を入れた結果、業績は好転した。六七年から七〇年の間に従業員数は一九名から一三名に減ったが、月間総収入は三八八万円から六九五万円へと増大した。「時事」に対する負債額は七〇年三月までには二八〇〇万円に減少した［時事通信社社史編さん委員会：一九七〇］。「時事」はそれまでPANAが請負っていた航空会社や大使館の写真を撮る仕事を止めさせ、羽田支局も閉鎖、その代りに「時事」の仕事をさせることで毎月二〇〇万円ほどがPANAに入ってきた［伊藤インタヴュー］。

従業員数の減少には「人員の適正配置」でPANAから「時事」にスタッフが移動した他、近藤が退陣したことで、何名かのスタッフが「近藤がいないPANAはPANAじゃない」と言って辞めたことがあった。また、羽田支局が閉鎖され、海外とつながる仕事が減った代わりに、日本の通信社として地方紙などに配信する国内ニュースの取材が増えたので、国際的な仕事を希望したカメラマンが新たな職場を求めて退職したケースもある。

「時事」になってからのPANAは、ある元スタッフの言葉を借りれば「ノーマルな会社」になった。どんぶり勘定は改め、仕事は義理と人情だけではいけないという当たり前のことが実践され、まさに組織の合理化が図られたのである。近藤はこうしたことについて多くを語らなかったが、シンガポールの陳は、近藤や彼と夢を共有する若手スタッフたちが、アジアの通信社としてPANAを成功させるべく必死になって働いていたことを語った。旧PANAから「時事」に変わったのは経営的に仕方のないことだとはいえ、やはり悔しく思っていたスタッフもいたようだ。

ヴェトナム戦争の取材中に命を落とすことになるフリージャーナリストの嶋元啓三郎もその一人

である。彼の遺作集『彼はベトナムで死んだ』（読売新聞社、一九七二年）には、瀕死の状態に陥っていたPANAが必死に生きようとしていたことが記されている。嶋元が六七年一二月に陳に書いた手紙からは、その様子がうかがえる。そこには次のように記されていた。

陳様、お元気のことと思います。

南越で負傷、帰国、そして、近藤さんの退陣と、思いがけないことの連続で、筆をとるのが遅れました。PANAで、大事が発生したら、まず第一に、陳さんに、相談しなければならないのですが――。衷心より謝します。私は、不本意ながら、新しいPANAにとどまっています。私の健康状態が十一月位で、完全に回復するため、近藤さん、菅田君、本間さんなどの意見で、PANAの禄をはんでいるわけです。

陳さんは、日本の「忠臣蔵」という有名なストーリーを御存知ですか。ストーリーでは主人の仇を打つため四十七人の士が、永く辛い歳月を耐えて、目的をとげるというものです。私たちの目的は、以前のパナの再建、アジアの本当の通信社の建設ですが、誰もが、不本意ながら、近藤幹雄が、再び起ち上る日まで、耐えていく、そこのところが、この有名な物語の登場人物に似ています。

かつて、私たちは〝ビッグ パナ ファミリ BIG PANA FAMILY〟でした。今は、志ざしのみBIGで、メンバーは少なくなってしまいました。しかし、通信社の最大の財産は、人材です。少なくても、少数精鋭であれば、また、どんな大きなものとも、闘っていけるでしょう。

私達は、月に何回か顔をあわせて、再建のことについて、近藤さんから話を聞いています。いずれの日にか、それも近い将来、私達の腕に、アジアの通信社を抱く日がくるでしょう。その時には、再び、よい仕事をしましょう。私個人については、二・三、欧州式は、アジアへフリーのカメラマンとして、旅行する計画があります。それは、再建までの勉強のつもりです。私は、近藤さんと以前のパナで育てられた男です。これから、パナが大きくなるという時だったのにと残念に思います。

しかし、私達の目前には前進する道が未だあると思います。どうぞ、陳さん、近藤さん元気づけ、パナ再建の大きな核となって下さい。私達の他に二、三の若い人が近藤さんがたち上る日を待っています。かつてのパナのホープたちです。

では、今日は、これで失礼します。近くもっと、くわしく近況を報告しましょう。

［嶋元からの手紙　陳加昌所蔵］

こうして嶋元らは、近藤を中心にしてかつてのＰＡＮＡを継ぐ新たな組織の立ち上げを望んでいたのだ。だが、それが実現することはなかった。

近藤は六八年一月に「株式会社コンドウ・アソシエーツ」という個人事務所を立ち上げ、記事写真の取材・提供のなどの仕事を行ったが、通信社のような組織を立ち上げることはなかった。六九年一一月には「ＰＡＮＡエンタープライズ」という会社をハワイに立ち上げたが、これも基本的にＰＡＮＡ通信社とは関係のない会社で、日本から観光にやってきた団体客の写真撮影を行うことが主な業務であった。当時、日本航空が始めたパッケージツアーブランド「ＪＡＬパック」などでハワイを訪れる日本人観光客が増加していたのだ。同社はこうした旅行者の写真撮影を業務とするものだった。報道写真を扱う会社ではなかったものの、社名に「ＰＡＮＡ」と付けたことについて、その後の近藤のこともよく知る菅田は、「近藤さんもＰＡＮＡって言葉に執着があったんでしょうね」と語る。

ＰＡＮＡは日本の大通信社「時事」の一部として、再建されていった。と同時に、国際報道戦略をめぐる通信社の戦いに、次第に組み込まれていくのである。

第三章　時事通信社の「太平洋ニューズ圏」構想

――アジア報道の盟主へ・長谷川才次の野望

一九六九年四月二三日　東京・日比谷

緑が生い茂る日比谷公園の隣、赤茶けた外壁の重厚さが特徴の市政会館の二階会議室にアジア諸国から来日したジャーナリストが勢ぞろいした。彼らは台湾、香港、シンガポール、タイ、インドネシア、インド、南ヴェトナムなど一一カ国からやってきていた。この時代、民間企業でこれだけ多様な国からの代表が一堂に会することは珍しい。彼らの共通項は、ＰＡＮＡという通信社を各国で運営していることである。何か新しいことが始まろうとしていた。ＰＡＮＡおよび「時事」代表取締役の長谷川才次から会議への招聘の手紙を受け取った時、一体どんなことを始めるのか具体的に理解している者はいなかった。

その日、長谷川は一段と気合が入っていた。創業以来思い描いていた構想をいよいよ行動に移す時が来たのである。アジアからの代表らを前に、得意の英語で次のように語った。

「アジア太平洋圏は、いまだにニューズ植民地の状態にあります」

アジア代表たちの視線が集まった。長谷川は続ける。

「これから脱却して、太平洋諸国の生の声を伝えるために、各国新聞・通信社が対等相互主義に基づいて太平洋ネットワークを結ぶことが必要です」

スピーチが終わると、参加者から拍手が起こった。会議では全会一致で今後の方針が決定され、これによって「時事」とアジア各国のPANAとで「太平洋ニューズ圏」を創立し、ニュース報道で協力していくことが採択されたのだ。来るべきアジア太平洋の時代に、「時事」が通信社として世界で勝ち上がっていくための新しいステージの幕開けだった。

これからの時代、アジア太平洋のニュースを押さえなければ国際通信社としてはやっていけない。それにアジアのことはせめてアジアの通信社で報道し、アジア以外の地域にその声を発信していかなければならないと長谷川は考えていた。六〇年代後半、高度成長を遂げる日本は敗戦後の停滞を乗り越え、大企業はアジア各国に進出し続けていたが、ニュース報道だけはあいかわらずAPやロイターといった欧米の通信社に牛耳られたままである。これを変革することが長谷川の野望であった。

長谷川は計画を実現するために、規模は小さいながらもアジアに広くネットワークを持つ写真通信社PANAの東京法人を二年前に買収していた。PANAが持つアジア各国の拠点を足掛かりとして、APやロイターに対抗できる国際的組織をつくるためである。一からアジア各国に拠点を築くよりも、すでにあるアジアの通信社と協力して「時事」の取材網を強化していく方が効率的である。そのまず第一歩として、「太平洋ニューズ圏会議」を開催し、各国PANAの代表たちを東京に集めた。あと五年後には、太平洋圏に立派なニュース網を張りめぐらし、その足場に立って世界の大通信社と対等になる。それが「ニューズ植民地」からの脱却である。

ＡＰやロイターに追いつき、追い越すことが長谷川の念願であった。また、それを成し遂げるのは自らが率いる「時事」でなくてはならず、国内のライバルである共同通信社には決して負けるわけにはいかなかった。がむしゃらに働き、無駄を徹底的に排除し、戦後日本の新生通信社を確立してきた。国内マスメディアへのサービスも軌道に乗ってきている。ようやくこれで、世界に打って出ることができる。さらにここから、「時事」は大きく飛翔していかなければならない。長谷川の自信は揺るぎなかった。

生い立ち

長谷川才次は、一九〇三年一〇月一日、父・寛と母・さたの三男として青森県大町五丁目（現・本町五丁目）に生まれた。日清戦争で冬季寒冷地での戦いに苦戦した陸軍が、さらなる厳寒地での戦いとなる対ロシア戦を想定して訓練を行ったのもここ青森であった。主に東北出身者からなる第八師団の歩兵第五連隊が雪中行軍を行い、八甲田山で一九九名が遭難・死亡した事件は長谷川が生まれる一年前のことである。翌一九〇四年には、実際に日露戦争が開戦し第八師団も現地で死闘を繰り広げた。

一方、青森市街は北海道への玄関口としての賑わいも持っていた。長谷川が生まれた大町は明治初頭には一番の繁華街であった。青森駅で降ろされた客や貨物が、浜町（現・本町二、五丁目）にあった函館への定期船乗り場まで移動したため、その間にある大町も人通りが多くなったのである。銀行、会社、大商店、宿泊施設が発達し、様々な店が軒を連ねていた。長谷川が生まれる少し前の一八九八年に定期船桟橋が青森駅隣接地へ移動されたことなどから、乗降客は大町・浜町まで行かなくなり、大町界隈は商店・銀行外から次第に料亭・飲み屋街に移り変わりつつあった［安田：二〇〇九］。

父・寛は、質屋業を営んでいた。当時の質屋は、庶民の金融機関として人々の生活に欠かせないものである。元々さたの父、つまり長谷川の祖父にあたる才太郎の代から質屋業をやっていたのだが、男子のいなかった長谷川家に寛が婿養子として迎え入れられた。寛は、長谷川家と遠縁にあたる野呂定次郎家の三男で、婿入りするまでは三井銀行支店（後に五十九銀行支店になる）に勤めていたという経歴を持つ。学問を好み、七人の子供たちにも厳しく漢字の指導を行った。長谷川も毎晩、夕食が終わると漢文の音読をさせられたと後年回顧している［長谷川：一九七四］。母親のさたも読書家で、高等小学校を首席で卒業するほど優秀な人物であった。若いころには赤十字の役員をしたこともあった。

当時、学のある親が子供を厳しくしつけることは珍しいことではなかったが、長谷川はとりわけ厳格な父の下で育てられ、何をするにも負けず嫌いで我慢強い努力家として成長した。青森市橋本小学校、県立青森中学校でも常に成績優等で、中学校時代は一年から四年までを首席で過ごした。中学時代からは英語学習にも精を出し、辞書を肌身離さず持ち歩いていたというが、これが牛涯にわたる高い水準の英語力の基礎にもなった。明治・大正期の学徒の多くがそうであったように、まだ見ぬ外国への憧れも少なからずあっただろう。

そのような長谷川だが、挫折感を味わったことがなかったわけではない。その最初の大きなものが、第一高等学校を受験して失敗したことである。一高は、現在の東京大学教養学部および千葉大学医学部・薬学部の前身で、日本のエリートコースだった。東京をはじめ各地から優等生が集まってくる場所であり、田舎の中学で首席だった長谷川でも通用しなかったのだ。もう一年勉強をして翌年には合格することができたが、青森から上京してからも、東北弁の劣等感と都会からやってきた級友たちのレヴェルの高さに圧倒されている。級友に「どういう本を読んだらいいだろうね」と相談すると、西田幾太郎の『善の研究』が面白いという。自分は田舎で父親の書庫から四書集註を引張り出して、ほとんど一年がかりで孟子を読破したほどであるから、『善の研究』など聞いたこともなかった［長谷川：一九六五ａ］。

奮起した長谷川は、三年間、授業が終わると遅くまで図書館に行き、級友の誰よりも勉強に時間を費やした。とくに英語の書物をよく読んだ他、フランス語、ドイツ語も学び始め、さらにはラテン語、ギリシャ語にまで手を伸ばしていったという。こうして一高時代は、旺盛な知識欲と学問への探求心に駆り立てられ、充実した勉学の日々を送ることができたのである。一度は挫折をしたものの、並々ならぬ勉学によって優等の成績を収めることができた経験は、どんなに格差があっても必ず追い越せるという自信につながっただろう。長谷川は人生を通じて、常に高みを目指して邁進し続けることになる。

ただし、一高卒業後に進学した東京帝国大学法学部では、うって変わってほとんど勉強をしなかった。長谷川自身が語るところによれば、法学が性に合わず、大学の「官吏養成所」めいた学風が気に入らなかったのだという。また、長谷川が入学した一九二四年は前年に起きた関東大震災の影響で設備も悪くて勉強できるような図書館もなかった。結局、勉強をせず街を歩き回ったり、旅行をしたりして過ごした。

大学自体は長谷川にとって価値の少なかったものの、大学時代に自学した聖書やキリスト教思想は長谷川にとって大きな精神的支柱となるものだった。もともと聖書を読むのが好きで、中学、高校時代から近くのキリスト教会へ出入りしたり、函館のトラピスト修道院に出かけては一カ月ほどもそこで過ごしたこともあったほどだ。そうして長谷川は、大学時代、青森の教会でカトリックの洗礼を受けクリスチャンになったのである（「長谷川才次」刊行会：一九七九）。

それでも、長谷川の迷いがすぐに晴れたわけではない。鬱屈した日々はさらに続いた。大学卒業後も特になりたい職業もなく、ただあてどない毎日を送っていた。

新聞連合社

長谷川が大学卒業後に青森で過ごしていた頃からさかのぼること二年、一九二六年に日本で新たな通信社が生まれていた。岩永裕吉率いる日本新聞連合社がそれである。「連合」は岩永が経営していた国際通信社と、中国で日本の宣伝活動を担っていた東方通信社とが合併して設立されたものだった。

そもそも日本に近代的な通信社ができたのは、一八八八年の時事通信社（現在の時事通信社とは別）が最初である。明治維新を経て、憲法や議会などの近代的な制度が整えられるとともに、新聞や通信社といった近代メディアが次々誕生したわけであるが、これは自由民権思想の高まりによって言論機関の重要性が増したためであった。

ただし、日本の場合、通信社は国民一般の為に事実を報道するというよりは、特定の政治的立場を主張するための機関として出発していた。例えば日本通信社は一八九一年に伊藤博文支援のもとに宮廷記事を主とする通信社として創設され、帝国通信社は一八九二年に改進党の機関として設立された、といったようにである。ヨーロッパの多くの大通信社がまず商業通信社として発足し、またアメリカの大通信社が新聞社へのニュース・サービスを目的として誕生したのに対し、日本の初期の通信社の多くは当初から政治的目的のもとに創設されたものであった［通信社史刊行会：一九五八］。

したがって初期の通信社は国内ニュース市場を主眼としており、対外発信にはまだ目を向けていなかった。だがそれ以前に日本の場合、国際ニュースの出入りはロイターに牛耳られていたのである。日本の通信社は外国ニュースを国内に伝えることも、日本のニュースを世界に発信することも自由にはできなかった。これは技術的に難しかったということだけでなく、先に誕生したヨーロッパの通信社によって、世界のニュース流通網は分割独占されてしまっていたからだった。

ロイターは、ドイツ出身の改宗ユダヤ人ポール・ロイターが一八五一年にロンドンで設立した通信社である。世界最初の通信社であるフランスのアヴァス（一八三五年）、ドイツのヴォルフ（一八四九年）とともに三社は激しい報道合戦を繰り広げ、初めはヨーロッパ大陸、次第にアジアやアフリカといった植民地地域へもその場を広げていった。しかし報道合戦の不毛さを実感した彼らは競争を止め、世界を三つに分割してそれぞれの領分とするカルテルを締結した。東アジアはロイターの領域となり、日本に送られてくる全ての世界のニュースと、日本から出ていくニュースのほとんどはロイターによって独占されることになった［Storey: 1951、有山：二〇一三a］。

協定は一八五九年以来、何度か結ばれ、一八七〇年にアメリカのＡＰ通信も加えて四つに分割された。まだ日本に通信社もできていない頃である。日本は全く知らない間に、西欧列強の情報覇権の中でその一部として組み込まれていたのだった。

対外発信という発想を日本の通信社が持たない間は何も起こらなかった。だが、日露戦争、日清戦争を戦い、国際社会の中で近代国家として自らの地位を高めようとするにつれ、日本が自国の立場を発信していくことの重要性を痛感するのは時間の問題だった。日本の通信社が発信強化を考えたとき、そこにはすでに通信社カルテルの高い壁が立ちはだかっていたのである。彼らは初めから欧米通信社に追いつき、追い越すことを目標とせねばならなかった。

日本が国際社会の中で力を持ち始めるにつれ、国家を代表する「ナショナル・ニュース・エージェンシー」を創らねばならないという意見が説得力を持ち始めてくる。様々な政治的立場の小通信社が乱立する状態では、世界の宣伝戦において勝利していくことは難しいからである。そうして政財界の有力者のバックアップのもと、日本のナショナル・ニュース・エージェンシーとして国際通信社が一九一四年に創設された。さらにその「国際」は、同じく中国で日本の宣伝活動を担っていた東方通信社と合併し、一九二六年に新聞連合社が設立された。当初は、「国際」も「連合」もロイターのニュースを翻訳して日本の新聞に供給する代理販売業の域を出なかったが、「連合」は国内ニュースを取材して地方新聞に供給する仕事も少しずつ始め、通信社としての形を次第に整えていった。

「連合」の専務理事を務めていたのが岩永裕吉である。岩永は、医師で内務省衛生局長などを務めた長与専斎の四男で、一八八三年に東京で生まれた。京都帝国大学を卒業して南満州鉄道や鉄道院で働いた後、一九二〇年に個人事務所を開き、日本の国際的地位向上に資する目的で「岩永通信」という活版印刷通信を私費で発行していたところを「国際」に乞われて専務取締役に就任したのである。それをきっかけに、以後、「国際」、「連合」を率い、日本の通信社業界の立役者となった[岩永裕吉君伝記編纂委員会編：一九四一]。たまたま青森に来ていた岩永に、長谷川が出会ったのは「連合」が発足して二年目のことであった。

一九二八年三月、大学を卒業した長谷川は特に仕事先を決めていなかった。青森に帰り、その月の二九日には近所の呉服屋の娘と結婚した。しばらく青森で新婚生活を送った後、文官試験のための勉強を始めたのであるが、これは帝大法学部の卒業生の多くが文吏志望であったことや、他に就職のあてもなかったことから目指したものであった。

そのようなときに知人の紹介で岩永と出会う。国際レヴェルの教養と語学力を持ち世界に挑戦するその姿に、長谷川は一発で惹きつけられた。また、これまで考えてもみなかったジャーナリズムの仕事に初めて目を向けたのである。長谷川はすぐさま「連合」で働かせて欲しいと頼みこんだ。

ちょうどこの頃、岩永の方も有能な人材を求めていたので、長谷川の入社が決定したのだった。岩永はニュースマンとしての三つの心得を長谷川に話した。記者として働くことには「位がつかないこと、金がもうからないこと、そして時間がないこと」、である［「長谷川才次」刊行会：一九七九］。一九二九年四月、ここに長谷川の通信社人としての人生が始まった。

同盟通信社の誕生

「連合」で働き始めた長谷川は、その実力を存分に生かすことができた。最初のうちこそ慣れない通信社の仕事に戸惑ったが、持ち前の語学力で入社早々から頭角を現し、その翻訳の速さは先輩、同僚を驚かせた。特に語り草となっているのは、一九三二年、国際連盟が満州国に派遣したリットン調査団の報告書が完成した際の報道である。長文のリットン報告書の内容を伝えるAP電が打電されてきたとき、長谷川は外信デスクに棒立ちになったまま、次々に入ってくる要約英文を声高に日本語に訳し、若手部員に筆記させたという。筆記のできたものを部長が片端から閲読して送信部に渡すが、口述の日本語訳が完全な記事になっているので、部長はそれに赤筆を入れる必要がなかった。入電が終わった時には、長谷川の口述も同時に終わり、報告書全文はそのまま流れて全国の新聞社に送られていたのだった［「長谷川才次」刊行会：一九七九］。これはこの時だけの話ではなく、長谷川がそのような技術の持ち主であるのは有名な話で、人は彼のことを「横を縦にするスピードでは日本一」と言った［松本：一九八九］。

その頃、「連合」の本社は麴町区（現・千代田区）内幸町の「国際」の旧社屋だった場所に置かれていた。先述の通り当時は外電の翻訳が主業務であり、総支配人である古野伊之助のもと、編集、英文部門にそれぞれ主任を置いた簡素なものだった。発足時の英文ニュース部門は「翻訳係」と呼ばれ、担当者が二名ほどの規模である。英文部と編集部は外信局に属し、長谷川が入社した頃の外信局長は古野が兼ねていた［鳥居：二〇一四］。

古野伊之助も、岩永とともに日本の通信社業界の立役者となった人物である。一八九一年に三重県で織物業を営む古野宗七の長男として生まれ、一五歳の時に上京した。洋品店や株屋に勤めながら英語を習っていた時にAPの求人広告を見つけ、東京支局長ジョン・ラッセル・ケネディの下で働くことになったのがこの業界に足を踏み入れたきっかけである。一九一四年、「国際」の総支配人となっていたケネディの誘いで同社に入社し、以後、通信社人としての道を歩み続ける［古野伊之助伝記編集委員会編：一九七〇］。

この時期には、先に述べたロイターなど三社による世界分割の報道カルテルに少しずつ変化が訪れていた。岩永はロイターとの粘り強い交渉を重ね、一九二九年には契約を改訂して、「連合」は日本と中国に関するニュースを中国の新聞に供給してよいことになったのである。また、この間に躍進したアメリカの通信社APはロイターに宣戦布告し、世界中での自由な活動を要求した。もしそれが認められなくても、勝手に実行するつもりでいたのだ。これらの動きの背景には、国際政治におけるヨーロッパの力の相対的低下と、アメリカや日本の力の増大化が存在している［有山：二〇一三b］。

もはや世界分割協定が実効力を持たなくなりつつあることは明らかであった。そうして一九三三年、「連合」はついにどこの通信社とも自由に契約できる権利をロイターから認められ、七〇年以上続いた三大通信社の地域分割カルテルが崩壊したのである。当時、長谷川は岩永のこうした交渉と国際的な通信社の力関係の変化を間近で目撃していた。これは長谷川の世界観に大きな影響を与えたと思われる。どんなに確固たる体制でも、変えられないものはないのである。

さて、日本のナショナル・ニュース・エージェンシーを目指して創設された「連合」だが、実際は日本の有力通信社として「連合」と日本電報通信社の二社が競合している状態だった。政府がさらにこの二つの通信社を合併して単一強力なナショナル・ニュース・エージェンシーを設立しようと乗り出したのは、一九三一年の満州事変後のことである。満州事変の際、「連合」と「電通」はお互いに報道合戦を繰り広げたことで誤報も流れ、日本政府の立場が一貫しないものとして世界に受け止められていたのだ。政府はこれを国際宣伝戦における日本の敗北だと捉え、通信社の合併に取り組み始める。

岩永や古野は、以前から単一のナショナル・ニュース・エージェンシーを設立することを進言していた。彼らの計画は当然ながら「連合」にとって都合のよいものであったが、三二年九月に外務省が合併に向けての調整に着手した際には、岩永らの構想がその下地になっていた〔通信社史刊行会：一九五八〕。外務省の要請に「連合」はもちろんすぐに同意したが、「連合」よりも規模が大きく、また経営も順調に行っていた「電通」は難色を示した。経営的には自社だけで十分にやって行けたにもかかわらず、この合併案では岩永の提案した根本方針が採択されており、また国策という名目からも社団法人である「連合」が主体となることが明らかだったためである〔岩永裕吉君伝記編纂委員会：一九四一、今井：一九七三〕。
しかし結局、「いずれかがこの合併案に応ぜざる場合には、政府としてはやむをえずこれに応ずる通信社のみを基礎として新機関を設け、これにすべての国家的特権を付与すべき決意を有している」という国策に逆らえるはずもなく、三六年一月一日、新しい通信社の業務が開始し、「電通」の通信部は六月一日にこれに合併する〔通信社史刊行会：一九五八〕。この後、戦争期間中にわたって新通信社は日本の主張やそれに有利なニュースを発信し、役割を果たしていった。それが、同盟通信社の始まりであった。

スクープ

「同盟」で長谷川は外信部長を一年ほど務めた後、三七年にロンドン支局長を命じられた。このとき長谷川は三四歳。中学時代から英語を学び、聖書や西洋文学に親しみを持ってきた長谷川にとって、この辞令は心躍るものだっただろう。長谷川は家族を日本に残し、単身、上海まで向かう。古野からは、ロンドンに行く途中の上海で中国情勢を勉強するように指示を受けていた。このとき、「同盟」の上海支社長をしていたのが松本重治である。松本は、父・枩蔵《まつぞう》と母・光子との間に一八九九年に生まれ、母方の祖父は明治期に総理大臣を務めた政治家・松方正義というエスタブリッシュメントであった。東京帝国大学を卒業後イエール大学などに留学し、帰国して大学講師をしていたところを岩永に声をかけられ、一九三二年に「連合」に入社していた。戦後は国際文化会館の設立を主導し民間の国際交流に貢献したことでも著名である。岩永と知り合ったのは民間学術団体

「太平洋問題調査会」の第三回太平洋会議がきっかけであったが、ちなみにこのとき岩永が目を付けたもう一人の人物が、松本と従兄弟の松方三郎であった［松本：一九八九］。近藤に写真専門学校への進学を助言した「松方のおやじ」である。松方も一九三四年に「連合」に入社している。

長谷川は当初、松本や松方のような中途採用の社員が入ってくることに対して快く思っていなかった［福岡：一九七四］。だが、上海で松本の国際ジャーナリストとしての仕事ぶりを間近で見たことは、長谷川にとって大いに啓発される経験となった。

「同盟」のロンドン支局は、新聞街として知られるフリート・ストリートのロイターの中にあり、長谷川の他に日本人支局員一人と、現地で雇用されたタイピストが一人という体制だった。仕事としては、毎日正午からイギリス外務省でのプレス・カンファレンスに出席し、午後は原稿送信や外回り、夕方には近くのプレスクラブに集まって酒を飲んだり食事をしたりするというものであった。長谷川がロンドンに駐在していた頃はちょうどムッソリーニ、ヒトラーが既成の国際秩序に挑戦しヨーロッパに暗雲が垂れ込めていた時代である。激動の日々のニュースを日本に打電しながら、世界大戦への歩みをひしひしと肌で感じていた［『長谷川才次』刊行会：一九七九］。

ただし、この頃はまだ日英は開戦しておらず、日本にとっての宣伝戦の主戦場はなんといってもアジアだった。多忙ではあったが、熾烈なスクープ合戦に明け暮れるといった特派員生活ではなかった。休日には頻繁に現地の人々とパーティーやドライブを楽しむ様子が評伝には記されている。

状況が一変するのは、四一年一二月八日、日本軍が一斉に南方作戦の火ぶたを切り、日英が開戦してからである。在英邦人はいったんマン島の収容所に入れられ、長谷川も半年間の収容生活を余儀なくされた。その後、四二年九月に帰国する。

五年間のロンドン生活で長谷川は視野をさらに広げ、ヨーロッパ政治の激震を目の当たりにしたが、いまや日本がその欧米を相手にして戦っている。国策通信社「同盟」の幹部として、これまで以上に国の為に情報戦を率いていくことが長谷川に課せられた使命となった。

帰国後は再び外信部長を務め、編集局次長、海外局長を歴任した。田園調布の自宅までの往復時間をも惜しみ、四四年からは内幸町にある帝国ホテルに滞在し仕事に励んでいる。その頃、「同盟」の社員は三〇〇〇人近くに達していたためそれまでの部屋は手狭になり、四二年一月には帝国ホテルから目と鼻の先にある市政会館に本社を移していた［鳥居：二〇一四］。市政会館と帝国ホテルとを往復し、生活のほとんどすべてを仕事に捧げていたことが分かる。だが、日本の戦況はますます悪化していった。

四五年、長谷川が「同盟」で最後に行った大きな仕事がある。それは、日本のポツダム宣言受諾のニュースを世界に配信することである。八月六日、広島に原爆が投下され、九日にソ連対日参戦、最高指導者会議が開かれている最中に、二度目の原爆が長崎に投下された。命運尽きた日本は降伏を決定するのであるが、この時、宣言受諾をいち早く報じたのが長谷川だったのだ。

当時、「同盟」の記者で、外務省嘱託という身分でもあった森元治郎から、受諾の情報が本社の長谷川にもたらされた。その時点ではごく少数の関係者にしか知らされておらず、徹底抗戦の意向を示す軍部の強硬派に知れれば一大事であった。強硬派は長谷川が降伏を報じたと分かれば、武力で報復を加えるかもしれない。長谷川はニュースを流すかどうか逡巡した。結局、しばらくして外務省から受諾についての訓電が持ち込まれたため、一〇日午後八時頃、これをモールス信号による海外向けラジオニュースで放送したのである［長谷川：一九四八、森：一九八〇］。終戦を告げる歴史的な大スクープであった。

当然ながら、スクープを打ったことを喜べる気持ちなど少しもない。あるとすれば、戦争が終わるのだというささかの安堵感であろうか。日本は連合国に降伏し、国策の一環として宣伝戦を戦ってきた「同盟」も実質的にその役割を終えた。そして、国家と一体化したナショナル・ニュース・エージェンシーにとって、予想されるのは戦勝国による厳しい裁きであった。

Close Domei

敗戦時、急逝した岩永に代わって「同盟」の社長を務めていたのは古野伊之助である。古野は、広島に投下されたのが原子爆弾だと確認されたとき、敗戦と同時に来るべき「同盟」の運命を覚悟したと後に回顧している。その後、一五日の天皇による玉音放送を編集室で聴いた後、「同盟」解散に備えて諸般の計算をするよう総務局長に指示を出したという。歴史を見れば、敗戦国の新聞は存続しても、通信社は必ず消滅の運命をたどってきており、「同盟」だけが例外であり得るはずがないと古野は考えた。今や考えるべきは、「同盟」の社員五〇〇〇名の行く末をどうするかである。内外の情勢を見極めつつ、解散断行の日を待った［古野：一九五五］。

八月二八日、連合軍の先遣隊が連合国の報道陣とともに厚木飛行場に到着し、三〇日には連合国軍最高司令官ダグラス・マッカーサーが一〇〇人以上の記者とともに厚木に降り立った。占領の要ともいえる日本のメディア管理は、ＣＩＳ（Civil Intelligence Section、民間諜報局）傘下のＣＣＤ（Civil Censorship Detachment、民間検閲支隊）によって担当されることになったが、日本の降伏のあり方が予定外であったこともあり、当初、その政策方針は具体化していなかった。また、少なくとも初期の段階ではＣＣＤは「同盟」の解散という発想はなく、それよりも厳しい統制を課しながら日本統治のための道具として利用する方針であった〔有山：一九九六〕。そうすると古野の覚悟はいささか先走りすぎていたことになる。もちろん、その先どうなっていたか分からないので、古野こそ正確な見通しを持てていた可能性も否定できない。

ＧＨＱがメディア政策について最初に発した布告は、九月一〇日の「言論及びプレスの自由に関する覚書」（ＳＣＡＰＩＮ16）である。これは、「真実に符合せずもしくは公安を害するニュース」が流布しないよう「最小限度の制限」を加えるというもので、要は占領政策に不都合な情報が流れないよう検閲を開始するということであった。そうしてまず全ての放送と英字新聞『ニッポン・タイムズ』には事前検閲、その他の新聞には事後検閲がなされることになった。だが、「同盟」に関しては、検閲要員の不足からそのまま何らの措置もとられない状態が続いた。

一四日になってようやく、ＣＣＤの長であるドナルド・フーヴァー大佐が「同盟」に対し、海外向けモールス放送の停止、国内向けニュース配信の事前検閲を通告した。ところが、この命令がすぐにもっと厳しいものに変更されるのである。数時間後に別の中佐が本社にやってきて、全ての活動の即刻停止すると述べた。この急な変更には古野や長谷川ら「同盟」幹部も驚いた。事前検閲ならばやむを得ないと受け入れたが、業務停止に命令が変更されるのは納得がいかない。古野は「同盟」からのニュース配信がなければ日本中の新聞が困ると抗議した。その場にいた中央通訊社の宋徳和は、「『同盟』の古野社長はこの通告を受けて、ニコニコしながら、フリーダム・オブ・ザ・プレス、フリーダム・オブ・ザ・プレスと二度繰り返した」という電報を打った［長谷川：一九五二a］。

中央通訊社は中国国民党系の通信社で、宋徳和はその東京支局長である。長谷川はかねてより親しくしていた中央通訊社の陳博生（陳溥賢）の紹介で宋と知り合い、この頃毎日会っていた［宋・長谷川：一九四九］。宋が打ったという電報がどこかの新聞に掲載されたのを確認することはできなかったが、この記録からは古野が得意の英語と交渉術で何とかことをうまく運ぼうとした様子がうかがえる。しかし占領軍には全く聞き入れられなかった。

実は、急な命令の変更はマッカーサー直々によるものだった。フーヴァーが横浜に出発した後にCCDへ上層部から電話があり、マッカーサーの命令として業務停止が伝えられたのである。マッカーサーはその日、会食をしていたUP通信のベイリー社長から、「同盟」がアメリカ兵の暴行沙汰など、占領軍にとって好ましくない報道を続けているが本当かと聞かれ、すぐに業務停止を命じたのであった。ちなみに長谷川はこの背景を二、三年後にあるアメリカ人から聞いて知ることになる［長谷川：一九五二a］。

なお日本の通信社人たちが刊行した『通信社史』［一九五八］は、「UPは以前、長年にわたり「電通」と協力していた関係上、「同盟」の成立を喜ばなかったいきさつもあり、ベイリーが「同盟」に好意的な発言をしたとは思われない」として、ベイリーの悪意のように書いている。だがベイリーの回顧録を読む限りではそのような意図はなく、なかなか個別の取材に応じないマッカーサーの気を引くために、わざと彼が怒るような質問をしたようである。「同盟」に損害を与えるつもりはなかったのだ。実際、マッカーサーが“Close Domei（「同盟」を閉鎖せよ）”と書いた紙を部下に渡したことに驚いたベイリーは、翌日には古野に会って事のいきさつを釈明している［Baillie: 1959］。古野は長谷川にこのことを話さなかったということだ。

「同盟」の解散

結局、「同盟」からの配信がないと日本中の新聞が打撃を被ることから、翌一五日には検閲下での国内ニュース配信のみ許可された。だが、この一件が古野に与えた打撃は大きかった。さらに追い打ちをかけたのが、「朝日」、「読売」、「毎日」が協力して新たな通信社を設立しようと動き出していたことである。敗戦によって「同盟」が弱体化することは中央紙にとって経営拡大のチャンスであり、三紙は新通信社にニュースを提供するようすでにＡＰとの了解を成立させていたのだ。たまたまＡＰから「読売」あての電報が間違って「同盟」に届き、古野や長谷川らの知るところとなった［長谷川：一九五二b］。

占領軍が九月一九日に「プレス・コード」（ＳＣＡＰＩＮ33）、二二日に「ラジオコード」（ＳＣＡＰＩＮ43）を布告する中、古野の覚悟もより確固たるものになっていった。そうして、最後のきっかけとなるニュースをもたらしたのが、宋徳和だった。長谷川は親しくしていた宋とボルチモア・サン紙のロバート・コクレン（Robert Cochrane）の二人に、「もしも同盟について、何か情報があったら教えてほしい」と頼んでおいた。そしてある日、その知らせがもたらされたのだ。長谷川はその時のことを次のように述べている。

九月二十四日［引用者注：ＧＨＱの記録では二三日］の午後二時、宋徳和君がいつものとおりニコニコしながら小生のデスクのそばにやって来て、「いよいよ今日同盟通信社の名を、はっきりメンションして悪口をいうプレス・レリーズが出るから、君のところも重大決断をした方がいいよ」とのこと、「ありがとう」と握手してさっそく二階の社長室にかけこみ、古野社長に事情を伝えたところ、社長は予想しておったのだろうか、それから別段調べもせずに、「それじゃこれから新聞係のところへ出かけよう」というので、小生がお供してフーヴァー大佐を訪れた。簡単にあいさつをした後、古野社長が「同盟通信社は諸般の事情を考慮して、自発的に解散することに決定した。近く理事会、総会を開いて法律上の手続きを講ずる」旨お手のものの英語で通告した［長谷川：一九五二b］。

驚いたフーヴァーはしばし言葉を失った後、「貴下の賢明な決定はかならずや、財閥その他にたいしていいお手本になるだろう」と述べた。先手を打って自主的解散を断行したことに対して、長谷川は「ファイン・プレー」だと評価している。

ところで、「同盟」を名指しした発表がなされるという情報は事実ではなかった。二四日に発せられた「政府からプレスを分離する覚書」（ＳＣＡＰＩＮ51）に書かれていたのは新聞や通信社に対する政府の支配を廃止するという内容で、特に「同盟」の名は挙げられていなかったのだ。メディア史研究者の有山輝雄が発見したこの覚書の起案は二二日につくられており、そこでも「同盟」の名前は言及されていない〔有山：一九九六〕。宋の情報は誤りだったということになる。

とはいえ、古野は情報を特に確認することもせずにフーヴァーのもとへ向かっており、決心は固まっていたのだろう。また、解散と言っても雲散霧消するのではなく、「同盟」の社員と業務はマスメディアへのニュース配信事業を行う社団法人・共同通信社と、出版事業と経済通信を行う株式会社・時事通信社に引き継がれるという、言ってみれば「分割」であった。これをもって「解散」とし、「同盟」が国策通信社として行ってきたことの責任を制度上帳消しにしてしまった古野の深謀は並大抵のものではない。「同盟」の解散が「偽装解散」と称されるゆえんである。

通信社の要とも言えるニュース配信事業を受け継いだ「共同」は、中部日本新聞専務だった伊藤正徳を理事長、「同盟」の調査局長だった松方三郎を常任理事として再出発した。「共同」は組合新聞社からの分担金で経営を賄うのであるから、経営は比較的従来と変わるところがなかったが、経営通信と出版事業で新たに開始する「時事」の方は困難が予想された。古野がこの「時事」の責任者になるよう依頼した相手が、長谷川であった。

長谷川は経営や出版など経験したことがなく、また通信社勤めはもうやめにしようと考えていたため、これを辞退した。だが古野は長谷川に対し度重なる要請をした。その際に、古野は中国や南方に行っている二〇〇〇人近くの社員のことを挙げ、これらの社員を「共同」だけで抱えていく余裕はなく、どうしても長谷川に「時事」を育てて欲しいと語ったのだった〔長谷川：一九五二c〕。

通信社の興亡を描いた傑作ノンフィクション『勝負の分かれ目』で著者の下山進は、長谷川の心情を「通信社勤めを打ち切りにしようとなどとは露ほどにも思っていなかった」と述べている。「同盟」の報道局長だった自分は「共同通信」をまかされてしかるべきと考えていた」のだ。にもかかわらず長谷川が引き受けざるを得なかったのは、満州国通信社や「同盟」を様々な裏工作によってつくりあげた古野の人心掌握術によるものであったという〔下山：二〇〇二〕。

下山は直接長谷川に取材していないので、この記述は関係者らへのインタヴューなどから導き出された推測だろう。確かに、昔ながらの通信社人である長谷川は、出版や相場情報などを扱うよりも、世界を駆けめぐる国際報道の現場こそが通信社の本領と捉えていたと思われる。それでも「時事」を引き受けたのは、通信社で一六年世話になっているという恩を感じたからだ。外地の同僚のためと言われると断るわけにはいかなかった〔長谷川：一九五二c〕。このように長谷川が意に沿わないながらも同僚たちの為に引き受けたのならば、その奮闘はさらに重みを持つものとなろう。

かくして、敗戦後日本に登場した新しい通信社の一つを長谷川は率いていくことになった。四三歳のことである。一九四五年一〇月三一日、「同盟」はその九年間の歴史に幕を閉じた。

スモール・ビギニング

「同盟」解散と同時に、「同盟」、「共同」、「時事」の間で「三社業務領域に関する覚書」が交わされ、「共同」と「時事」の業務領域の分担と、「同盟」から引き継ぐ資産などが取り決められた。覚書では両社が「支障なき限り電信電話施設ならびに地方支局を共用する」ことが謳われたが、実際は電話線や無線施設は全て「共同」に帰属するとされ、長谷川はほとんどゼロの状態から「時事」

を確立していかなければならなかった。

戦後間もない時期、経済界は荒廃していて、相場情報などを扱う経済通信は成り立たない。かといって通常ニュースを国内メディアに配信する業務は「共同」の領域と決められたので手を出せない。この部分は辛かった。長谷川だけでなく、「同盟」時代から記者であることに生きがいを感じ、半生をこの道に捧げてきた者たちにとっては耐え難いものであった。収益としては、『世界週報』や当時人気だった徳田球一、志賀義雄、野坂参三といった共産党員の体験記などを出版して何とかしのぐことができたが、「お宅は出版会社だとのことで」と言われ、「同盟」が運輸省から支給されていた鉄道のパスも使えず、記者クラブにも入れなかった経験は彼らに一層の悔しさを募らせたのだった［長谷川：一九五二d］。

社員の生活も苦しく、しばしば『時事年鑑』を持って飛び込み営業をさせられることもあった。しかし、中には売れたお金の一部を会社に入金せず、家でお腹をすかせている子供たちのためにお米を買ってしまう社員もいた。当然そうした社員は発覚すると会社を去らねばならなかった。だが、そうでなくても低賃金に耐えかね自ら退社した社員も多かった。この頃の「時事」では、誰かがヤミの焼酎を手に入れてくると、編集局で酒盛りになったり、電気コンロの上で鰯を焼いてつまみにしたりすることもあったという。翌朝、まだ鰯を焼いた臭いのする編集局で仕事を始めると、昨晩の酒盛りを誰もが後悔するのだった［下山：二〇〇二］。戦後の混乱の中で誰もが貧しかった時代を象徴するようなエピソードである。

株式会社としての制度にも言及しておきたい。「時事」は旧「同盟」社員が退職手当の一部ずつを出した従業員株主組織で、外資は一切導入せず、持ち株数にかかわらず議決権は一人一票という形をとった。五一年に公布された新商法で禁止されてからは株式の数を単位として株主の発言権に差が付けられたが、社員が株主という制度は変わっていない〔時事通信社社史編纂委員会：一九六五〕。これは社の民主主義的経営という意味では意義のあるものであり、社員が株主なので当初は労使対立はほとんどなかった。しかし業績不振を改善しなければならなかったことや長谷川自身の性格によって、代表取締役の権限は次第に強化されて行かざるを得なかった。こうした状況が後に「時事」を危機に陥れることになる。

さて、「共同」との取り決めによりニュース配信ができなかった「時事」だが、長谷川は早くからこの部分を解消したいと考えていた。通信社の主要事業はやはりニュース配信であり、「時事」の社員の中にも記者として取材したいという思いがあったのである。長谷川は協定解消のための交渉を何度か「共同」に行うものの、話し合いは不調に終わっていた。

そんな中、長谷川にとって好機が訪れる。四九年六月、「共同」がGHQのプレス・コード違反を起こし、CIE（Civil Information and Education Section、民間情報教育局）から厳重警告を受けたのである。CIEのダニエル・インボーデン（Daniel Imboden）少佐は、こうした事件が起こったのは「共同」がニュース配信事業を独占しているためであるとし、「もし共同通信社と時事通信社の間にはげしい競争があったとしたら、現在共同通信が直面している危機は起こらなかったろうと私は信ずる」と述べた〔新聞協会報：一九四九、七月二日付〕。

長谷川は早速動き出した。当時、伊藤が辞めた後に「共同」の理事長代行をしていた松方三郎と話し合いをし、業務協定の解消を申し入れたのである。その際、松方は「共同では共産党の勢力が強く、通信が止まるようなことがあっては新聞が困るので、時事の方で少しは新聞通信をやってくれた方がよい」との意向を示したという［時事通信社社史編纂委員会：一九六五］。こうして申し入れが承諾され、分野協定はなくなった。だが「時事」は当面、本格的なニュース配信に乗り出すのではなく、論説資料や時事問題の解説といった特定テーマのフィーチャー・サービスを始めようという程度にした。一応、「共同」との無用な競争は避けたいと考えたのだった。

創業期の苦難を乗り越え、五二年には創業後初めて株主への配当がなされた。しかし、翌年の金融引き締めで大手顧客である証券会社や繊維業界が打撃を受け、またデフレの影響もあり経営は再び苦しくなった。長谷川は五四年六月に経費節減と経営合理化をはじめとする新方針を打ち出し、徹底した引き締め対策を行う。

この頃、長谷川は「ビジネスライクな仕事の進め方」として、仕事の合理化を社員に呼び掛けている。その内容は、会議を開く際には事前に必ず参考資料を配る、大切な連絡は口頭ではなく文書でやり取りをする、鉛筆や電気・電話等に至るまで一切の無駄を省く、などといったもので、現在であれば常識化しているものも多いが、当時の日本社会には極めて珍しく、すぐにはなじまなかった。合理主義は社の経営にとっては一見効果的であるように思われたが、水面下で社員の不満がふつふつと沸き起こってきていたことは見逃せない。六一年には新たな社風として、本社編集局と発送部に午前九時出勤、午後五時退社の勤務体制を敷き、各記者クラブ詰めの記者にもタイムレコーダーを適用し始めた。他社では例を見ないことであり、社内では反発する声が上がった［梅本：一

九九六、下山：二〇〇二〕。
一方で、経営の方は順調に成長を遂げていく。五九年には地方の有力新聞一一社と契約して念願のニュース配信を開始し、六四年四月からは新聞、放送など三五社を対象にマスメディア・サービスを開始した。長谷川はこれを「スモール・ビギニング」と呼び、五年計画で、「時事」をナショナル・ニュース・エージェンシーにすることを目標とした。目指すは全世界に特派員網を張りめぐらし、世界の動きを日本に伝えるとともに、日本の声を世界に伝えることである〔時事通信社社史編纂委員会：一九六五〕。

外国通信社との提携も順調に拡大した。それ以前から契約のあったAFPとロイターの他、西ドイツのDPAと世界全域で協力提携する覚書に調印をした。さらに、長谷川が力を入れたのは写真配信である。マスメディア・サービスを始めて二年目の六五年から、「時事ファクス・フォト」を始めた。これは日本で初めての無線によるニュース写真配信として始められたもので、写真電送は有線でなければ不可能だと考えられていた時代に画期的なサービスであった。このサービスを充実させるために「時事」は、イギリスのキーストン・プレスと三月に、ソ連のタス通信と五月に、それぞれ写真契約を結んだ。そして六月二四日には、アジアに強い写真通信社であるPANA通信社と業務提携を行った。写真報道を強化したいという思いもさることながら、アジア圏は長谷川が早くからニュース網を確立したいと熱望していた地域だった。

創業してから二〇年が経っていた。戦後の焼け跡の中から、困難と思われていた新通信社をここまで成長させてきた。国内のマスメディア・サービスも開始し、あとはこのまま突き進むだけである。しかし長谷川の頭の中からは、あるニュースがこびりついて離れなかった。「時事」がPANAとの契約を成立させた前日の六月二三日、メディア界の業界紙『新聞之新聞』がとんでもないニュースをすっぱ抜いたのである。長谷川にとってそれは、絶対に見逃すことのできないニュースであった。

共同通信社の「アジア・ニュース・センター」構想

戦後日本とアジアとの関わりは、すでに五〇年代に東南アジア諸国と再開されていた。戦後賠償を発電所や鉄道網建設といった資本財で支払うために、建設会社などが東南アジア各国に進出し、日本企業のアジア進出の先駆けとなったのである。六〇年代に入るとこれらの賠償事業は終了したが、足がかりをつくった日本企業は、政府による円借款事業にきりかえ、東南アジア市場を次々と開拓していった［小林：二〇〇二］。敗戦で一度は断たれた進出が、六〇年代に入って再び活発化しようとしていた。

国際政治の面においても、六〇年代はアジアに国際社会の目が注がれていた時期である。とりわけヴェトナム戦争は、この時期最大の国際的事件であった。第二次大戦が終わってからインドシナ地域でくすぶっていた紛争は、六四年のトンキン湾事件を経てアメリカが戦争に本格介入し、急激に拡大していった。日本政府はアメリカのヴェトナム政策を支持し、それを円滑に進めるために韓国と懸案であった日韓基本条約を六五年に結ぶ。ヴェトナム戦争にも日韓条約締結にも多くの反対デモがあったが、これは日本の外交政策における新しい時代の幕開けであった。

アジア諸国では、植民地支配から独立した国々が地域主義の観点で協力し、いくつもの地域共同体をつくりあげていた。六一年にはＡＳＥＡＮの前身である東南アジア連合（ＡＳＡ）がタイ、フィリピン、マラヤ連邦（現・マレーシア）の三カ国で結成された他、アジアの通信社八社が参加したアジア通信社連盟（ＯＡＮＡ）がＵＮＥＳＣＯの主導で設立されている。日本からはＵＮＥＳＣＯの要請により「共同」が加盟した。日本におけるアジアへの注目、そしてアジア諸国自体の連帯の動き、この二つの時代的潮流こそ、日本を代表する二大通信社がこぞってアジアでのニュース網を確立しようとした背景にある。

新聞界の業界紙『新聞之新聞』が「共同」の「アジア・ニュース・センター」（以下、ＡＮＣ）構想を報道したのは六五年六月二三日である。それによると、「共同」は同社が中心となって、「アジア地域を対象とする新しい通信社」の設立を計画中だという。その「設立趣旨」には次のようにある。

一国の通信社はその国の国力に正比例する、とよくいわれる。敗戦直後の日本は世界政治の上で四等国扱いを受け、国際的な影響力もゼロにひとしかった。そのころ、日本の通信社も対外的な機能をまったく失っていた。いま二〇年の歳月を経過し、日本はアジアにおける新しい役割りを自覚し、通信社も、またアジアにおける新しい使命を見出した。

しかし、日本の通信社の現状をみると、国を代表する唯一の通信社〝共同〟の機能は、アジアの全域でじゅうぶん活用されず、その使命を果たすまでにいたっていない。その理由はいろいろあるが、重要なものとして共同は新聞社、放送局を会員社とする純粋な新聞組合主義に立脚する通信社でありながら、日本の三大新聞が加盟社でなくなっていること、さらに今年にはいって、〝産経〟が共同の組織から脱退したことがあげられる。

このような実情の共同通信社に国家的使命のすべての重荷をかけてしまうことは、事実上困難である。また、一国の通信社活動の責務は、報道機関だけが負うべきではなく、政、財、文化界などの力が結集される必要があるが、共同通信社の性格からいって、直接これに応ずることには難点がある。〝共同〟の現状がこのようであるからといって日本のアジア政策の推進力となる通信社活動を、これ以上放置することはできない。こうした認識にたち、ここに〝社団法人アジア・ニュース・センター（仮称）〟を設立して、日本の通信社活動を強化し、もって国の使命にこたえようとするものである。

このように、ANCの目的は日本の対外発信強化であった。注目すべきは「共同」自体がその活動を行うのではなく、新しい通信社を創設するという点である。ANCと「共同」との関係は、「業務委託という通常の契約の形で処理され」、「ANCは、政、財、文化界から寄せられる〝国の使命〟を受け入れ、共同通信社に具体的活動を促す役割をになう」というものであった。これは、「共同」が全体主義国のような国営通信社にならず、なおかつ幅広い勢力を結集するために、新たな通信社の設立という形にしたものだという。「共同」一社が行うのであれば不公平感も出てくるだろう。しかし、「業務委託」という形にしてもほとんど同じことである。

事業内容として挙げられている内容をまとめると、次のとおりである。①アジアに関するあらゆる分野にわたる情報をＡＮＣメンバーに配布する、②日本の主張や政策などをアジア全域に伝達し、アジアの声を全世界に報道する、③アジア全域の通信社と協力しニュース交流を行う。「事業計画書」にはこれらの業務目的を達成するために、ニュース取材・発信サービスを強化し、特派員やカメラマンの配置も充実させていくと書かれている。

「共同」の社内でアジア報道網の強化が表立って議論され始めたのはこの一年ほど前からであった。六四年八月の社内報では、専務理事の岩本清が「全世界にわたって自主的通信網をもつことは、われわれ多年の念願である。これまでのところ、欧米については一応目鼻がついてきたが、アジアのニュース網強化はいよいよこれからである」として、今後アジアに重点を置くことを掲げていた［共同通信社社報：一九六四、八月一五日付］。同年一〇月七日には「アジア通信委員会」を設置している。ＡＮＣ構想はその流れの中で登場したものであった。

長谷川の反論

この構想は関係者の間で大きな話題となったが、最も激烈に反発したのが長谷川である。長谷川は「共同」が「国を代表する唯一の通信社」（ナショナル・ニュース・エージェンシー）という言葉を使い、政財界からの資金で対アジア報道網を創設しようとしていることに激怒した。それは、戦時中の「同盟」を思わせるものである。「電通」が不本意ながらも「連合」に飲み込まれる形で「同盟」をつくったように、「時事」が吸収されるようなことがあってはならない。何もないところから「時事」を築き上げてきた長谷川にとって、「共同」がこのような形でＡＮＣを設立することは絶対に看過できないものであった。

長谷川は六月二八日の『新聞之新聞』の取材に対し、「ANCは共同通信の救済策」だと指摘している。趣意書の中にも触れられていたように、日本の大手新聞社である「朝日」、「毎日」、「読売」は五二年から「共同」の加盟社から脱退しており、六五年二月には東京オリンピック後の不況を受けて「産経」も脱退した。このことが負担として大きくのしかかっていたことは事実である。

この頃に「共同」の幹部がANC計画について、APの幹部に説明した書簡が現在も「共同」に残っており、そこには「アジア・ニュース・センターの問題自体、まだまだ時期尚早なのです。それは私たちの財政的頭痛の軽減を意図したものです」と書かれているという［江口：一九九七］。長谷川は「共同」の思惑をよく見抜いていたのだった。

長谷川は、「共同」の経営を支えるために国家が資金を出すという点を厳しく批判した。


私は、なんのために共同が別途の組織をつくろうとするのか理解に苦しむ。ANCの実態が共同なのは明らかで、両頭の蛇になるだけだ。なんの必要があるか。共同がもう一つの顔、おカメの面をつくるために、年間十二億円も政府が出すというのはタックスペイヤー（納税者）として私は承知しかねる。まったくつくる必要はない。事業内容に書いてあるようなことは共同自身でやればよい。時通もやる。お互いに競争して切磋琢磨、努力することだ［新聞之新聞：一九六五、六月二八日付］。

年間一二億円という金額は『新聞之新聞』に最初に掲載された記事にはなかった数字である。長谷川がこの情報をどこから入手したかは不明であるが、ANCに対して政府が資金を投入するということを長谷川が最も問題視したことは確かである。また、カメラマンの配置計画についても、「これは現にパナ通信社がやっていることで、アジアに十二か所、優秀なカメラマンをおいて、しかも商業ベースでやっている。現にあるのに、どうして新しいものを、なんの必要があって屋上屋をかさねようとするのか」と指摘している。「時事」がPANAとの業務提携を結んでいたのは先に述べた通りである。

長谷川は、アジア報道網の確立という点では政府の援助を得ずに自由競争で行おうと考えており、「共同」が政府の資金を獲て各界を糾合しようとしていることは許せなかったのだ。「時事」は七月五日に緊急役員会を開き、正式にANC構想への反対を議決するとともに、決議文を関係各方面に配布した〔新聞通信調査会報：一九六五、八月一日付〕。「時事」と「共同」のアジア報道網をめぐる激しい戦いが始まるかに見えた。

頓挫

「共同」は六五年七月一六日の理事会でANCの設立構想を基本的に承認し、具体的な検討に入ることを満場一致で決めた。具体化のため、八月一九日には理事会の臨時連絡委員会を開催し、ANCの発起人代表にジャパンタイムズ社長の福島慎太郎が推薦された。福島がANCの発起人代表となることを受諾したので、八月二三日付で「アジア通信委員会」は解消され、ANC委員会が新たに設置された。

九月三日には、福島らANCの幹部が時の官房長官、橋本登美三郎に会い、佐藤首相あての陳情書を提出、伝達を依頼している。さらにその後も各方面の了解を得るために、設立趣意書、設立要綱、事業計画を携えて、関係各所をまわった。陳情書には以下のように書かれていた。

当初の発案者は、共同通信加盟の新聞放送七十数社でありますが、これから先、設立の過程においても、また、事業実施に当たっても、広く日本の新聞放送通信界および政、財、文化各界の協力協賛を得なければならぬものであることは自明のことであります。われら立案者は、引き続き関係各方面の積極的参加を要請しつづけます〔新聞通信調査会報：一九六五、一一月一日付〕。

ここには、「広く日本の新聞放送通信界」の協力を得るとある。ANCは建前としては「時事」も参加しうるようなものであったため〔共同通信社社報：一九六六、三月一五日付〕、長谷川にとっては余計にたちの悪いものだった。実際にANC構想と相前後して、「共同」と「時事」の合併論もしきりに出てきていたという〔長谷川：一九六五b〕。

だが結論を言えば、ANC構想は実現しなかったのである。「共同」の社史によれば、「経済界の不況や共同の体質に関する根強い世上の思惑などの事情から実現は将来に持ち越されることとなった」とある〔共同通信社社史刊行委員会：一九八一〕。ここでは一言触れられているだけだが、このとき長谷川は「時事」の社報で「ANCの流産から合併論まで」という長文を書いている。長谷川の見解を参照するならば、以下のような事情になる。

まず七月八月中に一億五千万ばかりを集めて設立準備資金にあて、来年度からは月五千万円で経営してゆく。実際は双頭の蛇でトンネル機関になるわけですが、アジアのニュースを集めて逆にアジアに対して日本を語るというのですから、まずうたい文句としてはなかなか出来がよいと申さねばなりません。しかし設立資金のうち五百万円を三大新聞に出して下さいと、萬理事長が申し入れましたら体よく断られました。サンケイの水野社長はもちろん不参加、それに時事通信社グループ二十五社も不参加ですから、財界が資金を出すわけもありません。官房長官にも三千万円ばかり、新聞通信調査会にも一千万円という注文をつけたらしいのですが誰も乗ってくれなかった。同時に共同通信社の「偏向」について心配する向きが政界ならびに評論家の中にも多く、佐藤首相に強く警告した結果、いっさい打ち切りになったと承知しております［長谷川：一九六五b］。

「時事通信社グループ二十五社」というのは、「時事」からニュース配信サービスを受けていた加盟社である。長谷川が挙げている金額を確かめる資料はみあたらないが、ANC構想が実現しなかった大きな理由として、不況で金銭的な余裕がなかったことと、「共同」の体質に対する懸念があったというのは「共同」の社史とも一致している。「共同」の体質というのは、同社では労働組合が強く、左派的な社員が目立っていたことを指している。「ANCはアカだ」という声もあった［新聞通信調査会報：一九六五、一二月一日付］。

六六年二月、「共同」の理事会は岩本清専務理事以下の各常務理事の辞表を受理し、今後の執行部を社長制にすることを決定、社長をANC発起人代表だった福島慎太郎とすることが承認された。

役員の更迭は、赤字による予算編成難、体質の改善、ANC問題などが積み重なったものだった〔新聞通信調査会報：一九六五、四月一日付〕。ANC構想の頓挫が理由の一つになっているのだ。

とはいえ、新社長となった福島自身は、少なくとも表向きには、ANCを失敗とは認めていなかった。三月三日に行われた就任あいさつでは「先般らい懸案のANCも促進してまいる考えである」とし、四月二二日の理事会で就任後初めて明らかにされた事業の具体的構想でもANCは最初に取り上げられている。それによれば、「基本構想、計画そのものにはこれまでも政財界とも反対はない。ただ従来は、共同のやり方に問題があっただけなので、今後も推進する」という。今度は「共同」単独で、二年以内に実現したいと述べた〔共同通信社社報：一九六六、三月一五日付、新聞通信調査会報：一九六六、六月一日付〕。しかしこの後、同社の歴史の中でANCの話題が公に出てくることはない。

ただし「共同」は、六一年に創設されながら停滞していたアジア各国通信社の連合組織OANAの第二回総会を六七年七月二四日に東京の共同通信会館で開き、アジア地域の報道協力について討議の機会をつくっている。総会では新会長として福島が選出されたほか、社内にOANAの常設事務局を置き、OANA域内の交流手段としてニュースレターを発行する仕事を請け負った。また各通信社とのニュース交換なども強化した。ANCを諦め、OANAの活性化という方向で対アジア報道を展開していく道を選んだようである。

『太平洋共栄圏特報』

この間の「時事」の動きを見るために、時間を少し戻してみたい。福島らが陳情書を橋本官房長官に渡した二日前の六五年九月一日、「時事」とＰＡＮＡの写真契約が発効していた。と同時に、「時事」は『太平洋共栄圏特報』（パシフィック・コモンウェルス・インフォメーション）という新しい通信を始めている。これは太平洋地域の政治、経済動向を中心にニュースと資料を収集して週一回水曜日に契約者へ送られるもので、Ａ４判の平均四〇から五〇ページほどの冊子である。月額五万円で、外部に発表しないという建前であった〔新聞通信調査会報：一九六五、一〇月一〇日付〕。

『特報』はＰＡＮＡを主体としたものというわけではなく、中心となるのは「時事」の特派員だった。ＰＡＮＡの写真が使われることもあったと思われるが、基本的には特派員らがアジア太平洋地域で取材した情報を中心に、本社で収集した情報や外国電報を加えて作成するという体制である。八月中には「太平洋の海の色のようなブルーの地に、くっきりと濃いパシフィック・コモンウェルスの文字の浮き出している」デザインの見本版が完成している。刊行の仕事を任された経済部の加藤義郎は、社報で次のように書いた。

この特報の性格は、長谷川代表取締役が「太平洋共同市場育成への大前提として、太平洋領域各国の情報を集めたいというのが、時事通信社創業以来の念願でした」と説明されたのに尽きている。時いたり、順風満帆、発刊される特報は、官庁、政、財界に対して、週一回、速達親展でアジア太平洋地域の生きた情報を提供しようというものだ〔時事通信社報：一九六五、八月二一日付〕。

ここに出ている「太平洋共同市場」とは、一橋大学教授の小島清によって六五年に提起された構想である。小島は日本を代表する経済学者であり、後に「合意的国際分業理論」や「日本型海外直接投資」などの独創的着想で国外からも高く評価されている。「太平洋共同市場」構想は小島が六〇年代初めに参加した環太平洋諸国での国際会議や共同研究を通じて具体化されたもので、諸国間の関税引き下げや貿易投資の活性化をその内容とするものであった〔ドライスデール・山澤：一九八四〕。このように、アジア太平洋の結束を強化しようとする潮流が同時発生的に様々な場所で起こっていた。「時事」の場合、まずは当該地域の情報を収集し日本国内の顧客に配布するという形で着実に開始したということになる。

『太平洋共栄圏特報』という日本語名も、『パシフィック・コモンウェルス・インフォメーション』という英語名も、長谷川がつけたものだった〔時事通信社報：一九六六、九月一一日付〕。「共栄圏」と聞くと、日本の歴史を知っている者ならば、戦時中に日本のアジア侵略を正当化するスローガンであった「大東亜共栄圏」を思い出さないわけにはいかない。「大東亜共栄圏」の英語名は「Greater East Asia Co-Prosperity Sphere」であるから「Commonwealth」とは使われている英語は異なるが、日本語では同じである。長谷川は戦時中に日本政府が行ったことの無謀さには批判的だが、「大東亜共栄圏」という方針自体は批判していない。

長谷川がアジアについて語っている論考で、彼の「大東亜共栄圏」に対する考えを知ることができる。そこには、「アジア諸民族の独立解放こそは、大東亜戦争における「帝国政府」の戦争目的」であり、戦後アジアの地図を見てみれば、「どこに白人の政治的支配が残っているか、戦争目的は立派に達成されたと思う」とある。さらに、先の戦争では白人を追出しアジア人だけで大東亜共栄圏を築こうとしたのが間違いだったとし、「これからは合衆国と提携して「大東亜共栄圏」の建設という民族的使命に邁進すべき」とさえ述べているのである〔長谷川：一九六八〕。当時の「時事」のアジア報道網政策に、長谷川のこうした歴史観が横たわっていることは見逃せない。

『特報』がどの程度の売れたかは不明である。創刊から一周年を迎えた六六年九月一一日の社報では、「本特報の発行部数と読者の分布は機密に属するから発表できないが、官庁および日本の代表的な企業によって愛読されている」とある。おそらく期待したほどは売れなかったのではないか。また当然ながら、『特報』を共同のANC構想への対抗策だと思う向きも多かった。これに対して社報では、「曲解、誤解もはなはだしい。われわれはそんな思い付きが顔を出す以前に、本特報の発行準備を終わっていたのだ」と反論している。実際には発行準備が終わったと言えるのはANC構想が話題となった後なので、この反論は正確ではないが、「共同」の動きとは別に「時事」の中でアジア報道を重視する動きが出てきていたのは事実である。しかしそれはすでに述べたように、この時期に国際的な事業を行おうとする者の多くに共通した方向性であった。

六七年、長谷川は一月一日の社報で新しい年の方針について書いている。冒頭に、マスメディアへのニュース配信サービスが育ってきたもののあくまで「共同」と「平和共存」すると論じた後、強調したのはやはりアジアである。「東南アジアへ」という小見出しをつけ、次のように書いた。

安達特派員が帰ってきたところで、いろいろ相談しておりますが、東南アジアのネットワークをこれから拡充していきます。どうしても専用線は布かねばなりません。かなり数多く特派員を出さねばなりません。各国の通信社とも「互恵平等、ニューズ無償交換」の原則で合作提携を深め、かつ広めていくつもりです〔時事通信社報：一九六七、一月一日付〕。

「共同」がOANAを通じてアジアの通信社とニュース交換を進めたように、「時事」もニュース交換協定を実現していこうとしていたのだ。さらに九月には、「〝APに追いつこう〟—二十五周年記念日までに—」として、「時事」を世界的な通信社にすべくサービス内容を向上することを掲げている。ここでも「まず、太平洋圏から」という小見出しのもと、次のように書いた。

どうしたらAPに追いつくことが出来るか、世界的な超大国を背景としているAPに挑戦するのはちょっと無理ですが、日本人が世界至るところに進出して、すばらしい経済活動を繰り広げているのですから、少なくとも太平洋圏については、勉強次第でAPの塁を摩することが出来るのではないか、幸い、ロイター、AFP、DPA各通信社とは原則上対等の契約を取りかわしております。中央社をはじめアジア各国の通信社とも提携し、同時に特派員網を専用線でつなぐということになれば、例えば去る六月三十日、香港でのタイ航空会社の事故の場合のように、どこの国の通信社にも負けないようなすばらしいサービスが出来ると私は確信しております〔時事通信社報：一九六七、九月一日付〕。

長谷川は今や世界一の通信社となったAPを目標として、それに追いつくことを掲げた。途方もないことのようにも思えるが、かつてロイターが世界を牛耳っていた頃からAPが追い上げてきたことを、長谷川が若手時代から見てきたことはすでに述べた通りである。岩永裕吉や古野伊之助らは、断固たるものだったロイターと「連合」の不平等条約を解消した。変えられないことはないと長谷川は信じていたのである。

APが躍進したのは本国アメリカの国際的な地位向上によるものである。であるならば、日本が国際的な地位を取り戻し、日本の産業部門がいくつかの分野で世界一に躍り出ている昨今、通信社界だけが例外であるのはおかしいというのが彼の考えだった。そして、「時事」が少なくともアジア報道においてはAPに並ぶということを、明確な展望として描いたのである。

PANA通信社

六五年六月に業務提携を結んだPANAには同年一一月に資本参加をし、「時事」から二人を取締役として送り込んでいた。そして六七年、PANAの経営を事実上、「時事」に任せるという申し出があった。

PANAはアジア中にネットワークを持つ小さな写真通信社で、かつて親しくしていた中央通訊社の宋徳和が興した会社だった。今はカメラマンの近藤幹雄が社長を務めている。だがそうした背景よりも長谷川にとって重要だったのは、PANAを利用することで「時事」のアジア・ニュース網を確立することができるということだった。

八月二六日、長谷川がPANAの代表取締役を兼任し、以前から取締役として送り込まれていた海野稔、久村定雄らが引き続き経営にあたることが取り決められた。またこれと同時に、「時事」からPANAへ四六三六万円の融資がなされている。PANAの経営不振を改善するためには大きくテコ入れをする必要があり、海野は同社を経営するにあたって次のように述べている。

ねらいは内外写真を強化することにあるが、ニュース写真ではPANA自身その歴史も浅く、したがってネットも不完全という実状だから、これをしっかりと軌道にのせる仕事は並大抵ではないと思っている。

ただ同社は東南アジアには独特の通信網をもち、もう十年近くも各地の現地紙に写真やニュースを提供しているのだから、これと時事通信の東南アジア特派員網を結ぶことによって、歴史と実力を備える〝アジア・ニュース・センター〟ができるわけで、他社がアジアを結ぶ通信社を作って国策に奉仕すると掛け声をかけているうちに、わが社は現実にその建設を進めていることがこれで明らかになった［時事通信社報：一九六七、九月一日付］。

PANAのサービスそのものはまだ確固たるものではないことを、「時事」は十分に承知していた。それでも彼らが持つネットワークに望みをかけ、これを育てることでアジア報道を拡大していく路線を選択したのであった。「歴史と実力を備える〝アジア・ニュース・センター〟ができる」と述べているあたりは、「共同」が断念したことを「時事」が進めていくのだという自負心がうかがえる。

六八年四月に長谷川が今後の方針を社報で書いた際には、「パナを通じてのニューズ・フォトの交換を世界各国に広げ、特派員網を充実し、ニューズの無償交換の原則の上に、世界の全ての通信社と提携する」として、従来の特派員網の充実とともに写真交換の領域をも成長させていくことを増収の具体策として挙げている。そしてそのためにはまずＰＡＮＡの業務改善が先決だった。無駄を排除し、複雑だった仕事の内容も整理して、収益のあるものにシフトした。ＰＡＮＡの中には「時事」のこうしたやり方に抵抗する者もあり、何名かは辞めていったが、残ったＰＡＮＡの社員一三人とともに体質の改善を図った。

ＰＡＮＡを「時事」で経営することになった一年後、ＰＡＮＡの業務は大幅に変わり、今では「時事」を通じた写真配信サービスと、雑誌社などを相手にする写真販売との二つに絞られていた。羽田空港で航空会社のＰＲのために著名人を撮影する仕事は停止し、それとともに、羽田支局も六八年九月一五日をもって閉鎖した。国際線の出発ロビーと同じ三階にあった、小さなオフィスだった。

東南アジアの支社も合理化を図った。特派員を出すより現地のフリーランスを雇うことで写真入手が速やかにできるようにした他、ヨーロッパのＥＰＵを初め、世界各国の契約社に未払い金を清算してもらうようにした。ＥＰＵは、ヨーロッパの代表的な通信社の連合体であり、ＰＡＮＡはヨーロッパ以外からの初の準加盟通信社である。東京オリンピックのあった六四年を機に参加していた。これらの方針で徹底して無駄を省き、次第に収益を増加させていった。窓口で写真を売る業務でも、六七年には月額五〇万円程度だったのが一年後には約六倍の三〇〇万円に達しており、これまで取引のなかった社からも注文が入ってきていた［時事通信社報：一九六八、九月二一日付］。ＰＡ

NAは企業として健全に変わりつつあった。
長谷川はこの頃、日本新聞協会の雑誌『新聞研究』（六八年四月号）の企画で、「通信社はいかにあるべきか」というインタヴューに答えている。そこで、「戦後日本はまったく外国通信社の〝ニュース植民地〟になりさがっているといっても過言ではない」と述べている。「ニュース植民地」とは長谷川がしばしば使っていた言葉である。五〇年代から、日本の新聞社が外国通信社といくつも契約し、それらを翻訳するだけの記事を掲載していることを「植民地的」だと表現していた。さらに、「アジアのニュースはアジア人の手で、ということがいわれますが、この点について、日本の通信社はどういう寄与をしていくべきだとお考えですか」という質問に対して、「「アジアのニュースはアジア人の手で」というのは大変いいセリフだ」としたうえで、次のように述べている。

「アジアのニュースはアジア人の手で」という思想はあるにはあるのだけれども、今やろうとすれば五〇年の歳月を要するといったような、きわめて困難な状況に直面する、とだけはいえるだろう。やろうとすれば、全部、こちらが金を出して、育てていく以外にアジアの通信社連盟といった構想は出てこない。
時事としては、国際的には、長期的な計画で、〝太平洋圏ニュース〟取材網の確立をめざしていきたい
［福島・長谷川：一九六八］。

ここで長谷川はアジア報道網について慎重な見解を述べている。またそれは、「やろうとすれば、

全部、こちらが金を出して、育てていく」という発想なのである。ちなみにこのインタヴューの二カ月後、六八年六月三〇日に『太平洋共栄圏特報』を廃刊させている。政財界が高値でも購読したいほど質の高いアジア情報を提供することは難しかったのであろう。だが、長谷川はまた新たな施策を考えていた。五〇年の歳月と言わず、数年でアジア取材網を確立させる計画である。

「太平洋ニューズ圏会議」

六八年一二月初旬、長谷川はアジア各国のPANA代表に手紙を書いた。東京で会議を開くので参加の可否を知らせられたいという招請状である。そこには次のように書かれていた。

PANA(東京)の事業は時事通信との合作提携により急速に伸びているが、この際、東京で四月か、五月に会議を開いて事業をさらに進展させたい。時事通信社の社長を兼任しているので、それと提携して「ニューズ・サービスの太平洋共同体」を結成して、将来、他の国際的通信社に対し互角対等の地位を獲得する方向へ持っていく。この計画を一歩一歩達成し、四年後の一九七三年四月にはその完成を期する[時事通信社社史編さん委員会:一九七〇]。

長谷川が組織しようとしているこの集まりは「太平洋ニューズ圏(Pacific News Commonwealth:PNC)」と名付けられた。狙いは、太平洋圏の通信社その他の報道機関との間に、平等性、相互主義、無償ニュース交換という三原則の上に共栄圏を組み立てようというものである。だがさしあたりはPANAと「時事」の両社が提携して各都市に拠点をつくり、結ぶことを目的とした。長谷川は「太平洋ニューズ網」を組む作業に乗り出したのだ。

六九年三月二五日、PNC準備事務局長に大阪支社長の安達鶴太郎が任命され、四月一日にPNC準備事務局が本社機構に追加された。ただこの時点では、どのようにしてこれを実現していくかは具体化していなかった。総会では写真サービスの充実が第一に取り上げられる見込みだったが、具体策についてはPANAの代表たちから現地の実情を聞き、それぞれの立地条件に応じた施策を

第一回太平洋ニューズ圏会議の様子
（時事通信フォト提供）

第一回太平洋ニューズ圏会議での長谷川
（時事通信フォト提供）

決める考えだったのだ［時事通信社報：一九六九、一月一日付］。

四月二三日、記念すべき第一回総会が日比谷の市政会館にあった「時事」本社二階の会議室で開催された。集まったのは、セイロン、台湾、香港、インド、インドネシア、韓国、ラオス、フィリピン、シンガポール、タイ、南ヴェトナムのアジア一一カ国のＰＡＮＡ代表と「時事」の代表である。

長谷川は開会のあいさつで、アジア太平洋圏がいまだに「ニューズ植民地」の状態にあることを指摘し、ここから脱却して太平洋圏の生の声を世界に伝えるために、圏内の各国新聞、通信社が対等相互主義に基づいて太平洋ネットワークを結成する必要があることを強調した。ＰＡＮＡ代表からは「いったい何をやるのですか」と質問が相次いだ。それも無理はない。だがともかく会議では、ニュース写真の内容充実、「時事」とＰＡＮＡによる共同での支局開設などについて話し合われ、協力していくことがゆるやかに確認された。最終的に、次のコミュニケが全員一致で採択されている。

ＰＡＮＡの太平洋アジア圏の代表と時事通信社は東京で二十三日会堂して第一回太平洋ニューズ圏会議を開催した。会議は次の三点で合意した。（一）東京とアジア各国のＰＡＮＡとの間の写真サービスを拡充する。（二）本年内に創刊予定の英文〝パシフィック・クオータリー〟の発行と拡張に協力する。（三）各地のＰＡＮＡを通信網で東京と結んで、ニューズの流れを改善する目的をもって太平洋ニューズ圏（パシフィック・ニューズ・コモンウェルス）を創設して協力する［時事通信社社史編さん委員会：

一九七〇」。

写真とニュース、さらには雑誌を出してそれらの販売に協力し合う方向性が共有されたのである。また、次年からも毎年一度四月頃に総会を開くことがとり決められ、それまでの間は毎月ニュースレターを出してお互いの状況報告につとめることとした。アジア各国のPANA代表らは閉会の前に、会議の主催者である長谷川に感謝状を贈った。

午前中に総会が終わると、主催者側はPANAの代表たちを中華料理屋・山王飯店に招待した。この席には外務省のアジア局長はじめ、アジア局、情文局の関係課長、また関係国の駐日大使報道担当官が参加している。内外の政府関係者を招くほどの一大プロジェクトとして、長谷川がPNCを実現させせようとしていたことが分かる。

午後には関係者間で写真、ニュース、季刊誌の三部門に分かれてグループ討議を行い、会議は終了した。後日、会議の内容を伝えるリポートが作成され、時事の各支局やPANA現地代表の他、国内外の内閣、関係省庁、関係駐日大使館、主要経済団体等に配布された。長谷川にとって充実した会議となったことだろう。だがこれはあくまでも小さな第一歩に過ぎなかった。あと五年で、PNCの基盤を固め、世界の大通信社と肩を並べるようになるのだ。それが長谷川の野望だった。

総会が終わってすぐの五月の社報で、長谷川はこの事業の重要性と「ニューズ植民地」からの脱却について改めて強調している。

差しあたってはパナ時事両通信社が、かなりの財政的な負担に応じなければなりますまい。そのうえ専用線でこれら各首都を結ぶということになれば、月々の経費も膨大な額に上りますが、パナ時事両通信社の取締役会では、あえてこの大業に挑む方針をきめました。日本列島という小天地に跼蹐しておっては、到底「APに追いつき追い越す」ことができませんし、世界の大通信社との互格―パリティ―を確立することもできず、われわれ日本人はいつまでも「ニューズ植民地」に甘んじていなければならぬからです〔時事通信社報：一九六九、五月一日付〕。

『新聞研究』のインタヴューで答えていたように、長谷川はこの事業に自分たちが資金を出し、育てていくつもりで取り組み始めたのである。「ニューズ植民地」からの脱却の為にPNCを確立する。そのために社員は一層仕事に励むことが求められた。なお、現在残っている資料によれば、東京本社からアジアのPANAに対して、写真やニュース協力の見返りとして手当が支給されていた。対象国ごとに金額や期間は異なるが、おおよそ一年間に五〇から一〇〇米ドルほどであった。

会議の中で決められたニュースレターは、『ブレティン』という名で六月二五日に第一号が発行された。一ページ目に長谷川の連絡文、ついでPNC情勢に関するニュースなどが掲載されたB5判四ページほどのものだった。また英文季刊誌も、九月一〇日に創刊されている。太平洋諸国の国民に対話の場を提供することを趣旨とし、『パシフィック・コミュニティ』という名前で出されることになった。五月から日本、アジア諸国をはじめ世界の政財界、評論家などに原稿の発注を開始し、第一号は一三本の論文を集めた。この雑誌はアメリカの『フォーリン・アフェアーズ』を意識したもので、体裁も同誌を見本にしている。通信社としてはAPを目標とし、発行雑誌では『フォーリン・アフェアーズ』と競おうというのだから、長谷川の目指すところはあくまでも高かった。

創刊号には佐藤栄作首相、愛知揆一外相、インドネシアのマリク、フィリピンのロムロ、タイのコーマン各外相、韓国の朴忠勲前副総理など錚々たる閣僚らの論文が掲載されている。当初、定価は二ドルでの発売であった。『フォーリン・アフェアーズ』や『エコノミスト』などに広告を出し、外国の関係機関に挨拶状を出すなど周知徹底を図った結果、多くの反響があり、オーストラリア外務省からは一〇〇部の注文があったという。創刊号三〇〇〇部は一二月初旬に売り切れ、三〇〇〇部増刷した［時事通信社報：一九六九、九月一一日付］。『太平洋共栄圏特報』では発行部数さえ明かさなかったが、『パシフィック・コミュニティ』では堂々と成果をアピールしている。多額の投資はしたが、幸先のいいスタートだった。

なおこの頃、東京のPANAも着々と売り上げを伸ばしていた。「時事」で経営をするようになって一年後の六八年には月三二〇万円だった窓口での写真販売収益は、六九年にはさらに四三〇万円になり、「時事」本体および銀行からの負債も減少させることができた［時事通信社報、一九六九、一二月一一日付］。『パナ・フォト・ライブラリー』という写真目録も作成し、新たな買い手を探して営業活動にも励んだ。

「骨組み成る」

六〇年代後半から七〇年代にかけては世界を揺るがす事件が次々と起こっていた。六八年にはチェコでプラハの春が始まり、フランスの五月革命や日本の全共闘運動など、既存の制度に異を唱える反体制の動きが世界に吹き荒れていた。また、南ヴェトナムでは解放戦線側の一斉攻勢（テト攻勢）で米軍が大打撃を受けていた。

一方、日本は目覚ましい高度経済成長の時代でもあり、アメリカに次ぐ自由世界第二位の経済大国として躍進している。六九年には佐藤首相がアメリカを訪問して三年後の沖縄返還合意をとりつけるなど、新しい時代に向けて社会も大きく変わりつつあった。伸長する経済力を背景に、世界のことを日本へ、日本のことを世界へ迅速に伝える通信社の使命はますます重要なものと認識された。

七〇年、「時事」はかねてより計画していたシンガポール専用線を開通させた。既設の東京―香港線を延長したものだが、これによって東京からシンガポールまでを結ぶ縦断通信専用幹線が実現し、来るべき新しい時代にアジア報道を強化すべく着々と歩みを進めていったのである。

続いて四月二三日には、昨年の取り決め通り年に一度のＰＮＣ会議が再び市政会館の本社で開催された。今回もアジア一一カ国から代表が集まり、写真やニュース交換などについて意見が交わされている。会議が終わってからの社報で長谷川は、「太平洋ニューズ圏の骨組み成る」というタイトルのもと次のように書いている。

> イギリス人は「橋の下をずいぶん水が流れてゆきました。」という表現をよく使いますが、あれから僅か十二カ月、まずパシフィック・コミュニティという季刊誌が生まれました。月刊のブレティンが出ました。そして隔週刊のパナ・ニュースが配られるようになりました。時事特派員との現地での協力体

制も整いました。コロンボやビェンチャンのような時事特派員のいないところでも、写真ばかりではなくニュースサービスでも協力してもらえるようになりました。写真の交換は内容の点でも、スピードの面でも大いに改善されたということを、今度の会議の席上で各国代表からほめてもらいました。時事通信社の英文・華文そして経済ニュースなどを現地で売りさばくこともだんだん軌道にのってゆくことでしょう。ファクス・フォトもそのうちにアジア各国で実用化することと思います。当初はぼんやりとした形でスタートしてのですが、一年たってどうやら太平洋ニューズ圏の骨組みが出来上がったというのが、私だけでなく、会議に出てくれた各国代表のほぼ一致した感想だったと思います〔時事通信社報、一九七〇、五月一日付〕。

事実、この一年間で新たに始められたことは多い。だが、実際の会議はどのような様子だったのであろうか。ここに、第二回の事前資料と当日の会議資料がある。ＰＮＣ会議では事前に各国代表から書面で意見を提出してもらい、それに対する「時事」の応答も含めて当日配布するという形をとっていた。これらをもとに内容を見てみたい。

議題となったのは、①写真サービス、②ニュース・サービス、③『パシフィック・コミュニティ』と『ブレティン』の三点に関することだった。

まず写真サービスについてであるが、各国代表から出された意見は、東京から写真が送られてくるスピードが遅いというものだった。台湾のモナ・イー（Mona Yee　伊夢蘭）からは「ＰＡＮＡ東京から送られてくる写真のいくつかは、郵便の遅れで台北に着いた時にはニュース価値がなくなってしまう」、インドのサルジャ（V. M. Saluja）からは「ニュース写真は届くのが遅すぎて使えない」、タイのアレックス・ウー（Alex H. Wu）からは「PANA東京の写真サービスでは他の外国通信社とスピードの面で競争できない。UPIもAPも無線通信で新鮮なニュース写真を送っている」、南ヴェトナムのレ・ヴァン・ルック（Le Van Luc）からは「ニュース写真は届くのが遅いので早くしてほしい」との意見が出されている。ニュース写真の交換について根本的な部分で問題があったのである。

また、PANA東京が持つ写真の目録『パナ・フォト・ライブラリー』であるが、長谷川はこれを素材にアジア各国で写真を売り込んでほしいと代表たちに依頼していた。これについて各国から出された意見は、「日本語なので使えない」「英語版をつくってほしい」というものだった。いくらメインは写真とはいえ、キャプションなどの説明が理解できなければ写真を売買するのは難しい。代表たちですら理解できない日本語の目録をもとに売りさばけというのは、無理があるというものだろう。

次に、ニュース・サービスについてである。これについては、PANAと「時事」の特派員との協力関係がすでに始まっており、どの国もおおむね問題ないとのことであった。ただ現にPANAと「時事」のオフィスが近くにあり綿密な連絡を取り合っているところについては、現在うまくいっていることを強調することで、新たな共同オフィス設置を婉曲に断っているようでもある。

「時事」はまた、「時事」の英語もしくは中国語ニュースの契約先開拓を代表らに依頼していた。これについての意見は、すでにAP、AFP、UPIと契約している各国メディアに「時事」が参入するのは難しいというものだった。せめて日本関連のニュースだけでも関心を持つところがないかと思えば、フィリピンでは全ての国内新聞が契約しているフィリピン・ニュース・サービス（PNS）と「共同」が提携していて、「共同」のニュースを無料で得られるといった意見や、シンガポールでも「共同」が無料の英語サービスを全ての新聞に提供しているといった状況が報告された。シンガポールの陳はさらに、「共同」のニュースは「非常にニュース価値があり、ただのニュースから一歩踏み込んでいる。「時事」はニュース報道の面で保守的である」と率直な意見を述べている。この領域では「共同」が先んじていることを見せつけられる結果となってしまった。

最後に、『パシフィック・コミュニティ』についてである。「時事」は同誌をアジア各国で売りさばくことと、各国で寄稿者を見つけてくることを代表たちに依頼していた。これに関しては、編集委員に日本人以外のアジア人を加えるべきだという声が台湾、フィリピン、タイ、シンガポール、インドネシア、インドから寄せられた。この中には、インドのサルジャのように、単に『パシフィック・コミュニティ』を売り込むときに自分の名前が記載されていた方が売りやすいという理由もあったが、インドネシアのサンジョット（Sanjoto Sastromihardjo）のように、「「ニューズ植民地（あるいは脱植民地）」という点で発展していくなら、編集委員にも気を配るべきである」と指摘する声もあった。

この点については改善された。六人の編集委員のうち三人を日本人以外のアジア人と入れ替えることにしたのである。第四号からは、シンガポールの陳加昌、フィリピンのニヴェラ、インドネシアのサンジョットが加わっている。

他にも、『ブレティン』の表紙に「Jiji Press」という項目があり、まるで「時事」が主体かのような状況はおかしいという陳加昌の意見も長谷川は聞き入れ、次号から削除するとした。「時事」社内では独裁的経営をしていた長谷川だが、こうしたアジア代表の声には耳を傾けながら、改善できるところは改善していこうと努めたのである。

写真ニュースの送付が遅いという件に関しては、PANA東京の支配人である藤本有典から、電送サービスを含むAP、UPIと速度で対抗することは現状では困難であることが説明された。それよりも東京としては、フィーチャーものなど、スピードを主としない「興味深い写真」によってサービスに特徴を出すことを考えていたのである。ニュース写真では売り込み先も新聞などに限定され、市場も狭い。これに対して、「ヒューマン・インタレスト」に沿った写真の方がより大きな市場があり、新聞だけでなく雑誌、書籍、その他ポスターや広告といった幅広い出版物が対象となるというのが東京の見解であった。だがこの点こそ、アジアのPANA代表と東京との最も大きなギャップだったのだ。

会議の中で写真について最も多く出された意見は、送付のスピードでも目録の英語版のことでもなかった。それはなんと、PANA東京が送ってくる写真が、「女性の写真」ばかりであったということなのである。各代表からは、次のような意見が出されている。「現在のPANA東京の写真サービス資料は女性を主体としたもの、ファッション写真や時にはピンナップ写真ばかりで、新聞では使えない。ニュース写真はほんの少しだけしかなく、この状況は改善すべき」（香港）、「提供される写真はビューティー・コンテストやファッションなどのグラマー写真ばかり」（インド）、「上半身裸だったり露出の多い服装の写真は「ポルノ」とみなされ使えない」（インドネシア）、「ＰＡＮＡ東京の写真サービスは一昨年と比べると全体としてよくなっており、興味深いものになっている。特にピンナップ写真はよく受け取っている。だが、フィーチャー写真と同じようにもっと幅広い範囲のニュース写真を望む」（韓国）、「この一年に受け取った写真が〝cheesecake service（女性のセクシー写真）〟のみであるというのは遺憾である。一方で、日本のメディアは私たちに送られてきていないＰＡＮＡの写真を使っている」（シンガポール）。

高度成長で雑誌や広告が氾濫していた日本と異なり、アジアでは情報を消費するのは読み書きのできる知識層である。明日の政治がどうなるか分からない激動の中で、読者が求めているのは現代国際情勢を鋭く読み解くための最新情報と深い分析に役立つ資料であって、女性の写真ではない。ＰＡＮＡ東京ではそのような写真が稼ぎ頭だったかもしれないが、アジアでは違う。ここに大きな隔たりがあった。

帝国ホテルで開催された昼食会では、昨年同様に外務省の局長や関係国大使館の広報担当官が出席した。また、ＰＡＮＡのアジア代表たちは「時事」が用意したエクスカーションで翌日新幹線ひかりに乗って京都まで行き、そこからチャーターしたバスで大阪まで足を延ばして万博を楽しんだりもした。翌日に東京に戻ると懇親会が開かれ、これをもって第二回ＰＮＣ会議は終了した。

「大躍進」

季刊誌『パシフィック・コミュニティ』はその後も順調に発刊されていた。第三号ではカンボジアの元首だったシアヌークや日米経済交渉の立役者だったフィリップ・トレザイス米国務次官補の論文を掲載した。発売直後にカンボジア政変がありシアヌークが失脚したため、彼が失脚前に何を語ったのかが余計に国内外で注目を集める結果となった。アメリカの著名な政治評論家マーキス・チャイルズが『ワシントン・ポスト』で言及した他、アジア各国でも『香港民報』、シンガポールの『星洲日報』、『新明日報』、『セイロン・デイリー・ニュース』などが『パシフィック・コミュニティ』を引用したという〔時事通信社報：一九七〇、五月二一日付〕。

また六月には、マニラでPANAのカルロス・ニヴェラと「時事」の高柴澄夫特派員が『パシフィック・コミュニティ』をマルコス大統領に贈呈した。マルコスは「この雑誌は非常によい雑誌である」「これを私の部屋に入れておきなさい」と秘書に指示し、ニヴェラがその様子を写真に収めた。これをフィリピンにおける同誌の宣伝に使うつもりだという〔時事通信社報：一九七〇、七月一日付〕。実は、PANAのニヴェラは、マルコスの叔父なのだ。贈呈はこうした繋がりによって実現したものだろう。このような背景もあって、アジア各国の中でフィリピンでは『パシフィック・コミュニティ』の売れ行きがよく、一二五件もの定期購読があった。

七〇年一一月、「時事」は建業二五年を迎える。この年の初めに年収一〇〇億円の目標を掲げて新三カ年計画に入っており、七〇年上期には収入約二九億円を達成した。順調な売り上げを前に長谷川は、社報で「社業〝大躍進〟の段階へ」として数々の施策の成功をアピールしている〔時事通信社報、一九七〇、一一月一一日付〕。この頃の長谷川には、「時事」を国際的通信社にする目標しか見えていなかった。

七一年四月二二日、第三回目のＰＮＣ会議が開催される。ラオスのチェン・ツェ・チョン（Tcheng Tse Choen）がアメリカ滞在中で参加できなかった他は、一〇カ国からの参加があった。今回も議題となったのは、①写真サービス、②ニュース・サービス、③『パシフィック・コミュニティ』と『ブレティン』、の三点である。さらに、今度は長谷川は、アジア地域の新聞に中国語でニュース配信をすることと、『パシフィック・コミュニティ』の中国語版をつくることを考えていた。

長谷川は開会のあいさつでアジア代表たちへの歓迎の意を表するとともに、ＰＮＣがスタートしてから三年目を迎え、その最終的なゴールに向かって着々と歩みを進めていると話した。もちろん、それは長くて困難な道である。しかし「ローマは一日にして成らず」。長谷川は「みなさんから率直な批判をいただけることは嬉しく思っており、真摯に改善に努める所存です」と述べた。

実際、代表たちからは多くの問題点が指摘された。まず、中国語ニュース・サービスの配信は、当然ながらインドネシアや韓国、フィリピンなど中国語メディアの少ない国では関心を持たれていない。一方、台湾、香港、シンガポールなどの中国語使用国では、よほどの高品質で特色がなければ入りこむ余地はない。台湾のモナ・イーは、「成功するかどうかは中国語文の質に大きく左右される」と述べるにとどまったが、シンガポールの陳加昌は、「時事」の中国語ニュースの品質について鋭い疑問を呈している。陳は、「「時事」の英語ニュースを読む機会が何度かあったが、これは日本での消費には合うが、海外市場では弱い。「共同」のニュース・サービスはこの点ではるかに良く、要点をついている」と述べた。さらに、日本人の特派員の多くは現地新聞や外国通信社からニュースを選んで翻訳しているだけで、しかも日本人的なアングルを強調しすぎていることを指摘した。

確かにその姿勢を変えなければ、日本のニュースが海外で売れることは難しいだろう。

写真についてはどうだろうか。これも相変わらずの問題点が指摘された。「PANA台北は事件が起こってから一週間後にニュース写真を受けとるので、ほとんど使えない」（台湾）、「現地の新聞はPANAの写真サービスを気に入っているが、購読には合意していない」（インド）、「PANAの写真料金はWWP、UPIやキーストンよりも高い」（韓国）、「フィリピンにおけるPANA写真の売り上げは引き続き限定的で、これによる収入は東京に定期的に送っている写真の出費をカバーできない。［中略］マニラの編集者たちはPANAの写真がもっと品質、選択肢、多様性の面で改善されるべきだと不満を述べている」（フィリピン）、「私たちはアジアのニュース・エージェンシーとして、もっとヴェトナム、セイロン、インドのニュース写真を顧客に提供すべきである」（タイ）、など、スピードや料金、内容に関することなど様々な点が挙げられている。その中で、シンガポールの陳加昌は長文で次のような意見を表明した。

東京からはほんの少しのニュース写真が提供されました。ヴェトナム戦争は世界のメディアの主要ニュースであり続けていますが、残念ながらPANAの写真サービスはこの点でその評判を維持できていないと言わねばなりません。戦争が汎アジア地域で激化している今、私たちは最高の状態であるべきですが、そうではなく衰退の状態にあります。私の記録では、ヴェトナムの写真は一九七〇年六月から一枚もありません――戦場写真です。

サイゴン支局の仕事に疑問を呈するわけではありません。戦場写真を送らなかったりあるいは手に入れられないのには彼らなりの理由があるでしょう。東京やサイゴンの言い分も聞きたいと思います。

しかしそれでも、この結果に対する私たちの落胆を伝えたいと思います。戦争が起こっている限り、新聞は女性のセクシー写真など期待していません。彼らは動きのある写真、戦場写真、私たちが提供できていないこうした写真を求めています。

ヴェトナム戦争は、ラオスやカンボジア、あるいはタイにまで拡大する見通しで、ますます興味深く重要な時期に入っています。私は、この地域でのもっと動きのある写真報道に力を入れることを提案します。私たちの全ての顧客はそのような写真を求めていますし、「PANAとは何なのか」を示すためのそうした写真を彼らに送ることこそ、私たちの義務であり関心がある点なのです。


ここには、相変わらず「女性のセクシー写真」を送り続けてくるPANA東京へのいら立ちが表れている。ヴェトナム戦争では、アメリカが北ヴェトナムのホー・チ・ミン・ルートを遮断するために七〇年にカンボジアに侵攻、七一年にはラオスに侵攻し、周辺国に戦火が拡大していた。戦争はアジアで起きているのである。このような時に、アジアの通信社としての存在意義はいったいどこにあるのだろうか。「PANAとは何なのか」――。

確かに問題は山積みだった。だが「ローマは一日にして成らず」である。結成してすぐに全てうまくいくとは長谷川も思っていない。五年間かけ、七三年までに形にしたいと思っていた。あと二年が勝負だった。会議の後、長谷川は社内向けに次のように書いた。

ＰＮＣ会議はこれで三度目ですが、当初かなり疑心暗鬼をいだいていたアジア各国代表も今度はすっかり百年の知己のようになって、ひとつ太平洋圏のニューズ独立戦争を闘いぬこうと申し合わせました。大変立派な共同声明と私にたいする感謝決議が採択されましたが、訳文を社報にのせてもらいますのでご覧のうえご吹聴ください［『長谷川才次』刊行会：一九七九］。

大きなずれを含みこんだまま、長谷川はあくまでもＰＮＣが順調に進んでいることを強調した。これからさらにＰＮＣを発展させることに意欲を燃やしていたのだ。しかし、第三回会議は長谷川にとって最後のＰＮＣ総会になった。社内には不穏な空気が充満していた。

退陣

「時事」は一九四五年一一月一日、旧「同盟」社員らが資金を出し合った従業員株主組織として設立されたと先に述べた。しかも株主総会では持ち株数に関わらず一人一票の発言権を持っていて、資本を基礎とするのではなく人格を基準にするという形であった。ＵＰのマイルズ・ヴォーンは当時、「合議制だとか民主主義で新聞社通信社の経営ができると思うか、もっとどしどし独断専行しろ」といつも注意していたという。だが長谷川は「多少手間取ってもそしていくら騒々しくても、ガスを発散させた上で納得づくで、社業を進める方が、長い目で見れば結局固いゆき方だ」として、創業当時の考えを変えなかった［長谷川：一九五二e］。商法が改正して一人一票制が禁止されてからは株式の数を単位として株主の発言権に差をつけたが、社員の意見を反映した組織という理念は基本的には変わらなかった。

しかしその後、長谷川は次第に権力に対する執着を持ち始める。五一年には新しい取締役選任制度についての提案がなされ、それまで全取締役を全株主の無記名投票によって選んでいたのを、これからは代表取締役だけを選び、その人が他の取締役候補を選ぶように変えようと提案があった。社内ではこれを「大統領制」と呼んだ。これは、人気に陰りを見せ始めたことを懸念した長谷川が部下を通じて提案させたものであった。この案は一度否決されるものの、五八年に再度持ち出され、長谷川派の裏工作などにより取締役会で承認、六〇年からスタートした［下山：二〇〇二、時事通信社社史編さん委員会：一九八五］。

これで、代表取締役に選ばれた長谷川は自由に取締役を選任できるようになった。能力よりも自分への忠誠度で取締役を選び、むしろ能力と社員からの人気がある者は自分への脅威になると考えて地方に左遷させるなどした。

長谷川が「合理化」「無駄の排除」を強調していたこともすでに述べたとおりである。社内の電気代や電話代、ボールペン一本の使用にもこだわったのはもちろん、社員の働き方と給与を厳しく規律化した。六一年から給与を本俸に一本化するという方針を打ち出し、これによって時間外手当、通勤交通費、寒冷地手当等々の一切の手当が打ち切られた。取材経費も全額自己負担、出張旅費も例外を除いて自弁になった。

長谷川は、記者クラブに毎日常駐する記者にも、午前九時に出勤し午後五時に退社するという勤務形態を言明したため、彼らは毎日午前九時に本社まで出勤してタイム・カードに刻印してから記者クラブに赴き、午後五時に退社時刻を刻印するため本社に戻ってこなければならなかった。日本の記者の場合、早朝や深夜に取材対象の自宅を訪れて話を聞く「夜討ち朝駆け」が慣習化している。九時から五時の勤務時間では到底ニュースを取材できない。記者たちはタイム・カードに退社時間を刻印した後、時間外手当が出ないにもかかわらず再び仕事へ戻っていくより他なかった。さらに記者たちにとって苦痛だったのは、長谷川が大臣随行取材の必要性も認めず、必要であれば他社の車に乗せてもらえと指示したことである。「時事」の記者は恥を忍んで他社に頭を下げ、同乗させてもらわなければならなかった［梅本：一九九六、下山：二〇〇二］。

社内にはスパイ網が敷かれ、少しでも不満を口にすればすぐに長谷川の耳に届いた。陰で不満を言ったり、また公然と長谷川の方針に反発したりする者は、降格や左遷の憂き目に遭った他、陰湿ないじめを受けたり、給料の査定で低く見積もられたので、多くの若くて有能な社員は他社に転職していった。当時、マスメディアの世界では、同じく労働環境がよくなかった産経新聞とともに、語呂合わせで「産経残酷、時事地獄」という言葉が生まれている。労働組合も長谷川の強力な支配体制のもとに、全く機能しなかった。

そのような中、六三年頃から体制に反対する社員らが手探りで仲間を探し、輪を広げはじめていく。六六年頃には政治部と経済部という、「時事」を支える主要二部に有力メンバーを得て、六八年七月、満を持して新組合が設立された。ここまで時間がかかったのは、情報が長谷川派に漏れるたびに仲間たちが配置転換され、なかなか思うように進まなかったからである。

新組合への同調者は日に日に増えていった。当初、この組合は通常の労使交渉による条件闘争の方針をとっており、せめて通勤費、時間外手当ぐらいは出してほしいという穏健なものであったが、度重なる社の「ゼロ回答」。一九七〇年、とうとう組合はこれまでのやり方を転換させ、「長谷川体制打倒」をはっきりと打ち出すことに踏み切るのである。

七一年一月九日、会社側の「ゼロ回答」に抗議する集会が市政会館三階の廊下で開かれ、会社側が雇ったガードマンと長谷川派の社員らとの間で乱闘が起こった。長谷川もこの頃になるとさすがに動揺を見せ始め、三月二六日に組合員によって初めての全日ストライキが起こされた後は、本社での執務が不可能になり近くのヒルトン・ホテルから指示を出すようになった［下山：二〇〇二］。

もはやこうした動きは一部の者による騒ぎではなく、会社全体を包む激しい騒動に発展していた。全日ストから約一カ月後に第三回ＰＮＣ会議が開かれているのだが、アジアのＰＡＮＡ代表たちも異様な雰囲気を感じ取っただろうし、それ以前からＰＡＮＡ東京のスタッフからある程度情報が入ってきていたかもしれない。

ＰＮＣ会議が終わった六日後の四月二八日には、第二回目の全日ストが行われた。長谷川体制は限界を超えていたのだ。会社がまだ小さかった頃は長谷川という個人の能力が社を左右することにも意味があったと思われる。だが「時事」がここまで大きくなった今、そのような独裁体制で成長していくことはもはや不可能である。「ＡＰに追いつき、追い越す」ことも、「ニューズ植民地」からの脱却も、自らの尊厳を奪われた社員たちの前では空虚な響きしかもたなかった。

六月一日、とうとう長谷川を含めた取締役全員の辞職が発表された。「時事」では社員が株主であったため、株主総会で組合側から追い詰められて窮地に陥ったのだった。その後、長谷川は岸信介や長谷川峻といった親しい政治家に励まされ辞職を翻意しているが、復帰工作もうまくいかず、七月一七日の取締役会で経営に関与しない会長職に就任した。しかし結局、このような形でいつまでも「時事」に残ることはできず、九月三〇日、自らがつくり上げた「時事」を依願退職するに至る。六八歳の誕生日を迎える前日のことであった。

第三回PNC会議が残した数少ない痕跡は、社報に掲載された控えめな報告記事と、次のようなPANAアジア代表からの感謝決議の転載文だった。

私たちは、PNC主催のもとに、私たち共通の問題について討議し、私たちのサービスを向上する計画をつくり上げるために、東京で連続三年目の会議を開きました。討議を通じて、私たちは率直さと、相互理解を確かめ合うことができ、これによって東京とアジア各地との相互関係は引き続き増進されるでしょう。

時事、PANA社長長谷川才次さんおよびPNC、PANA東京、時事の全スタッフの暖かいご厚情によって、会議は、昨年同様楽しいものでした。ここに、私たちは、長谷川さんおよびその全スタッフに対して心からの謝意を捧げるとともに、皆さんに対する強固な信頼を持ち続けることを誓うものであります［時事通信社報：一九七一、五月一日付］。

長谷川の跡を継いで「時事」の代表取締役になった佐藤達郎は長谷川のような形での世界的展望は持っていなかった。PNCは長谷川時代の遺産であり、社の中にも積極的に展開させようという機運は起こらなかった。七二年八月一日、ＰＮＣ事務局は廃止され、『パシフィック・コミュニティ』編集部は出版局に移管された。その後、アジアのＰＡＮＡ代表を集めた小規模の会議が開かれることは数回あったようだが、長谷川のＰＮＣのような性格のものではない。アジア各国のＰＡＮＡと東京とは、その後も写真を依頼した際に送ってくるなどの協力関係が続いた。

このように、日本の二大通信社が六〇年代に掲げたアジア通信網の夢は、どちらも実を結ばなかったのである。ＰＡＮＡ東京は「時事」の関連会社として時代の写真を提供し、日本の写真通信社として成長していった。

第四章　GHQ占領下でのPANA創設

——敗戦国日本にやってきたジャーナリスト・宋徳和

一九四五年八月三〇日　東京湾

その日は朝から晴れていた。晩夏の太陽に照らされ、東京湾の水はきらきらと輝いている。上陸が許可されたとき、特派員たちは先を争うようにして上陸用舟艇に乗り移った。ウィリアム・ハルゼー大将率いる米第三艦隊はすでに二日前から横須賀に入港していたのに、米陸軍第八軍が東京を確保するまで全将兵は東京に立ち入ることが許されていなかった。同乗していた連合国メディアの特派員約二〇〇名も同じである。東京に一番乗りし、少しでも早く記事を送りたい記者たちや、写真を撮影したいフォトグラファーたちは、はやる気持ちを抑えねばならなかった。

枢軸国の中で最後まで残った日本もとうとう負けを認めた。戦争は終わったのだ。カメラマンがシャッターを押す音がカシャカシャと鳴り響いた。

同じ日の午後二時五分、予定より一時間も早く、連合国軍最高司令官ダグラス・マッカーサーが

C54輸送機「バターン号」で神奈川県の厚木飛行場に到着した。日本国民は敗戦に呆然自失する一方、これから日本がどのようになるのか不安をもって注視していた。レイバンのサングラスをかけコーンパイプを持ちながらゆうゆうとタラップを降りてくる司令官の姿は、戦後日本を象徴するイメージとして強烈に歴史に刻まれている。

結局、特派員の中で誰が東京から第一報を報じたのかと言えば、アメリカのINS通信に所属していたオーストラリア人特派員のフランク・ロバートソン（Frank Robertson）にその栄誉が与えられたようだ。彼はニューヨークの海外記者クラブから特別表彰状を授与されている。とはいえ、他の特派員たちもそう大きく後れを取ったわけではない［ポメロイ編：二〇〇七］。

こうして日本にやってきた戦勝国の特派員の中に、宋徳和がいる。来日した特派員の中で最も若い部類に属し、数少ないアジア人である。英語ではノーマン・スーンの名で知られていた。ビルマ、サイパン、硫黄島などの激戦地を取材し、数々の危険を潜り抜けてきた戦場ジャーナリストである。彼にとっても、日本本土への上陸は感慨深いものであった。日本は祖国中国を蹂躙してきた国である。今その国が敗戦し、自分はその行く末を取材しにこの地に降り立ったのだった。中国中央通訊社の特派員として、敗戦国日本の様子を国民に伝えることが宋の仕事であった。

宋が香港にPANA通信社を設立するのは、ここからあと五年後のことである。その間にジャーナリストとして、あるいは一人の人間として多くの日本人と付き合い、政財界にその名を知られるようになっていった。しかしそれも今では完全に忘れ去られている。六〇年代にヴェトナム戦争報道をリードし、七〇年代に「時事」のアジア戦略の基盤となったPANAは、いったいどのようにして生み出されたのであろうか。その謎を探るために私は、彼がアメリカ、中国、日本に残した痕跡を拾い集めてみることにした。それによって、PANAをめぐる歴史の空白をまた少し埋めていくことができるだろう。

生い立ち

宋徳和は、一九一一年八月六日に父・宋作意（Charles Ai Soong）と母・何潤清（Ella Ho Soong）の間にハワイのホノルルで生まれた。国籍はアメリカであるが、もともとは中国広東省花県に出自を持つ客家の家系である［Bureau of the census: 1940、Soong: 1984］。

客家とは、戦乱や自然災害などから逃れて中国の北方から南方へと移住した漢民族が、長期にわたって先住民族と混交して形成してきた民族集団である。広東省、湖南省、江西省、福建省などの地域に住み、特に広東に多い。漢語方言の一つである客家語を話し、生活様式や風俗も独特である。こうした歴史的背景から、客家の精神性としては強い団結心、進取の気性、教育の重視、そして政治への強い関心などが指摘され、「東洋のユダヤ人」と言われることもある。太平天国の乱を起こした洪秀全の他、孫文、鄧小平、中国人民解放軍の元老だった朱徳なども客家であり、近現代中国史において客家の存在感は特筆すべきものがある［高木：一九九一、矢吹・藤野：二〇一〇］。

宋の祖父もそうした例に違わず革新的な精神を持っていた。花県の彼の村で初めてバーゼル宣教会に改宗し、そのために迫害を受けたこともあった。バーゼル宣教会は一八一五年にスイスのバーゼルで設立されたキリスト教の宣教会であり、中国では一九四七年から宣教活動を開始、早くから広東省の客家の間で活動を始めている。客家の間でとりわけ拡大し、聖書や祈禱書が次々と客家語に翻訳されている［Constable: 1999］。もともと祖父は村で慕われた漢方医であったのだが、患者の為に祈ることをも忘れず、医者であったと同時に福音の教役者でもあったと宋の父は回顧している。なお宋の父自身は、ホノルルの聖ペテロ教会の熱心な信徒だった［Soong: 1984］。

ハワイの地に中国人が移住し始めたのは一八世紀末のことである。一七七八年、イギリス人ジェームズ・クックがハワイに上陸しサンドウィッチ諸島と名付けて間もなく、ハワイ諸島で豊富に獲れる白檀を中国に売るためにアメリカ船が中国とハワイの間を往来するようになった。ハワイは中国語で「檀香山」（白檀の香る丘）と呼ばれるようになり、八九年には最初の中国人がハワイへ移住している。その後、一八〇二年に中国人商人が設備を持ち込み、ハワイでの砂糖生産に参入すると、彼らは持ち前の事業熱でコメ栽培、レストラン、パン屋、酒屋などの商売をハワイで先導し、本土からさらに多くの中国人を雇い入れるようになっていった［Nordyke and Lee: 1989］。

とりわけ広東省からの移民が多い。広州、香港、マカオなどの港があり、こうした中国島南部沿岸の港湾都市から多くの中国人労働者が東南アジアやオセアニア、北アメリカなどに出稼ぎに行ったのである。故郷での政治的混乱や経済不安、人口増とも相まって、社会的成功を求めた人々が新天地へ旅立つことは珍しいことではなかった。広東省の農家に生まれた孫文が出稼ぎに行った兄を頼ってハワイへ渡航し、そこで教育を受けたことはよく知られている。一八七九年のことである。

激増する中国人移民への反感を受け、アメリカでは一八八二年に中国人排斥法が可決された。九八年にハワイがアメリカに併合された際、ハワイで生まれ市民権を得ていた華人はアメリカの市民権を獲得した一方、排斥法はハワイ諸島にも適用されたので、新たな移民が制限されたのはもちろん、それまでハワイにいた多くの華人が帰国した［Overseas Penman Club: 1929、Char et al.: 1980］。

宋が生まれた一九一一年はアメリカ本土ほど激しくないものの、偏見や差別がまだ根強かった時代である。と同時に、一九二〇年代には過半数がアメリカ国籍保有者となっており、西洋式の教育を受ける華人の中産階級も出現、専門職や公職に就く者も出てきていた［パン編：二〇一二］。宋も英語教育を受けたため、文章はいつも英語で書いていた［陳：二〇一二］。

カメラにも子供時代から親しんでいる。父は誰かが借金返済の代わりに寄こしてきたものや、警察の処分市で手に入れた複数のカメラを持っていた。ただし、誕生日にせがんだ自分専用のカメラは買ってもらえず、初めて自分のカメラを手に入れたのは大学時代、北平（現・北京）の「泥棒市場」で古い折り畳み式のコダックを見つけたときである［宋：一九五二］。この時宋は、北平の燕京大学に進学していた。そしてここでの学びが、彼にジャーナリストとして生きることを運命づけたのだった。

一九一九年に米英のプロテスタント・ミッション系の三つの大学が合併して創設された燕京大学は、宣教師のジョン・レイトン・スチュワートが学長を務める中国屈指の私立大学である。学費は高かったが入学希望者は後を絶たず、有力政治家の親族が入学していたことなどからも「貴族学校」だと世間から言われていた［萩野：二〇〇五］。一九二八年にはハーバード大学と提携してハーバード敷地内にハーバード燕京研究所を設立、優れた中国研究を数多く生み出している。しかし、中華人民共和国の成立後に国立化し、その後北京大学などに合併吸収された。

宋は燕京でミズーリ大学ジャーナリズム学部のフランク・マーティンに出会う。ミズーリはアメリカで最も早くジャーナリズムの学部を創設したことで有名で、マーティンは客員教授として燕京で教えに来ていたのである［Merrill and Ibold: 2008］。教えを受けた宋は、自分が生まれながらのジャーナリストだと確信した。学部時代からすでに、北平で唯一の日刊英字紙『北平クロニクル』でアルバイトをし、またミズーリで学べる奨学生に採択されるために必死で勉強をした［Soong: 1984］。

一九三四年には晴れて奨学生となり、ミズーリ大学ジャーナリズム大学院の修士課程に一年間在籍する。同じ時期には、後に台湾外交部次長となる沈剣虹や、香港の英字新聞『スタンダード』編集主幹となる呉嘉棠（Woo Kyatang）、「共同」の編集主幹となる岩立一郎など、アジアの言論界で活躍する錚々たる人物が留学しており、彼らと親しく交流することができた［陳：二〇一二］。この時代に築いた人脈や、ミズーリの卒業生という身分は、宋がジャーナリストとして活動していく上で役立つことになる。

三五年、修士号を取得した宋はハワイには戻らず、中国へ行った。再び『北平クロニクル』で一年ほど働いた後、三六年に上海の『チャイナ・プレス』に移る。同紙はミズーリ大出身のジャーナリスト、トーマス・F・ミラードが政治家の伍廷芳とともに一九一一年に創刊した新聞で、アメリカの立場を代表する新聞である。当時、上海には五紙の英語新聞が発刊されていたが、同紙とイギリス系の『ノース・チャイナ・デーリー』が発刊部数の多い新聞であった［クロウ：一九九三、鳥居：二〇一四］。

『チャイナ・プレス』は上海の新聞街と呼ばれる愛多亜路のビルの四階にあり、董顕光が主筆を務めていた。日本の「同盟」も同じ通りにあり、支社長だった松本重治は董のことを「反日の論説を毎日書きつづけており、いわば、私の仕事上の強敵であった。彼の健筆（英文）が如何に日本側を悩ませたかは、知る人ぞ知る。私は、敵ながらあっぱれと、董さんを買っていた」と回顧している［松本：一九八九］。宋はこの頃、二五歳。ミズーリの先輩でもある董のもとで鍛えられていたのだろう。

実は当時、中国や日本ではミズーリの卒業生が多く報道に携わっていた。彼らは「ミズーリ・マフィア」と呼ばれ、東アジアにおける英文報道において大きな位置を占めていたのである。分かっているだけでも四一名の卒業生が中国や日本でメディアの仕事をしている［O'Connor: 2010］。三七年に『中国の赤い星』を出版して有名になるエドガー・スノーもその一人である。スノーはミズーリでジャーナリズムを専攻した後にコロンビア大学でも学び、一九二八年から出かけた世界一周の途上で上海を訪れて以来、一三年間にわたって現地から中国事情を報道した。毛沢東率いる紅軍と四カ月生活を共にし、外国人ジャーナリストとして初めて彼らの実像を紹介した著作はこの時期の中国理解に大きな影響を与えることになる。『チャイナ・プレス』のミラードはミズーリ・マフィアの「ゴッドファーザー」的存在で、東アジアに散在するミズーリ卒業ジャーナリストたちの面倒をよく見ていた［スノー：一九六三、Mackinnon and Friesen: 1990］。

宋はその一員として、中国の英文報道の世界に足を踏み入れたのである。彼が言うようにジャーナリストが彼の天職であるならば、中国系アメリカ人である宋にとってここはその使命を果たすのに最適な場所であっただろう。

『チャイナ・プレス』で働くようになってまもなく、南京支局の開設にともなって転居することになった。この時、燕京時代からの恋人であった同じくハワイ出身の譚秀紅（Irma Tam）と結婚している［Soong: 1984］。南京で新婚生活を始めたのだが、平穏な日々が待っていたわけではなかった。戦争がすぐそこまで迫っていた。

パナイ号事件

三七年七月七日、北平郊外の盧溝橋付近で日本軍が夜間演習をしていたところに十数発の小銃弾が撃ち込まれた。同時に、一名の兵士が行方不明になり、部隊は緊迫した空気に包まれる。この一名はすぐに見つかったのだが情報がすぐには伝えられず、実弾が撃ち込まれたことと兵士が行方不明になったことをもって、連隊長の牟田口廉也大佐は中国軍への攻撃を命令した。北平付近で日中軍が衝突し、事件後、戦線は中国全土へと拡大していく。これが日中戦争の引き金となった盧溝橋事件である。それ以前から日本軍は満州事変を経て中国への侵略を進めており各地で抗日運動が盛んになっていたものの、軍閥の抗争や共産党との内戦で混乱していた国民党政権は本格的な抗戦をしていなかった。しかし今、日本と中国との間で本格的な戦いが勃発したのだった。

盧溝橋事件が起こった時、宋は香港にいた。ハワイに住む妻の家族が六月から香港に旅行に来たので合流していたのだ。旅行は戦争によって打ち切りとなり、妻の家族は八月にハワイへと帰国した。宋は妻とともにこの先どうするかを相談した。このまま日本軍が迫る中国に居つづけるのか。二人ともアメリカ市民なのであるから、帰ろうと思えばすぐにでもハワイに帰国できたし、アメリカ本土で新しい仕事を探すこともできた。だが、妻の回想録によれば、宋はこのときこう言ったという。「もし僕が、戦争が始まったとたんに中国を離れたとしたら、将来子供はどう思うかな?」[Soong: 1984]。結局、二人は帰国しなかった。宋は中国に残り、ジャーナリストとしてこの事件を報道することを選択したのだった。

ちょうど、ニューヨーク・タイムズの上海支局長だったハレット・アベンドから声をかけられ、カメラマンとして同紙で働くことになった。それまでカメラには凝っていたが、仕事としてはあくまでも記者をしており、カメラマンに鞍替えする決心は簡単ではなかった。だが結局、その仕事をすることに決めた[宋:一九五二]。

上海を訪れた宋の目に映ったのは、戦闘によって容赦なく焼けた建物の数々である。八月一三日、中国軍約五万名と日本海軍陸戦隊約四五〇〇名との間で戦闘が開始されており、それまで小競り合い程度だった上海でも、大規模な銃撃戦となっていた。日本軍は増派を受けて中国軍を破り、一〇月には上海一帯を占領した。この間、南京や漢口、南昌などへの爆撃も行っている。

宋は戦争下の上海で、中国の現状を報道すべく取材に奔走した。ニュースが『タイムズ』に掲載されれば、悲惨な現状がアメリカの読者にも伝わる。とりわけ当時、中国の対日抗戦を熱烈に支援していたのは在米華人であった。彼らの多くは盧溝橋事件が起こる前から中国政府が日本に対して強い態度をとらないのを批判しており、資金援助を行ったり、アメリカ国内で中国の現状を訴える活動を行ったりしていた[Lai: 1997]。現地からの報道はこうした読者の愛国心をも大いに刺激したはずである。しかしこの後、宋は華人のみならずアメリカ人をこの戦争に注目させる出来事に遭遇した。パナイ号事件である。

一二月、宋は日本軍の進攻を取材するため南京へと向かった。この頃、すでに南京に居留していた外国人は、日本軍の攻略戦開始にともなって次々と避難を始めていた。一二月一日にはドイツ人経営のホテル・メトロポリタンが爆撃され、約五〇名が死亡、外国人の身も安全ではなくなっていたのである。イギリス、ドイツ、イタリアなども南京の大使館閉鎖を決め、国民政府が暫定首都とした武漢へと移転した。アメリカ大使館だけは在留米人の保護にあたるため四名の館員を残したが、いよいよ危険になると六日、南京の下関埠頭に停泊していた米砲艦パナイ号に荷物を持って乗り込み、九日から臨時の大使館分室を設置して業務に当たった。パナイ号には大使館員の声かけにより、取材をしていたジャーナリストたちも同乗している。彼らはパナイ号に宿泊し、昼のみ南京に上陸して仕事をするという生活を送っていた。一二月一一日夕方、さらに南京での停泊も危険になったため、最後の避難者を乗せてパナイ号は下関港付近を離れ、長江上流へと移動を開始した［Perry: 1969、笠原：一九九四、笠原：一九九七］。

宋もパナイ号に乗り込んで一緒に避難したのだが、タイムズのアベンドは宋がギリギリのタイミングで避難できたことをこう回想している。「日本軍が彼のアメリカ国籍のパスポートを無視していれば、拷問されたり殺害されたりしていたかもしれなかった」［Abend: 1943］。実際に間一髪だったと言えよう。だが、パナイ号に避難したはずの乗船者たちも、安全ではなかった。

一二日、パナイ号はスタンダード石油会社のタンカー美平、美安、美峡をともなってさらに上流へと移動した。乗船していたのは、艦長のヒューズ少佐以下、将校・乗組員五九名、南京アメリカ大使館員四名、アメリカ人ジャーナリスト五名、アメリカ商社員二名、イギリス人ジャーナリスト一名、イタリア人ジャーナリスト一名、他一名である。午後、南京の上流約四五キロの位置にある見晴らしのいい場所を選び停泊した。その日は晴天で、風もなく視界も良好である。日曜日だったため乗組員たちは平常よりものんびりと過ごしており、美平号にビールを飲みに行っている者もいる。記者たちはカードゲームに興じていた［Alley: 1941、笠原：一九九七］。

そこへ突然、日本の海軍機がパナイ号を爆撃するということが起こったのである。はじめは何かの間違いだと思った。だが攻撃は繰り返しなされ、低空からも爆弾が投下された。間違いではない、乗っていた誰もがそう思った。爆撃は一時間ほども続き、多数の負傷者が出た。乗客たちは攻撃に怯えながら岸へと辿りつくと、間に合わせの担架に負傷者一三名を乗せ、疲労困憊しながら近くの町へ救援を求めて歩き、和県の病院に入ることができた。この間に被弾した乗組員のエンスミンガー（Ensminger）とイタリア人ジャーナリストのサンドロ・サンドリ（Sandro Sandri）が亡くなった。乗客にとって日本軍の爆撃は青天の霹靂だった。

当然ながらこの事件はアメリカ国民に強い怒りをもたらし、国際的な非難も起こった。この時、複数のジャーナリストがパナイ号に乗船していたことは述べたとおりだが、その中でも『タイムズ』（一九三七年一二月一八日号）に掲載された宋のルポは事件の詳細を生々しく伝えるものとして注目された。記事は次のように伝えている。

飛行機のエンジン音がうなり、大音響とともにパナイ号が大揺れしたとき、記者は上甲板にいた。木ぎれ、ガラス、水しぶきがあたりにとび散った。写真ダネになると思い、カメラをとりに走ると、後甲板で、フランク・ロバーツ（Frank N. Roberts 南京の米大使館付陸軍武官）が双眼鏡をのぞきながら叫んだ。「おい、くるぞ。両翼に赤い玉がある。」彼は急降下をはじめた飛行機を指した。

つぎの瞬間パナイ号の乗員はみな、日本の飛行機が爆弾を投下したことを知ったが、それは誤爆であって、日本軍の操縦士たちはパナイ号の七本の星条旗を見たはずであり、ふたたび攻撃してくることはないと考えたが、それはまちがいだった。

［中略］

艦上の全員が事態はただならないと気づきはじめたとき、飛行機三機が続けざまに急降下して爆弾を二個ずつ投下するや、感情のあちこちや付近の水中で爆発し、主甲板の上部には破片がつきささり、胴板には穴があき、木やガラスを木端みじんにして、備品は一面に散乱した［笠原［一九九四］による翻訳を抜粋］。

宋は事件の様子や生存者たちを取材し、写真に収めた。彼が撮影した写真はパナイ号事件の悲惨さを伝える重要なスクープとなり、海軍のファイルにも証拠として収められた他、四年後の四一年には米海軍遠征賞（U.S. Navy Expeditionary Medal）を受賞している［Chinese Ministry of Information ed: 1942、Soong: 1984］。パナイ号事件は宋の名をアメリカで知らしめる初のニュースとなったのだ。

この出来事に対して日本軍は「誤爆」という立場をとっている。アメリカ政府に謝罪もしたので沈静化したように日本では伝えられたが、アメリカではこの攻撃は「故意」であったとする見方が根強く、日本商品の不買運動に発展するなど、怒りは収まっていない。歴史的にもこの事件は、「パナイ号を忘れるな！（Remember the Panay!）」という合言葉とともに、真珠湾攻撃に至る序曲としても位置づけられている。

また、日本軍が南京攻略の際に行った殺戮や暴行が、パナイ号事件に隠れて報道されにくくなったことにも注目すべきである。これは新聞紙面がパナイ号の報道であふれ、南京の記事が掲載されなかったことの他に、一時避難のつもりだった外国人記者たちがパナイ号事件に遭遇したため南京に戻れなかったこと、またそれまでの南京での状況を記した取材ノートや資料、写真、取材道具等がパナイ号とともに沈められてしまったことなどが背景にある［笠原：一九九四］。パナイ号事件がなければ、「南京大虐殺」はもっと大きく国際的に認識されていただろうし、記録も残されていただろう。

中央通訊社

パナイ号を撃沈させた翌日の一二月一三日、日本軍は南京を占領した。前述の通り国民政府は臨時首都を武漢に移しており、蔣介石も一二月七日には専用機で漢口へと脱出している。日本軍は一二月末から杭州、済南を、一九三八年一月には青島を占領した。

並行して、裏では戦闘停止のための和平工作が複数行われている。その中の有力策は、在中国ドイツ大使トラウトマンが、蔣介石と日本軍の調停を試みた「トラウトマン和平工作」である。この案には日本の参謀本部も乗り気で停戦を主張したにもかかわらず、善戦で強気になっている政府が強硬な立場をとり、結局交渉は打ち切られるのである。近衛文麿首相は一六日にトラウトマンを通じて中国に和平交渉停止を通告し、「爾後国民政府を対手とせず」という対中声明を発表した。和平の道は閉ざされ、戦争はますます泥沼化した。

宋はパナイ号事件の後他の乗組員とともに米砲艦オアフ号に救助され、一二月一五日に南京を離れて上海へと向かった。オアフ号はイギリス砲艦レディーバード号とともに日本の掃海艇・駆逐艦に先導され、機雷や障害物をかわしながら長江を下って一七日午後に上海に到着した。

上海に戻った宋はしばらく内勤の仕事を割り当てられた後、間もなくニューヨーク・タイムズの仕事を辞める。辞めた理由は定かでないが、宋と親しかったシンガポールの陳加昌は、タイムズが宋にだけ報奨金を出さなかったからだとしている。タイムズはパナイ号のスクープに対しスタッフに報奨金を出し、飛行場から電報局まで写真を届けた配達員までがその恩恵にあずかったにもかかわらず、最も重要な働きをした宋だけがもらえなかったのである。命がけで写真を撮ったのにこのような扱いを受けたことに宋は怒ってタイムズを辞めたのだという。陳は宋だけがもらえなかったことに対し、「彼がただ黄色人種だったからなのだろうか」と推測している［陳：二〇一一］。

この後、先にホノルルに戻っていた妻を追って宋も一度ハワイに帰国している。故郷では温かい歓迎を受けたが、仕事はなかった。彼はジャーナリストとしての仕事を探してアメリカ本土へ発ち、ヨーロッパを経由してアジアに無職のままたどり着いた。結局、彼がありつけた職は、重慶にあった中央通訊社（以下、中央社）の英文局である。一九四〇年のことであった［Pan-Asia Newspaper Alliance: 1958, Soong: 1984］。

中央社は国民党が運営する通信社である。二四年四月一日に「中国国民党中央執行委員会宣伝部通信社」として広州で設立された。当初は国民党の活動を伝達することを目的としており、通信社といっても名ばかりの、国民党本部の付属機関に過ぎなかった。大きく成長したのは三二年五月一日、国民党本部と切り離して「中央通訊社」に改組し、中央宣伝部秘書だった蕭同茲が社長に就任してからである。有能なスタッフを雇い入れ、南京本社の他に国内各地に支局を開設した。通信網を確立し、国内の新聞に幅広くニュースを配信するようになった［Chinese Ministry of Information (ed): 1943］。

三五年には日本の「連合」と協力関係を結び、翌三六年六月に陳博生（陳溥賢）が特派員として来日、「同盟」に改組されていた同社内に東京支局が設置されている。陳博生は一高や早稲田大学への留学経験を持つ日本通で、「同盟」の社員とも友好関係を構築したが、日中戦争が勃発すると三七年一一月に帰国した。

日本軍の南京攻略にともなって中央社は一二月に本社を漢口に、翌三八年一〇月には重慶に移す。重慶の社屋が爆撃を受けてからは、正面にあった山に大防空洞を掘り、そこからニュース配信を行った。日中戦争中に中央社の新たな役割として重視されたのはやはり対外宣伝である。三八年四月には対外ニュース送信を開始し、三九年一月には英字誌『チャイナ・フォートナイトリー』の刊行も開始した［中央通訊社：二〇一一、鳥居：二〇一四］。

重慶の英文部は、中国の立場を宣伝する必要に応えて燕京とミズーリでジャーナリズムを学んだ卒業生たちによって組織されていた。宋が仕事を探していたのは中央社がちょうど対外発信を強化していた時期である。だがこの時に再び香港で合流した妻によれば、宋は中央社にしかジャーナリストの職がなかったことを残念がっており、「彼の理想とする報道の自由との妥協であった」と回顧している［Soong: 1984］。日本に対する反感や祖国を想う気持ちはあっただろうが、国民党の宣伝機関で働くことは、報道の自由を重んじる宋の理想ではなかったのかもしれない。初めはアメリカ本土やヨーロッパでも仕事を探していたわけであり、彼にとっては母国のためというよりも、ジャーナリストとして事実を伝える仕事こそ重要だったのだと考えられる。

重慶は日本軍による戦略爆撃の対象となり、容赦ない空爆が加えられていた。「戦略爆撃」は航空機による空からの無差別大量殺戮で、軍事目標だけでなく敵国の産業設備や交通網、一般住民にいたるまで都市を丸ごと破壊する戦術である。三七年にスペイン内戦下のゲルニカで行われた後、日本軍による重慶爆撃で確立したといわれている。実際、一つの都市に対してこれほど長期間かつ執拗な攻撃が行われたのは歴史上初めてのことであった。日本軍は三八年末から四三年までの間、断続的に重慶に爆撃を加え、約一万二〇〇〇名の死者を出した［前田：二〇〇六、戦争と空爆問題研究会編：二〇〇九］。

爆撃が最も激しかった期間の一つが、四〇年五月から九月にかけて一一二日間におよんだ連続空襲である。この間に中央社の重慶の印刷所が被弾し、それによって六月から一一月まで『フォートナイトリー』は停刊せざるを得なかった。同誌は拠点を香港に移し、一二月に発行を再開することになった［中央通訊社：二〇一一］。

宋はこれにともない香港で編集の仕事を担当することになり、同誌の校閲の仕事で九月から香港にいた妻とも合流することができた。なお、四一年四月四日には息子が生まれている。宋は息子を、パナイ号事件の際に同乗していたロンドン・タイムズ記者のコリン・マクドナルド（Colin M. McDonald）にちなんで「コリン」と名付けた［Los Angeles Times: 1944, 3/19、Soong: 1984］。子どもができたことは夫婦にとって最上の喜びだったが、戦時下の不安な生活に変わりはなかった。南京、重慶と、次々に住んでいた町を追われてきた宋たちだが、次はここ香港だった。

香港のブラック・クリスマス

香港はイギリスの植民地だったため日本軍は攻撃を差し控えており、戦火が中国全土に拡大していく中でもその被害から免れていた。各地から戦火を逃れて押し寄せた避難民により、三七年に一〇〇万人前後だった人口は四一年時点で一七〇万人に膨れ上がっていた。しかし一二月八日午前八時、日本軍機三六機が啓徳飛行場を爆撃したのを皮切りに、ここ香港にも日本の攻撃が開始されたのだ。旧式軍機五機と民航機八機が全て破壊され、飛行場は廃墟のごとく残骸が一面に散乱した。香港の空軍は一気につぶされ制空権も喪失、以後日本軍が香港の空を飛びまわった。当初、一般市民の大多数はこれを軍事演習だと思い込んでおり、本当の戦争だと知ったのはしばらくしてからだったという［關：一九九五、小林・柴田：一九九六］。

この時、宋は九龍塘のアパートの二階で家族と朝食をとっていた。数キロ先でマシンガンの音が聞こえたので裏口用の玄関から空をのぞくと、日本軍機が旋回しているのが見えた。数分後、彼らがいなくなったのを確認し、親しくしていた中国系アメリカ人、王小亭の家へ妻子を連れて向かった［Soong: 1984］。

王小亭は、「ニュースリールのウォン（"Newsreel" Wong）」の名で知られるカメラマン・映画撮影技師である。彼が一九三八年八月に撮影した「上海南駅の赤ん坊」は、日本軍の非道を印象付けるものとして著名な一枚であるが、写真の真偽については長い間の論争がある。日本政府は王小亭の首に五万ドルの懸賞金をかけていた［French: 2009］。

香港が爆撃された時期に王は家にいなかったが、宋らは王の妻子と合流した。そして、彼らが聞いていたラジオから信じがたいニュースが飛び込んでくるのである。宋は自分の耳を疑った。日本軍がマレー半島に上陸、フィリピン、シンガポールに続き、真珠湾を攻撃したというのだ。家族のいるホノルルにまで日本軍の攻撃が始まったことに衝撃を受けた。急いでオフィスへと向かい香港砲撃状況を確認すると、妻に電話をかけ、王小亭の写真や書類、そして自分の新聞切り抜きや手紙類を全て処分するように指示をした［Soong: 1984］。

世界は全く新しい局面に突入したのだ。アメリカとイギリスは八日に対日宣戦布告し、国民党政府は九日に日本、ドイツ、イタリアに対して正式に宣戦布告を行うとともに、連合国の一員となった。ナチスのポーランド侵攻で三九年九月から始まっていたヨーロッパでの戦争と、アジアでの戦争が結合し、これをもって歴史上最大の世界大戦が幕を開けたのだった。

一二月二五日、日本軍による香港占領作戦はわずか一八日間で終了した。この日は「ブラック・クリスマス」と呼ばれ、香港の人々にとって長く苦しい日本軍政下の始まりとして記憶されている。占領後、日本軍は宋の逮捕命令を出し、五〇〇ドルの懸賞金をかけた。ちょうど家政婦が買い物に行った際にポスターを見て気付いたので宋は直ちに広州に逃れることができ、曲江を経て重慶に戻った。一六日間、徒歩で重慶に向かい、生のさつまいもと水だけで四八時間を過ごしたこともある。逃亡中は使用人の服を着て変装し、ライカ一台と広角レンズを服の中に隠していた［Los Angeles Times: 1944, 3/19、宋：一九五一、陳：二〇一一］。中央社の香港支局は閉鎖され、『フォートナイトリー』も再び停刊せざるを得なかった［中央通訊社：二〇一一］。

唯一の中国人従軍記者

重慶は四川省の一地方都市に過ぎなかったが、首都になって以来おびただしい人口が流入し、過密都市化していた。日本軍の爆撃で多大な被害が出ていたものの、その膨張は止まらず、住民は物不足とインフレで苦しい生活を余儀なくされていた。ただ、日本が米英と開戦すると重慶の位置づけも変化し、中国にとっての「民族抵抗の砦」から連合国の中国・ビルマ・インド戦域における「反攻の拠点」へと大きく転換する。国民党の役人たちは日本と米英との開戦を喜んだ。これで米英も本格的に中国を支援せざるを得ないからだ。重慶の街には米人顧問団の姿が多く見られるようになり、雰囲気は一変した［前田：二〇〇六］。

宋は重慶に戻り数カ月間過ごした後、二人の社会運動家とともに東部チベットの旅に出た。馬に乗って六週間ほどチベットを旅し、一二〇〇枚のネガに相当する分量の写真を撮っている［宋：一九五二］。これが中央社の仕事であったのかは不明である。「私のチベット写真は、しばらくの間は私の財政を支えてくれた」と、写真を個人的に売りさばいていたように回顧していることから、一度中央社から離れていた可能性もある。

しかし四三年五月には、中央社の特派員として中国・インド・ビルマ戦線の取材を開始したことがはっきりしている。中央社の記録には、同戦域を指揮していた米陸軍スティルウェル司令部に正式に従軍し「軍機に同行して爆撃の取材を行う初の中華民国の記者」になったとある［周：一九九一a、中央通訊社：二〇一一］。ジョーゼフ・スティルウェル中将は短気で辛辣な性格から「ヴィネガー・ジョー」と呼ばれていたが、豊富な中国経験と知識を買われて同戦線の指揮官に任命されていた。宋はスティルウェルと個人的にも親しくなり、四四年にスティルウェルが解任されアメリカに戻った後にも家族ぐるみの付き合いをしている［Soong: 1984］。

スティルウェル司令部で四カ月ほど従軍した後、今度は九月にイタリア戦線を取材する［Los Angeles Times: 1944, 3/19、中央通訊社：二〇一一］。イタリアがイギリスのアフリカ植民地奪取をめざして開戦した北アフリカ戦線では、四三年五月に枢軸国軍が敗北し、続いて連合国軍が七月にシチリアに上陸していた。九月にイタリアは降伏したが、宋が取材に訪れたのはちょうどこのタイミングである。ただイタリア王国は降伏したものの、ムッソリーニはナチスドイツの傀儡政権であるイタリア社会共和国を樹立したので、戦いは継続した。

なお宋はこのヨーロッパ取材で潜水艦に乗って地中海を潜り、ドイツが防備する地区を通ってユーゴスラヴィアにも行ったようだ。そこでヨシップ・ブロズ・ティトー率いるパルチザン部隊にも数日間同行し取材をした［陳：二〇一二］。ユーゴスラヴィアは四一年四月からドイツを中心にイタリア、ハンガリー、ブルガリアといった枢軸国に分割統治され、その後すぐに結成されたパルチザンが抵抗を続けていた。祖国を蹂躙され戦う人々に、宋は中国人の姿を重ねただろうか。

ヨーロッパ取材の後は、一一月に南西太平洋戦線の従軍記者となる。太平洋ではソロモン諸島、ニューギニア島、ニューブリテン島など、この地域での戦闘を広く取材する〔周：一九九一a、中央通訊社：二〇一一〕。日本軍は緒戦のうち優勢であり、大陸での戦線と並行して太平洋諸島でも進撃を行っていたのだが、四二年の夏には連合軍による反攻が開始され、次第に苦戦を強いられていた。連合国は北アフリカ戦線の消滅とイタリアの降伏で余裕ができるとさらに多くの戦力を太平洋戦線に投入し、四三年後半には本格的な巻き返しを開始した。このように、宋の移動が連合軍の動きに連動したものだったことが分かる。ヨーロッパからアジア、太平洋まで、まさに中国代表のジャーナリストとしてほとんどすべての主戦場を取材したことになる。

この頃、連合国軍で南西太平洋での戦いを率いていたのはダグラス・マッカーサーである。ノィリピンでアメリカ軍とフィリピン軍を統合したアメリカ極東陸軍の司令官だったマッカーサーは、日本軍のフィリピン攻撃により四三年三月にオーストラリアに脱出し、四月から南西太平洋方面最高司令官に任命されていた。「I shall return（私は必ず戻るだろう）」との言葉とともに、フィリピン奪還を固く心に誓っていたエピソードは有名である。

宋も南西太平洋戦線の従軍記者となったことで、この頃からマッカーサーとのつながりができていた。もちろん司令官と一記者では立場が違うが、メディア戦略にたけたマッカーサーが中央社の記者である宋を重視しなかったはずがない。事実、宋は四四年二月に重慶でマッカーサーへのロング・インタヴューを行っており、内容はＵＰに引用される形でアメリカの複数の新聞にも掲載されている［Oakland Tribune: 1944, 2/16、Oxnard Press Courier: 1944, 2/18］。宋はこの頃、まだ三二歳であるが、戦場ジャーナリストとしてその名を知られるようになっていた。

サイパン・硫黄島の戦い

四四年になると、連合軍は体勢を立て直し各地で日本軍を撃破していた。米軍は太平洋で進撃し、六月一五日にマリアナ諸島のサイパン島へ上陸作戦を開始する。アメリカはこの頃すでに長距離飛行が可能な大型爆撃機B29を就役させており、サイパンは日本本土まで無着陸で爆撃できる距離にあった。日本としては何としても守り抜かなければならない「絶対国防圏」であったのだが、米軍の圧倒的な攻撃の前に次第に抵抗能力を失っていった。そして七月七日に最後の突撃を行い、全滅した。

宋もこのサイパン攻略の際に取材を行っている。サイパンではすでに戦闘の終わった後の見張りで、寝ていた米兵が突然日本兵の残党を見つけたと思って銃を乱射する出来事があった。他の兵士も撃ちはじめ、四方八方で銃声が鳴り響いたのだが、銃声が止むと、動いたのは一羽の鶏だったことがわかった。宋はこの出来事を、人間らしさのある興味深いエピソードとして記事にしようとしたが、結局、検閲官に差し押さえられて公開されることはなかった。検閲官によれば、将校たちはそのようなユーモアを解さないだろうし、誰かが処分を受けるかもしれないとのことであった［周：一九九一a］。

四五年二月に始まった硫黄島の戦いは、そうしたユーモアのゆとりもない過酷な戦場だった。米軍の硫黄島上陸作戦には海兵隊所属の写真班や報道班一五名の他に、民間ジャーナリストやカメラマンが一〇〇名以上従軍している［ホイーラー：一九八一、ニューカム：二〇〇六］。宋は、総指揮官リッチモンド・ターナー中将が上陸前に全ての記者を呼び集め、次のように話すのを聞いた。「攻撃の日、上陸する者は二人に一人が敵に撃たれるだろう。忠告しておくが、上陸せずとも任務を行える者は、岸を確実に占領するまでは上陸するな」。その時、多くの記者が警告を聞いて青ざめたが、上陸をあきらめる者はいなかった［周：一九九一a］。戦場記者にとっては現場を自分の眼で見ることこそ命である。戦場を取材し、いち早く読者に伝えるために船内の通信機器の利用をめぐって他の記者と一分一秒を争う。ここまで来て前線を見ないわけにはいかなかった。中央社で宋の後輩だった周培敬によれば、宋は硫黄島従軍について次のように伝えたという。

攻撃の日、私は一名の青年大尉が率いるグループに随行し、小舟に乗り海岸に向けて出発した。彼らの任務はできるだけ早く岸に指揮所を建設することだった。ターナー中将からは知らされていなかったが、この岸は柔らかく崩れやすい黒砂でできていた。砂浜を歩くと、この火山性の黒砂が衣服やタイプライターの中に入りこみ、目や鼻にも入ってきた。日本軍の追撃の砲弾で砂が弾け飛び、砂浜のいたるところに天をつくような砂の柱を立てた。身を隠す場所もなかった。我々は身をかがめて匍匐前進するしかなく、タイプライターや装備は後ろに引きずり、敵の砲撃の間のわずかな隙に何歩か前進する状態だった［周：一九九一a］。

いつ撃たれてもおかしくない状況でジャーナリストたちもまた、兵士と同じように生死を賭けた現場に身を置いたのである。激闘の末、約一カ月の後に日本軍の全滅をもって戦いは終了した。日本軍の死者約一万九九〇〇名、米軍の戦死者約六八〇〇名、戦傷者約二万二〇〇名という凄惨な犠牲者を出した［吉田・森：二〇〇七、平塚：二〇一五］。

「かわいそうなノーマン」

三月末、米軍の沖縄本島上陸を前に、宋はグアムにいた。記者たちにとってもしばしの休息だったのだろうか、この時期にAPが宋自身のことを記事にしている。特派員団における彼の位置がよく表れているので紹介したい。そこで宋は「かわいそうなノーマン（Poor Norman）」と称されている。

「かわいそう」だという理由は三つある。一、日本から戦争賠償を（本当の現金で）もらったことがある、二、彼の国（イタリアと戦争状態にある）が戦場で手に入れた唯一のイタリア国旗を獲得した、三、敵に撃たれるとの同じように味方からも撃たれる危険にさらされている、というただ一人の太平洋の戦場特派員だからである。

一つ目の賠償金とは、パナイ号事件についてのものである。アメリカ国務省はパナイ号およびスタンダード石油会社船舶爆撃の損害賠償について合計二二一万四〇〇七ドル三六セントの支払いを要求し、日本側は要求通り全額を支払った［笠原：一九九七］。パナイ号爆撃で損害を被った宋もこの中から一六〇〇ドルの支払いを受けていた。

二つ目は、イタリア戦線取材時のことを指している。中国は事実上イタリアと戦争状態にあったが、ヨーロッパまで軍を派遣していたわけではない。宋は連合軍がナポリを占領したとき、ウンベルト皇太子の宮殿にあったイタリア国旗を思わずつかみとった。中国人が獲得した唯一のイタリア国旗である。確かにこんな特派員は他にはいないだろう。

そして三つ目は、宋がしばしば日本人に間違えられて味方の兵士から殺されそうになっていることを指している。アメリカ人やオーストラリア人は通常、華人と日本人を区別できない。もし彼らが戦闘を終えた直後だったりしたら、「まず撃ってから、その後で華人か日本人かを確認する」。それでも宋は、「そんなに言うほど大変じゃないですよ。ちょっと余計に気を付ければいいだけですからね」と、あまり深刻に捉えていない様子を見せている [Burlington Daily Times News: 1945, 3/24]。

実際、宋は何度も危険な目に遭っているのだ。マッカーサーは特別に宋にボディガードを付けたほどだった。例えば米軍基地で最初に従軍したとき、宋は道に迷って基地の周りを電灯片手にふらふら歩いていた。ちょうど自分のテントを見つけたところ、銃を持った二人のアメリカ兵に取り押さえられた。兵士らは逃亡した日本兵を探していたところだった (Linton Daily Citizen: 1944, 2/14)。しかしその時も、「日本人の歩き方を四歩か五歩見ればすぐにわかりますよ。おそらく彼の傲慢さが態度に出ているでしょうからね。中国では誰も間違えませんよ」と面白がってコメントしている [Kaufman Herald: 1944, 3/2]。

「かわいそうなノーマン」の記事からは、連合国の従軍特派員の中で宋がいかに特異な存在であったかがうかがえる。南アフリカ生まれのジャーナリスト、エリック・ロイド・ウィリアムズも、イタリア戦線で一緒に従軍した宋のことを「彼は他の記者たちと共通点をほとんど持っていなかった。あらゆるファシズムに対する憎悪と、ドイツと日本の敗北でこの戦争を終わらせなければならないという確固たる思い以外は」、と回顧している［Cape Times: 1944, 2/12］。

インド・ビルマ戦線などでは他の中国人記者も取材をしていたが、南西太平洋戦線では宋は連合軍に認められた唯一の中華民国からの記者であった。こうした異質性は宋の人生において常に存在していたもので、ハワイの中国系アメリカ人として生まれ育った彼は、燕京大学でもミズーリ大学でも、そして中国で記者として働いている時も、常に「外国人」としての眼差しで物事を見ることができたのだった。

さて、五月に入り、宋はアメリカ本土を訪れた。サンフランシスコで行われた国際連合設立のための会議を取材するためである［Soong: 1984］。この会議はアメリカ、イギリス、ソ連、中国の四カ国が提唱国となり連合諸国を招いて開催したもので、第二次大戦の戦後処理について話し合われたものだった。中国が代表団の構成を決定するまでには紆余曲折があったものの、最終的には共産党員を含めた総勢一〇〇名近い人数が参加し、アメリカ、フランスと並んで最多人数の三大代表団の一つとなった。この他にも国内から派遣された記者二〇名や、元から国外にいた記者も派遣され、中国の記者団の多さはイギリスと並ぶほどになっている［洪：二〇〇四］。会議は約二カ月間続き、五〇カ国が国連憲章に署名して六月二六日に幕を閉じた。

ちょうどサンフランシスコ会議が始まった四月二五日、イタリアではイタリア社会共和国が崩壊していた。逃亡中に捉えられたムッソリーニは二八日に処刑され、ミラノの広場で逆さ吊りにされ群衆にさらされた。四月三〇日にはヒトラーが自殺し、五月二日にソ連軍がベルリンを占領、七日にドイツ軍は無条件降伏した。長きにわたる戦争も、間もなく終わりを迎えようとしていた。

東京特派員

四五年八月一五日、天皇は日本の降伏を発表した。沖縄戦や広島・長崎における原爆投下、そしてそれまでの各都市における空襲を経て、日本にはもう戦う力は残されていなかった。全員玉砕するまで戦い続けるのだと意気込む国家主義者もいたが、実際に為政者たちがそのような選択肢をとることはなかった。

降伏の意向は一四日のうちに連合国へ伝えられ、トルーマン大統領がマッカーサーを連合国軍最高司令官に任命している。日本の降伏文書調印のために必要な手続きを行うためであったが、二九日にマッカーサーがバターン号で沖縄へ向かうと、翌日には降伏に立ち会うだけでなく、日本の武装解除と復員を監督するよう追加の指示を受けた。フィリピンでの雪辱を果たし、日本の戦後処理を統括する司令官として君臨することになった。

二八日、占領軍の先遣隊が神奈川県厚木飛行場に到着し、三〇日午後にはマッカーサーが同地に降り立っている。この日、厚木には合計で四二〇〇名の空挺部隊員が上陸したが、これと同時にやってきたのが、連合国メディアの特派員たちである。『ライフ』のカメラマンとして従軍していたカール・マイダンスもその一人であった。彼は日本軍がフィリピンを攻略した際に二二カ月間の捕虜生活を余儀なくされたことがある。だがその彼をしても、日本人が置かれた悲惨な様子を知るや復讐心がすっかり消えるほどであったという［三木監修：一九八三］。

一方、第三艦隊とともに横須賀に降り立った特派員たちもいる。当時、海兵隊所属のカメラマンだったデヴィッド・ダグラス・ダンカンは横須賀に上陸し、そこから列車で東京へと向かった。銀座にやってきたときの印象を、「内部がすっかり破壊されてただ骨組みだけが気味悪く残っている鉄筋コンクリートのビルが二、三残っているだけで、あとは無秩序大混乱のきわみであった。街は焼きはらわれて、野っ原になっていた。［中略］これが、かつてのアジヤにおける最大都市の中心地の姿であった」と述べている［ダンカン：一九六七］。それほどまでに徹底的に荒廃していたのである。

宋も海兵隊とともに横須賀に上陸した［宋：一九四八、宋・長谷川：一九五〇］。中央社の特派員として降伏後の状況を取材するのが彼に与えられた次の任務だった。宋は日本へ上陸する前から、空襲による災害、飢餓、また敗戦による自失状態が日本をどのような状態においているか想像できていた。そして実際、日本はひどい状態に置かれていた。だが彼は思った。中国の民衆が今まで経験してきた以上のものではないな、と。彼にしてみれば、比較にならないくらい中国の方が悲惨であった［河上：一九四五］。

九月二日、東京湾沖合に停泊する米戦艦ミズーリ号上で降伏文書の調印式が行われた。ミズーリ号はトルーマン大統領の出身州にちなんで名づけられたものである。降伏の式典は艦の右舷側、第二主砲の側で行われ、濃緑色のクロスがかかったテーブルが用意された。日本側の代表団として、外務大臣の重光葵以下四名の外交官と、陸軍参謀総長の梅津美治郎以下七名の軍人が参加した。降伏文書には重光と梅津に続いてマッカーサー、そしてアメリカをはじめとする連合国九カ国の代表が順に署名した。これで日本も正式に連合国に降伏し、戦争が終わったのである。歴史的瞬間に立ち会うことに、特派員たちも興奮していた。

日本側の取材は代表として「同盟」の記者二名、カメラマン一名、日本映画社のカメラマン一名のみしか許可されなかったが、連合国側からは二〇〇名以上にのぼる特派員たちが所狭しと艦上に陣取っており、特にカメラマンたちはいい場所から撮影しようと躍起になっていた。特派員用に提供された巨大な一六インチの砲塔の上では、ロシア人カメラマンが自分の指定場所を無視して強引に前の方に出ようとし、二人の海兵隊員に押し返されるという一幕もあった［ダンカン：一九六七］。

宋は、同じく中央社の戦場記者だった曽恩波（Eddie Tseng En po）、関宗軾、そして連合国から特別に招待され重慶からやってきた陳博生と四名で調印式を取材した。米軍の広報担当者からは、式の終了後、AP、UP、INS、ロイター、そして中央社という五通信社が艦上の通信設備を利用して優先的に記事を発信できると知らされていたのだが、一つしかない通信設備をどの通信社が一番に使うかで当然ながら誰も譲らなかった。すると、一人の軍広報官が五枚の紙に一から五まで書いて帽子の中に入れ、くじ引きによって順番を決めようと提案する。五社が一人ずつ代表を出して引いた結果、曽恩波が一番を引き、中央社は他社に先駆けて記事を送信できたのである［周：一九九一a、中央通訊社：二〇一二］。

調印が終わると曽は無線室に駆け込み、長くて残酷な戦いが終わったことを打電した。「連合国

ミズーリ艦上の中央通訊社記者たち。右端が宋徳和、二番目が陳博生（時事通信フォト提供）

勢は本日、東京湾ミズーリ艦上で日本の無条件降伏を正式受諾」［South China Morning Post: 2003, 11/16］。世界で最初に大戦の終わりを告げるスクープとなった。

中央社は調印式後も継続的に日本を取材するため、戦中に閉鎖した東京支局を再開させることにした。そこで宋は東京支局長に任命される。かつて東京特派員だった陳博生は、調印日の後に宋と曽恩波を連れて以前支局があった市政会館へ出かけ、同館に本社を置く「同盟」のスタッフと旧交を温めた。「同盟」の海外局長だった長谷川才次とも再会し、陳は長谷川に「今度東京に支社を開くから、よろしく」と言って宋と曽の二人を紹介している［宋・長谷川：一九四九］。宋と長谷川とは親しくなり、その頃、毎日会うようになった［長谷川：一九五二b］。

来日した数百人の特派員にとって最初に問題だったのは、宿泊する場所を見つけることである。中には東京湾に停泊した何隻かの軍艦に空いた船室を見つけた者たちもいたが、大半は帝国ホテルに宿泊場所を求めた。帝国ホテルは日本の迎賓館として一八九〇年に建てられた東京の最高級ホテルである。四五年五月の大空襲で被弾し一五〇室が焼失したが、無傷だった部分でまだ営業可能だった〔帝国ホテル編：一九九〇〕。

九月一七日にGHQが将官向けの宿舎として同ホテルを接収してからは、特派員たちは近くの新橋第一ホテルに移らざるを得なかった。ただここはGHQの広報室（PRO：Public Relations Office）が置かれた内幸町のNHK東京放送会館にも歩いてすぐだったので、非常に便利な場所ではあった。特派員のオフィスも放送会館の二階に設置されていた〔ポメロイ編：二〇〇七〕。宋も当初はここにデスクを構えていたが、中央社はまもなく市政会館に支局を設置し、「時事」や「共同」と同じ場所で運営をするようになっている〔河上：一九四五、李・長谷川：一九七三〕。

日本にやってきたとき宋は、中国で日本軍が見せた無情と残酷行為についての記憶を生々しく持っていた。だが、憎悪や復讐心を抱いていたわけではない。長きにわたる従軍で感覚が鈍り、新しい破壊と苦痛を目にしてもただ悲惨という感じしか起こらなかったのだという。しかし不思議ではあった。戦前に宋が知っていた日本人は極めて平和的な人々であった。なぜそのような人々が、あれだけ残酷なことを行ったのだろうか。八月二七日、相模湾の米艦上で上陸を待っていた頃、宋は取材ノートに次のように書いた。

あれが日本だというぼんやりした緑の海岸線が、もう今ではほとんど四六時中みえる。ときどき雲が晴れると富士山が姿を現す。この山が伝統的に日本人の象徴となった崇高な理想、完璧な性格、生活の優美さは、これまでの十年間に幾度裏切られたことだろう。この失われた歳月を振り返ってみるとき、結局日本人はこれらの小さな島々から外へ出さない方がよいのではないかという気がする。なぜならば、日本人は富士山が見えないところに行くや否や、すべての理性と理想を棄て去り性格を裏返し、優美さに泥をなすったのだから…〔宋：一九四八〕。

こうして日本人に対する「冷静な好奇心」を抱き、戦後日本の取材を始めたのであった。この後、宋は国際的な見識と深い洞察力、そして信頼できる人間性ですぐに要人の間に人脈を築き、多くの日本人と交流することになる。来日時、三四歳の若さであった。

「白洲次郎から勧められて会った男」

一〇月に入ると、外国特派員たちはＮＨＫ放送会館で会合を開き、東京特派員クラブを結成した。その頃、彼らが滞在していた第一ホテルは士官たちの宿舎としても割り当てられていたので、両者の間でトラブルが絶えなかったのだ。特派員たちは、日本人の助手や情報提供者が出入りするのに規則が設けられたことを仕事の妨げだと考えていたし、広報将校のルグランド・ディラー（LeGrande A. Diller）准将が日本に入る記者の数に定員枠を設定したり、記者会見への出席者数を制限したことに対しても怒っていた。それに対して団結して抗議したのだった〔Kelley and Ryan: 1948〕。

ただし、『シカゴ・デイリー・ニュース』の日本特派員だったカイズ・ビーチによれば、特派員たちが酔っぱらったり大騒ぎしたりして無茶苦茶だったため、マッカーサーが「別のビルをやれ。なんでもやれ。ここから追い出せ」と言ったとのことである〔春原・小松原：一九八六〕。ビーチが来日するのは四七年のことなので直接その状況を知っているわけではないが、士官側にしてみれば少なからずそのような面もあったのだろう。

いずれにせよ、特派員は三菱の持ち物であった五階建ての丸の内会館を月額八〇〇〇〇円で全棟借り、ここにクラブのオフィスを設置することにした。もともとレストランだったこの建物には食堂や厨房、バーなどがあった他、他の場所は改造すれば寝室にでき、取材活動を行う上で便利な拠点となった。宋もしばらくはここに居住していた〔川名編：一九八四、ポメロイ編：二〇〇七〕。

終戦直後の東京で取材を行う宋徳和（陳加昌氏提供）

宋は来日後すぐに精力的に取材活動を行った。九月一七日には東久邇宮稔彦首相と会見を行い、一〇月には満州事変勃発時に関東軍参謀であった石原莞爾に取材している。東久邇宮は宋に対して強い印象を持ったようで、中国人である宋が日本に対して恨みを持っているだろうと気構えていたら、部屋に入ってきた宋は「そういう気色は少しもなく、きわめて坦懐で、親しみを持った態度がいかにも嬉しく、かえって私をして恥じしめた」という記録を残している〔東久邇宮：一九四七〕。また石原莞爾に取材した際には、「日本はなぜ満州を独立させる必要があったか」などを質問し、この会見の内容は日本でも「同盟」によって配信された〔朝日新聞社：一九四五、一〇月七日付、石原・宋：一九八六〕。

他にも宋が行った仕事で特筆すべきものは多い。例えば九月二六日に哲学者の三木清が獄死したことは多くのGHQ関係者や外国特派員を驚かせたが、この時点でもなお山崎巌内務大臣や岩田宙造司法大臣は政治犯の釈放や特高警察、治安維持法の廃止に反対していた。一〇月三日、山崎内相はロイターのロバート・リュベン(Robert Reuben)記者に対し、「思想取締の秘密警察は現在なお活動を続けており、反皇室的宣伝を行う共産主義者は容赦なく逮捕する、また政府転覆をたくらむ者の逮捕も続ける」と語った。そして同じ日、岩田法相も宋のインタヴューに対し、「司法当局としては現在のところ政治犯人の釈放の如きは考慮していない」と述べた[朝日新聞社:一九四五、一〇月五日付]。

これらの内容は即座にマッカーサー司令部の知るところになり、これ以上日本政府が民主化を進めるのを黙って待ち続けるわけにはいかないと判断された。翌日、GHQは治安維持法などの一切の弾圧諸法令の廃止、政治犯の即時釈放、思想警察その他一切の類似機関の廃止などを要求する指令を発した[荻野:二〇一二、袖井:二〇一五]。このように、戦後も政治犯が獄中にあることに疑問を感じて動いたのは外国の記者たちであり、宋が行った仕事もまた、日本の民主化を促進する重要なきっかけとなったのだった。ただし反共の立場をとる宋は、「共産党員の解放は、一連の組織化による混乱を惹起し、戦後の日本はこの混乱から未だに立ち直りえない」と後に述べている[宋:一九五二]。

さて宋の存在は、まもなく日本の指導者層にも知られていく。ある日、文芸評論家の河上徹太郎が紹介状を持って放送会館にあった宋のデスクにやってきた。二人の会見記は『文藝春秋』の一二月号に掲載されるのだが、最初の見出しには「白洲次郎から勧められて会った男」とある。河上は友人の白洲から、「今いる連合軍の記者の中で重慶から来ている宋という男は、まだ若いけどなかなかしっかりした男だから是非会って見ろ」と勧められて会いにきたのだという［河上：一九四五］。白洲次郎は吉田茂や近衛文麿のブレーンとして活躍し、ケンブリッジ仕込みの英語でGHQ将校らに物怖じせずやりあったことで知られている。河上の家が四五年五月の空襲で焼けたとき、白洲は友人である河上をいち早く迎えに行き、以後二年間、鶴川村（現・町田市能ヶ谷）の家に河上一家を住まわせていた。河上にとっては最も信頼できる友人だろうし、そのように近くにいる白洲から勧められたのだから、宋というのは一体どのような男なのか期待したに違いない。

この会見記は対談形式ではなく、内容をすべて河上がまとめる形で掲載されているので宋の発言がそのまま分かるわけではないが、来日初期の彼の様子をある程度知ることができる。河上は宋の印象を、「何か意見を求めると、即座に非常に決定的な返事をする。それはいかにも新聞記者らしい意見だけど、しかしきまり文句のお題目ではなく、必ず意味のある言葉である」と評価している。また河上が「ではいい機会だからなるべく長く日本にいて、よく見て行って欲しいというと、いや、そうはいかない、新聞記者は一ト所に二、三年以上いると駄目になる。日本の後でソヴィエットに二、三年、それからアメリカに二、三年いたい、そしたら世界のことが大体分かるだろう、と答えた」ということである［河上：一九四五］。宋がいかに大きなスケールで世界を見ていたかが分かる。

日本と中国の戦災の比較について聞かれた宋は、「問題なく支那の方が悲惨」だと答えた。そして次のように続けている。

［日本の］この状態はさらに悪化するであろう。しかしそれにしてもそれは中国の民衆が今まで経験して来た以上のものではない。それゆえに今日本人が同情を期待するのは無理である。しかも一方、日本国民はその忍耐と優秀な精神をもってこれを克服することを期待している。事実、我々中国人の過去の経験からいって、かかる飢餓・疾病・失業等の苦い経験は、窮極において大したものではない。（まあ、君達やって見給え、心配することはないよ、といったような笑顔を彼はふと浮かべた。）彼はそこで日本国民の美徳として、忍耐強いこと、よく働くこと、実際的であること、冷静であることを挙げた。そしてただよい指導者がいないことがいけないのだ。現に今の政府だって終戦後二ケ月何もしてやしない、と慨嘆していた［河上：一九四五］。

中国の方が悲惨な状態にあることを冷静に指摘しつつも、日本国民の資質を評価し、責任を指導者の無能に求めている。実際、宋は多くの農民、漁民、中小商業者と出会ううち、彼らが「質素、勤勉、誠実、素朴」で「人間的」であるのを発見し、彼らの父や子や夫が野蛮な行動を行ったのは、「国民は無知で何も知らされていなかった」からだという結論にまず達したのだ［宋：一九四八］。

こうした認識は、日本の軍国主義の責任を為政者に求め、国民を被害者と位置づけて両者の分断を図ったGHQの方針と重なるものではある。しかし、戦中の日本軍の残虐行為と、戦後日本で出会った「素朴」で「人間的」な日本人との両方を自分の眼で見た宋にとっては、そのように結論づけるより他なかったのではないだろうか。

ところで、シンガポールの陳加昌によれば、宋は四五年から近衛文麿の周囲の自由主義的な人々と親しく交際するようになったという。この頃、近衛を中国に「謝罪使」として派遣しようという話があったのだが、宋はこの計画遂行の中心人物の一人だったのである［陳インタヴュー］。

近衛を謝罪使にと考えたのは東久邇宮である。組閣直後、中国に謝罪使を派遣すべきだという意見が民間で起こり東久邇宮の耳にも届いていた。東久邇宮も詫びたいと考えており、自分自身が謝罪使となって行ってもよいと考えていたが、それが無理なら近衛に行ってもらう考えを持っていた。日中戦争の際、「国民政府を対手とせず」という声明を出し和平交渉を打ち切ってしまったのは近衛である。東久邇宮が「あんな声明を出した当の責任者であるご本人のあなたが、蔣介石主席の許へ行って謝ってくるのがいい」と言うと、近衛は「イヤー」といって頭を抱えて苦笑したという［東久邇宮：一九四七］。

九月一七日の会見で、東久邇宮は宋に対して謝罪使を送りたい考えを表明している［東久邇宮：一九四七、東久邇宮：一九五七］。そして二〇日、『毎日新聞』に近衛を中国に謝罪使として派遣するという記事が掲載された。宋は河上との会見で謝罪使を派遣するということについて「確かに一案である」と評価している［河上：一九四五］。謝罪使派遣の話が実際に動き始めていたのならば、中央社の東京支局長である宋が関与していたとしても不思議ではないし、その過程で近衛のブレーンである白洲らとも交流があったと考えられる。

結局、この話は東久邇宮内閣の総辞職により立ち消えになった。実現していれば重要な歴史の一ページになったことだろう。その後、近衛はマッカーサーのお墨付きで憲法改正に着手したにもかかわらず、状況が変わって一二月に戦犯として逮捕されることが発表されると、巣鴨拘置所に出頭を命じられた一六日未明、自宅で青酸カリを飲んで自害した。

日本国憲法と二人のノーマン

マッカーサーは新たに首相となった幣原喜重郎にも憲法改正を促していた。幣原は一〇月一三日に憲法問題調査委員会の設置を決定し、国務大臣の松本烝治を委員長として任命する。こうして近衛、松本らの憲法改正に向けた動きが並行して進められることになった。

と同時に、民間でも新しい憲法を考えようとする動きが出てきていた。その中の一つに、社会統計学者の高野岩三郎が提起し、七名の民間の有識者でつくられた「憲法研究会」がある。憲法研究会が一二月二六日にGHQに提出した「憲法草案要綱」はすぐに英訳され、詳しく分析された。その後明らかになった松本らの案が旧態依然としていて到底受け入れられるものではなかったのに対し、研究会の案は「民主的で受け入れられる」（ラウエル意見書）と高く評価され、参考にされている。民生局は後に憲法草案を作成する際にも憲法研究会の要綱の構成や内容を基礎に置き、修正を加えることで日本国憲法へと結実させていったのである。GHQの草案を受け入れる形になった日本国憲法だが、その思想的水脈として憲法研究会の存在があることは、研究者の間で重視されている［小西：二〇〇六、原：二〇〇六］。

憲法研究会の草案作成で中心的役割を果たしたのは憲法学者の鈴木安蔵であった。鈴木は京都大学在学中に左翼運動で検挙されたことから、自分たちを処分した国家の本質を解明するために独学で憲法研究を始めた経歴を持つ。戦前にマルクス主義的立場から憲法研究をしていた唯一の学者である。しかしその鈴木ですら、当初は既存の憲法の思想的枠組みを大きく超えることはできていなかった。そしてそのことを気づかせたのが、二人の外国人とのやり取りだったのだ。鈴木は「本問題の深刻さにやや愕然としたのは、［中略］前後二回にわたる連合国側人士との会談によることを率直に告白する」と述べている［鈴木：一九四五］。

鈴木に示唆を与えた二人のうち一人は、カナダ外務省からアメリカ太平洋陸軍に派遣され、臨時に民間諜報局（ＣＩＳ）の調査分析課課長に任じられていたハーバート・ノーマンである。ノーマンは宣教師の子として長野県軽井沢に生まれ、日本近代史の研究者としても欧米で知られていた。卓越した知識でもってＧＨＱ内でも重宝されたが、後にソ連のスパイであるという嫌疑をかけられ、大使として赴任した先のカイロで一九五七年四月に自殺した。このことは今も注目される戦後史上の事件である。ノーマンと鈴木は戦前からの知り合いであったが、戦後の九月二二日、彼は経済学者の都留重人とともに鈴木の家にやってきて、天皇制や明治憲法などについて熱く語った。そして、「もし依然国体護持の問題を無批判のままに放置するならば、再び国家主義的勢力ないし風潮が、国体護持の名の下に結集し強化する危険がある。徹底的に、「国体」の根本的批判をなさしむべきが日本民主主義化の前提と思うがいかが」とし、「国体」つまり天皇制の根本的な批判がなければ日本の民主化はあり得ないことを指摘したのである［鈴木：一九四五］。

当時、日本政府の最大の関心事は天皇制をいかにして維持するかにあり、鈴木の思考もこれを超え出るものではなかった。ノーマンの問いかけは鈴木の目を見開かせ、これにより鈴木は憲法問題の根本的再検討の必要を痛感したのである。

鈴木が言うもう一人の「連合国人士」というのが、宋のことなのである〔鈴木：一九六七〕。鈴木はノーマンと会って以来、憲法について検討を重ねており、一〇月一五日、明治憲法の条項に関する具体的な改廃について市政会館の「同盟」で語る機会があった。そこに来席した宋から、鋭い質問がなされたのである。

宋は明治憲法第三条の「天皇は神聖にして侵すべからず」という条項は改正する必要はないのかと質問した。鈴木が、これは「天皇が絶対主義的君主のごとき無制限の専断的権力者であることを意味せるものでは全然なく、日本民主主義化に有害なる理由はない」、つまり問題はないと答えたのに対し、宋は「もし本条がそのまま存置されたならば、天皇に対する国民の批判は出来ぬことになるではないか、新憲法は、天皇をも含めて、一切に対する国民の批判の自由を保障すべきである」と反論したのであった。天皇に対する批判の徹底的自由さえあれば、天皇制が存置しても、従来のような専制政治が天皇の名の下に繰り返される危険は防止できるというのである。GHQからも同様の見地から言論の自由に関して指示が出されており、鈴木はこうしたことが日本民主化の前提条件であることは疑いえないにもかかわらず、重ねて指令されなければならない現実が日本の「悲しむべき停滞」だと気づかされたのであった〔鈴木：一九四五、鈴木：一九六七〕。「批判の自由」こそ戦中の日本の国家体制についての核心をつくものであり、宋の指摘はまさに卓見であった。

宋の天皇制に対する指摘が真先に「言論の自由」という観点からなされたのは興味深い。これは彼がジャーナリズムの思想を徹底的に学び、それを信奉してきたことが大きいだろう。燕京大学でのフランク・マーティンの教えや、ミズーリ大学での講義を受け、言論の自由の思想を血肉化してきた宋にとって、明治憲法の条項が民主化に適さないのは当然の理であった。権力者を自由に批判できる権利は、最高法規である憲法において保障されねばならないものである。

宋は日本で出会った日本人が「素朴」で「人間的」であることと、戦中の残虐性との乖離を、「国民は無知で何も知らされていなかった」からだと当初理解したと先に述べた。だが、日本には有力な新聞や雑誌など多くの報道機関があったのであり、「国民が無知で何も知らされないでいる理由はなかった」ことにも彼は気がついた。日本国民は世界で何が起きているかについて知り得る状況にあったにもかかわらずそうならなかったのは、「言論機関が、次第に強まってくる統制制度にみずからを屈従せしめることを許し、国内の編集者も海外の特派員も、歪曲されたと知りぬいている宣伝に、みずからを利用せしめ、多くの場合、自国の軍部を激励さえしたからであった」と考えるに至るのである〔宋：一九四八〕。こうしたことからも、宋は早い時期から日本の報道機関の社会的責任について重視していたことが分かる。

このように鈴木は、ハーバート・ノーマンと宋（ノーマン・スーン）という二人のノーマンから刺激を受け、憲法問題を根本的に再考したのだった。憲法研究会の草案のたたき台となった鈴木の「新憲法制定の根本要綱」が民主的であったのは、米国の政策の直接的な影響や戦前からの自由民権運動の思想とともに、こうした非公式な接触も背景にあったのである〔原：二〇〇六〕。

「日本の指導層で宋徳和君を知らぬ人は少いだろう」

占領も三年たった一九四八年末、長谷川才次は「時事」の出版物『世界週報』で宋へのインタヴューを行っている。この頃になると宋は丸の内会館を出て、曽恩波と一緒に彼らが「プレス・ネスト（プレスの巣）」とあだ名をつけた六本木の家に住んでいた［ポメロイ編：二〇〇七］。長谷川もそこへ出かけて行ってインタヴューをしている。

長谷川はインタヴュー録冒頭の紹介文で宋のことを、「年齢いまだ不惑に満たないと記憶するが、すでに大人の風格をそなえ、識見、力量ともに世界一流の新聞人に伍して、いささかも遜色がない」と評価し、さらに「東京に着任して以来、歴代の首相や閣僚諸公から宮内府の幹部諸君、財界人等々にひろく知人を「開拓」し、現在日本の指導層で、宋徳和君を知らぬ人は少いといっていいくらいだろう」と述べている［宋・長谷川：一九四九］。終戦直後の日本において宋がいかに広く人脈を構築し、知られる存在になっていたかがうかがえる。長谷川が聞き手となって自社の雑誌でインタヴューをしていること自体、宋を高く評価している証拠である。

インタヴューでは日本の政治・経済や中国における共産党の脅威などが話題となった他、日本の新体制で活躍している人の大半が戦前からの関係で成り立っていることなどが指摘された。長谷川は最後に、「今までに会った日本人のうちで、これは面白いとか、これはすばらしいというような人があったでしょうか」「将来の日本をしょってたつと思われる人たちの名前を二、三あげてくれませんか」と質問している。宋は「思いついたところを二、三あげただけですから、誤解のないように願います」としつつ、政界では犬養健、佐藤栄作、岡崎勝男、三木武夫など七名、財界では木内信胤、麻生太賀吉、白洲次郎など九名の名を挙げている［宋・長谷川：一九四九］。政治家から財界人まで幅広い交際を築いていた。

ここで、宋と日本人との交流を他に二つ紹介しておきたい。

一つは政治家の鳩山一郎とのものである。宋は四五年九月一九日以来たびたび鳩山を取材しており、その理解者であった。鳩山は、四六年四月の総選挙で自身が総裁を務める自由党が第一党となったが、組閣直前の五月四日に公職追放となりこの時は首相になる機会を逃している。また、これに至る経緯として、四月六日、鳩山が特派員クラブにて外国人記者たちに過去の著書の内容について糾弾されるという出来事があった。特派員たちは、鳩山が三八年に公刊した『外遊日記　世界の顔』でヒトラーやムッソリーニを賛辞してたことなどを挙げ、説明を求めたのである。

実はこの本はそもそも、これを使って鳩山を公職追放にしようと試みて失敗したGHQ将校が、当時は『シカゴ・サン』紙の特派員として来日していたマーク・ゲインらに渡したものであり、鳩山が政権の座に就くことを阻止しようとして仕組まれたものだった［ゲイン：一九六三］。会見の場を鳩山は上手く切り抜けることが出来ず、厳しい論調の報道が米紙でなされた。そしてこのことが、公職追放を後押ししたのである。INSのハワード・ハンドルマンは、「長い新聞記者生活であれ程激しい会見は経験したことがない程その日の会見は荒れた」と回顧している［読売新聞：一九五二、五月三日付］。

宋はこうした糾弾には加わらなかった。宋はこの日までに少なくとも三回、鳩山と会っており、そのうちの三度目は白洲次郎などとともに夕食を共にしている［鳩山：一九九九］。鳩山は後年の回顧録で、「この新聞記者連中の策動が私のパージのきっかけを作ったことは事実で、それから一カ月たった二十一年五月四日に私は追放になった訳だ。当時の外国特派員では、今いったニューヨーク・タイムズのバートン・クレーンや中央通訊社の宋徳和などは私のことをよく知っていたが、シカゴ・サンの例のマーク・ゲインやCBSのビル・コステロなどの左翼がかった新聞記者が事前に色々打ち合わせをやって意識的に私の追放を目指してあんなプレス・クラブの会見などをもくろんだものであることは、ちゃんとマーク・ゲインの「ニッポン日記」に彼自身かいているのを見てもはっきりしている」と書いており〔鳩山：一九五七〕、宋が数少ない味方であったことを記している。公職追放中にも宋は鳩山を訪れ、時には宋が鳩山を夕食に招待することもあった〔鳩山：一九九九〕。

宋自身も、「総司令部によって指令された、鳩山氏の最後の瞬間における劇的なパージは、共産党員がその機関を通じて執拗にかき集めて提出した不利益証拠に主として基づいたものであることは、いまでは政治史上の事実である」として、鳩山に同情的である〔宋：一九五二〕。

また、五二年に外国特派員による座談会が『読売』紙上でなされたのだが、宋はそこでも「鳩山追放問題はつッ込んで見る価値がある」と、この件を話題にし、戦後初めて反共産主義を政治的立場として表明した鳩山を評価した。なお、同じ座談会ではＩＮＳのハンドルマンが、鳩山の本の翻訳を新聞記者に配布したのはＧＨＱにいたある共産主義者の男だったと証言している。この男はアメリカ人だが、座談会が行われた五二年の時点では上海にいるということであった〔読売新聞：一九五二、五月三日付〕。宋が「いまでは政治史上の事実である」と言うのはこうしたことを指しているのだろう。

ところで、鳩山は五一年に公職追放が解除された後、五四年に首相になった。在任中の五六年三月、国際新聞編集者協会（International Press Institute）が東京で会議を開催したことがあったのだが、鳩山は車椅子で妻・薫に付き添われながら各国からのジャーナリストや政治関係者らに対応していた。その時、鳩山は宋の姿に気が付くと薫の介添えで立ち上がり、「宋先生、宋先生…」と何度も繰り返し、宋の手を握ったのだった。つかの間の出来事だったが、会場に感動と驚きをもたらし、この四〇歳前後の中国人はいったい誰なのかしきりに訪ねる人もいたという［陳インタヴュー］。

薫の日記には三月二二日に「一時官邸、国際新聞編集者協会のアジア会議に出席した百人余りの人達招待」と書かれており、この時のことだと考えられる［鳩山・鳩山：二〇〇五］。日記に記されている範囲では両者がこれより前に最後に会ったのは四年前であるので、もしその通りだとするならば、久しぶりの再会を喜んだことだろう。鳩山は同年一二月、日ソ共同宣言調印を成し遂げたあとに内閣総辞職して政界を引退し、三年後の一九五九年に亡くなった。

もう一つの交流は、太平洋戦争開戦時に首相だった東條英機の家族とのものである。東條は戦後、戦犯として逮捕されただけでなく世間からもとりわけ厳しい非難の対象となっていた。日本国民が戦争で家族を失った悲しみや負けた苦しみは東條への恨みとなり、それは家族にまで及んだ。子どもたちは激しいいじめに遭った他、妻のかつ子はどこへ隠れても記者たちに追い回され、辛辣な記事を書きたてられたのだった。

四八年一一月一二日、東京裁判で東條が絞首刑の宣告を受けた日も、家族はまたそのような日に遭うことが予想された。だがこの時、彼女たちをそっと匿ったのが、宋だったのだ。かつ子と娘の幸枝、君枝は宋の自宅に匿われ、そこのラジオで判決内容を知った。宋はこれを独占ニュースとして公にすることはなかった。陳加昌は二〇年後にヴェトナム戦争取材の際、初めて宋からこの話を聞いたという［陳インタヴュー］。

このことは八〇年代にかつ子がノンフィクションライターに語っており、事実であったことが確認できる［佐藤：一九八七］。また、かつ子のメモを史料として九〇年代に書かれた本の中でも明かされている［平野：一九九五］。宋はもともと東條家との付き合いはなかったが、知人の紹介で知り合った。それまで記者として取材のために人のプライバシーに踏込んだり人の心を傷つけてきたので、その罪ほろぼしではないが、東條の家族が困っているなら役に立ちたいとして自宅の一部屋を提供したのだという［佐藤：一九八七］。

かつ子が残したメモでは次のようにある。「［東條との面会を済ませて］そうそうに帰ろうとすると、袖をひかれて「御感想は」とマスコミの人、「さる方から頼まれたから」と支那の通信員、黄さんの車を寄せてくださるのに助けられて、材木町のお宅に寄せていただき、そこの応接室のラジオで静かに判決を聞きました。［中略］夕飯をいただき、ようようマスコミの人達の帰ったばかりの我が家に送りつけてくださったのは夜に入ってからで、本当にありがたく思いました」［平野：一九九五］。かつ子らがラジオを聞いていた間、宋は二階へあがったまま遠慮して長く姿を見せなかったため、家族だけの時間を過ごすことができたのだった。母娘は東條の絞首刑宣告を聞くと、肩を寄せ合って泣いた。

その後、東條家の者は宋に会う機会はなかったが、この時の出来事をニュースにしないという約束は固く守られた。宋はこのように苦境にある人々に、人間的な温かさを持って接したのである。日本滞在中にはこのような出来事もあったことを紹介しておきたい。

さて、抗日戦争に勝利した中国では、一日も早い復興と社会的繁栄が望まれていた。しかし抗日戦の勝利は、それまで団結していた諸勢力による再抗争の幕開けでもあった。民衆の間では厭戦気分が強く、国民党と共産党も会談を持つなどしていたが、こうした動きとも並行して軍事衝突は続き、アメリカが何度か調停を試みたものの止むことはなかった。

宋は四五年の時点で、「中共が終戦後武力を行使して中央政府と抗争することは悲劇的なことだ。すなわち中国は終戦と共に全く事変前と同じ状態に復ったのである。今度中国が獲たものは悲しい《ビター》勝利《ヴィクトリイ》である」と述べていた。そして、自身の立場については、「自分は中央政府を全面的に支持するわけではないが、思想的にも独裁を目指す中共が勝利を得れば、中国には自由も進歩の余地も全くなくなる。中央政府に色々の欠点があるにせよ、これが中国を支配するならば、まだ中国には更生の余地があるからこれを支持するのである」と語っている〔河上：一九四五〕。

宋が懸念していたように国共の抗争は収まらず、終戦から約一年後の四六年六月、とうとう衝突が全国へと広がった。当初は国民党が有力であったが、共産党は持久戦を展開し、敵軍を農村や山岳地に引き込んで消耗させた。そして四八年に反攻を開始すると、国民党を徐々に追い詰めていくのだった。

四九年に行われたインタヴューで宋は、長谷川才次に「貴方はしきりに中国の共産党のことをいわれますが、中国の共産党はまったくモスクワ型の共産主義かどうか、多少問題があるのではありませんか」と聞かれた際、「それが問題なんですよ。日本のいわゆる中国通の人達は、どうも中国共産党は本当に共産主義なのではない、中国共産党は第一に中国人で共産主義は二の次だから、国共合作が一ばんのぞましい、中国にとっても健全な仕組みではないかとよくいうのですが、それはいわゆる願望的思惟 wishful thinking というやつですね」と答え、共産党を甘く見るべきでないことを指摘している［宋・長谷川：一九四九］。

四八年から四九年にかけて、共産党は軍事的勝利を背景に各地で地域政権樹立を進め、四九年一月に北平が無血開城されると国民党政府は台湾への移転を開始した。そして一〇月一日、北京に改称された首都で中華人民共和国が正式に建国されたのである。宋にとっては恐れていた事態だった。国民政府とともに中央社も本社を台湾へと移転し、事業も縮小せざるを得なかった。この事が、宋に次の事業開始を促したと考えられる。

当面は東京支局に大きな変更はなく、宋はそのまま支局長の地位に居つづけた。この頃になると在東京の外国人特派員数は大幅に減少しているが、これはもともと彼らが戦争取材の一環として日本にやって来たのであり、報道の中心が占領政策になるにつれニュースの需要が減少したためである。占領当初は一五〇から二〇〇名の特派員がいたのに対し、四九年一一月時点でGHQに許可を受けた在東京特派員の数は七〇名だった［Pacific Stars and Stripes: 1949, 11/11］。

東京特派員クラブの宿舎も、四八年には二六室に対し日本人スタッフ二名を含む一六名の居住者しかいなかった。そのうち何名かはクラブの財政に寄与するため、一人で二室を割り当てられていたという。しかしこの後すぐ、東京に再び特派員が押し寄せ、三五〇名にまで増加する出来事が起こる［ポメロイ編：二〇〇七］。朝鮮戦争である。

五〇年六月二五日、北朝鮮軍が三八度線の全線で一斉に攻撃を開始した。東京にいた外国特派員が競うように韓国に向かった他、別の国から取材に来た者にとっても東京は拠点になった。

中国共産党政権樹立後、朝鮮はアジアの共産主義勢力の趨勢を占う場所として世界の注目を集めた。中央社は英語と日本語に堪能な李嘉を現地に派遣した後、戦局の拡大に合わせて続いて曽恩波も派遣している。二人は連合軍に従軍して戦闘の様子を詳しく報道した［周：一九九一b］。

朝鮮戦争が勃発した時、宋はシンガポールにいた。三月から四カ月間、タイ、ビルマ、パキスタン、インドネシア、マレーの各地をまわり、七月二日に日本に戻ってきている［宋：一九五〇］。帰国直後には長谷川才次のインタヴューに答え、各国における共産主義勢力の状況について解説した［宋・長谷川：一九五〇］。

戦後アジアの国々にとって、共産主義は民族独立の問題と複雑に絡み合っている。アジアでは四七年にインドとパキスタンがイギリスから独立、四八年にビルマがイギリスから独立、四九年にインドネシアがオランダから独立、そして宋はこのとき訪問していないがヴェトナムでは四九年にフランスの傀儡であるヴェトナム国が南部にでき、北ヴェトナムと対立を繰り広げていた。朝鮮半島も含めアジアの国々にとってイデオロギーとは結局、国家を成り立たせていくにあたってどちらの大国から支援や影響を受けるかということに深く左右されていた。宋はこの旅でそのことをより痛感したのではないだろうか。

中央社東京支局が朝鮮戦争の報道に忙しくしていた頃、宋は辞職を申し出た。それは彼が『上海イヴニング・ポスト』紙の編集主幹・呉嘉棠らとともに新しく創設したPANA（Par-Asia

Newspaper Alliance）の運営に注力するためだった。呉嘉棠は『チャイナ・プレス』、『上海イヴニング・ポスト＆マーキュリー』で編集主幹等を歴任していた著名なジャーナリストである［Pan-Asia Newspaper Alliance: 1958］。宋とはミズーリの同窓生でもあった。

中央社の周培敬によれば、このような時期に辞めることに対して社長の曽虚白は憤慨し、「自分が発展する野心しかない利己的な記者」と宋を批判したという。本社はやむなく韓国に派遣していた曽恩波を日本へ呼び戻し、東京支局長を引き継がせたのだった［周：一九九一b］。

実際のところはどうだったのだろうか。実は、ＰＡＮＡ東京の記録では同社の創業は一九四九年となっている。これには元になる正式な資料が残されているわけではないが、各種パンフレットや会社案内でもそのように書かれている。それらのパンフレットもいつ作成されたのか不明なものが多いが、確認できるものでは六七年の「業務案内」に、「ＰＡＮＡ通信社は一九四九年一一月、本社を香港におき、アジア随意の評論家であり、西欧通である NORMAN SOONG を代表として〝アジア報道人によるアジアの報道、広報〟を社是として設立・発足いたしました」とある。

また社外の一般刊行物では、五三年にＵＮＥＳＣＯが発行した世界の通信社一覧に、ＰＡＮＡの設立年が四九年だと書かれている［UNESCO: 1953］。他には五〇年三月、『読売』に宋の台湾取材の写真が掲載された際、その肩書が「ＰＡＮＡ」になっているものがある［読売新聞：一九五〇、三月五日付夕刊］。ということは、やはり四九年、少なくとも朝鮮戦争よりは前からＰＡＮＡは組織されていたと言うことができる。

では周培敬の回顧は単なる記憶違いかと言えば、そうとも言えない。陳加昌が所有している香港でのＰＡＮＡの登記簿を見せてもらうと、その日付は一九五〇年九月二二日になっている。会社の名前は「PANA ENTERPRISES, LIMITED」（汎亜新聞企業有限公司）で、本社はイギリス領香港である。朝鮮戦争の勃発後ほどなくして宋が辞職したという周の記述とも矛盾はない。宋は中華人民共和国の建国後すぐにＰＡＮＡを組織したが、しばらくは中央社東京支局長と兼職していて、五〇年に正式にＰＡＮＡを登記して中央社を退職したということなのかもしれない。

ここでもう一つ気になるのは、本書の「はじめに」で述べたようにＰＡＮＡが「タイガーバーム」で大富豪となった胡文虎の支援の下」で設立されたという、同社で語り継がれてきた歴史である。胡文虎はビルマのヤンゴンで生まれた客家の華僑で、父親の跡を継いだ薬局「永安堂」で開発した軟膏「タイガーバーム」が大ヒットし巨万の富を築いた人物である。慈善事業に莫大な私財を投じた他、新聞事業にも積極的に乗り出している。発行した新聞は戦前から『仰光日報』（ヤンゴン）、『星州日報』（シンガポール）、『星華日報』（中国広東省）などがあり、また戦中・戦後も香港、上海、シンガポール、タイなどで中国紙や英字紙を次々と創刊した。ＰＡＮＡもこうした新聞事業の一環だったのだろうか。

陳加昌によれば、「それは胡文虎の息子の胡好が出資したんですよ。でもそれほど大きな金額ではありません。通信社をやるのはそんなにお金がかからないんです。しかも胡好はその後すぐに亡くなってしまいました」ということである。確かに登記簿には胡好と宋の名が出資者として記載されており、その割合は一対一になっている。胡文虎が直接行ったわけではないが、胡一族による出資があったのは事実であった。なお、胡好は五一年に飛行機事故に遭い、三二歳の若さで亡くなっている。ＰＡＮＡ設立当初は、胡文虎ファミリーの新聞社が契約することでＰＡＮＡの財政を支えていたが、胡好の死後それが難しくなっていった［陳インタヴュー］。

このようにして、戦後間もない激動の時期にＰＡＮＡは創設されたのだった。その目的は、「アジアのニュースを、アジアの視点から、アジア地域の新聞に提供すること」であった［UNESCO: 1953］。これが、「アジアの、アジア人による、アジアのための通信社」という社是として語り継がれてきたものである。ここではアジアの声を全世界に発信するのではなく、アジアの人びとに向けて必要な情報を提供することが主眼となっていることに注目したい。アジアの国々における情報不足を解消することこそ、宋たちの目指すところだったのだ。

また宋の妻は、大戦が終わり、宋が恩師マーティンに教えられたジャーナリズムを実践するのに自由な身分になったことをＰＡＮＡ設立の背景として言及している［Soong: 1984］。報道の自由を重視する宋にとっては、国民党の枠内での仕事から離れるのは時間の問題であっただろう。タイミングとしては、中華人民共和国建国と国民党政府の台湾移転が契機になって活動を開始し、朝鮮戦争の勃発でさらに本格化させたのだと見ることができる。小規模ながら、アジアで初めての国際通信社設立の試みであった。

有楽町・朝日新聞社ビル六階で

会社としてのＰＡＮＡは香港を登記地としていたが、同社が運営するニュースサービス「ＰＡＮＡニュース」はＧＨＱ占領下の東京が本拠地だった［UNESCO: 1953］。ＰＡＮＡが東京で事務所とした場所は、有楽町にあった朝日新聞社ビルの六階である。当時、アメリカの三大通信社のうち、APが「朝日」、UPが「毎日」、INSが「読売」の各本社内に支局を置いていた。さらに「朝日」のビルの六階には外国の報道機関の支局が並び、APの他にNANA通信、ニューヨーク・タイムズ、ロンドン・タイムズなどが置かれていて、「外電横丁」とも呼ばれていた。そこにPANAは新しくオフィスを構えたのである。この頃はまだ占領期なので、PANAは戦勝国のメディアとして何かと有利な立場にあった。例えば各種取材を日本のメディアが行う場合は手続きが必要な場合が多かったが、外国メディアならIDカードがあればどこでも行くことができた［富重・江越・籐村：一九九八］。

五一年の時点で、PANAの従業員はアジア全体で二三名おり、東京の他に三一の「支局」があったという。これはおそらくPANAのみに従事する組織ではなく、各地の新聞社のうちいくつかがPANAの仕事にも従事していたという意味だと考えられる。購読料は各国の経済状況に応じて決められた他、特定の都市では特派員に対して費用の「サポート」が行われていたことからもそれがうかがえる。まさに「ニュースペーパー・アライアンス」（新聞同盟）なのだ。「支局」は香港、マニラ、台北、カルカッタ、ニューデリー、シンガポール、ジャカルタ、ヤンゴン、バンコク、カラチ、ソウルにあった［UNESCO: 1953］。

ニュースは日本語、英語、中国語が扱われ、これに加えて写真が提供された。写真取材を重視していたことはPANAの特色である。東京ではAP、UP、INSなどは写真部門を持っていたものの、他の海外報道機関は「共同」から写真を購入するか、契約カメラマンを使っていた。その中でＰＡＮＡは大手通信社と競争できる陣容の写真部門を整備し、写真通信社としての性格を強めていったのである。

この頃、一五歳だった住吉正道は新聞の求人欄を見てＰＡＮＡの暗室マンに応募した。その時のことを次のように回想する。

写真が好きだったので、おもちゃみたいなカメラですけど、撮ってたんですよ。そしたらたまたま広告で通信社が暗室マンを募集してた。一九五二年、一五歳の時です。「朝日」のビルに行ったら、六階から下の階段まで応募者が並んでました。だいたい一〇〇人くらい来てたんじゃないですかね。その頃は就職難ですから。それで、何だか知らないけど受かっちゃった。そこからはもう懸命ですよね［住吉インタヴュー］。

このように、戦後日本で十分な企業活動が行われていない中で、多くの求職者が訪れたようである。住吉が働き始めた時期、宋はもちろん、近藤幹雄の姿もあった。だが近藤は住吉が入社してからすぐ朝鮮戦争の取材に派遣されたという。社長室などないので宋は身近にいたが、基本的にはいつも外出していて部屋にはいないことが多かった。住吉は現像だけでなく様々な仕事をこなした。日常の仕事については、こう語った。

通信社でも検閲があるんですよ。ＧＨＱに「これから写真持っていくから検閲してくれ」と電話して、自転車で写真を持っていくんです。すぐ近くですからね。最初は英語もしゃべれないんですけど、独学で勉強しました。「検閲してくれ」と言ってハンコを押してもらって帰ってくるわけです。ハンコをもらうと、外へ出せるんです。それを今度は複写して、他のアジアの国々に配信するんです。もちろん東南アジアからもニュースが入ってくるんですね。テレックスも全部あるんですよ。ニュースが入ってくると記事にして、まず最初に特約の「朝日」に配信します。その後少し時間を置いて二次特約で他の新聞社にも送るんです〔住吉インタヴュー〕。

外国通信社であるPANAもGHQの検閲を受けねばならなかった。だが住吉が働き始めてまもなくの五二年四月、サンフランシスコ講和条約が発効し日本占領は終了した。その後もPANAはアジア・ネットワークや外国通信社としての強みを生かして事業を継続する。

PANAがこの頃から行っていた仕事の中には、羽田空港での取材があった。PANAは羽田にカメラマンを常時配置し、飛行機で降り立つ海外からのVIPを撮影して各新聞に配信する事業を行っていたのである。当時、ターミナルビルを出て飛行機のタラップの所まで行って取材するには当局の腕章が必要だった。日本のメディアの記者やカメラマンは「東京写真記者協会」などの腕章をしており、その都度、空港の警備担当の航空局警務課に出頭して申請しなければ腕章を借りることができなかった。それに対して、PANAは外務省発行の「外国報道関係者」の腕章であったので、自由にタラップの近くまで行けた。様々なメディアや政府機関などが重要人物の写真を掲載したがっており、また航空会社も自社のPRのために写真撮影を望んでいた。ここに宋は目を付けたのである。

外務省発行の腕章が常に使える有利な体制を利用して要人の動静を取材し、写真に航空会社の名前を入れて英字紙に配信することを思いついた。写真は構図が大事で、カメラマンたちはVIP入国時の写真の背景に航空会社の名前が入った機体やタラップを入れることを忘れなかった。有名人の到着情報は事前に航空会社から東京支局に連絡があるので、それをもとにカメラマンは一日の仕事を把握する。

なお、この頃は羽田にPANAの事務所はない。国際線ロビーの真ん中の柱の陰に古ぼけた金庫が一つあり、その中にカメラや腕章や毛布を入れる。仕事が終わるとカメラマンは金庫に鍵をかけて有楽町の支局まで引き上げたが、泊まり必要があるときは人のいないロビーの長椅子で毛布にくるまって仮眠した。飛行機が好きでよく羽田に通っていた成城大学生の小秋元龍は、そんなPANAのカメラマンたちに興味を持ち、そのうちに親しく話すようにもなった。もともと、小秋元の父・隆一は戦中に中国特派員を務めた「朝日」の記者で、叔父の隆輝はニコンの技術者（後に社長）だったので、マスメディアやカメラの世界は身近であった。だが、数年後に自分もPANAのカメラマンとして同じ仕事をするとは思ってもみなかった［小秋元インタヴュー］。

小秋元は、PANAのカメラマンが「ストロボ」という発光装置を使っているのを目にして「かっこいい」と感じたという。この頃、日本のメディアは4×5インチのネガを使うアメリカ製の大型のスピードグラフィック（スピグラ）が主流だったが、撮影時に必要となるフラッシュバルブ（閃光電球）は一度使うとそれで終わりなので、毎回新しいバルブを付け直さなければならなかった。

一方、ＰＡＮＡではバルブを取り換える必要のないストロボと35㎜フィルムの小型カメラを使っていた。日本のメディアではスピグラ全盛の時代であるから、ＰＡＮＡはずいぶん目立ち、「なんだ、小型で仕事してんのか」と馬鹿にされることもあったという。だが宋は、「いまにこんな大型のプレス・カメラは姿を消す。これからは35㎜カメラとストロボの時代だ」と繰り返していた〔小秋元インタヴュー〕。その後、東京オリンピックを境にスピグラは使われなくなり、35㎜カメラが主流になっていった。機能性を重視し、新技術にいち早く目を付けた宋の見識が表れている。

他にＰＡＮＡの特色ある仕事としては、東京の各国大使館の取材があった。大使館では毎口のようにパーティーがあったので、報酬を得てその写真を撮りにいき、英字紙に配信するのである。大使館にとっては「日本でこれだけ仕事をしています」という広報活動だった。なおカメラマンたちにとっては食事にありつける機会でもあり、料理がおいしい大使館は人気だったようだ。これらの特色ある仕事を考案した宋についてＰＡＮＡの元スタッフたちは、「中国人独特の商売のセンスがありましたね」（住吉）、「この需要と供給の関係に着目したのがＰＡＮＡの社長の非凡なところです」（小秋元）と口々に賞賛している。

ＰＡＮＡの最盛期

五五年初頭、羽田空港では新ターミナルの建設が大詰めを迎えており、ＰＡＮＡも空港内に支局を新設する準備が進んでいた。東京支局での仕事は外国向けのニュース取材が主で、社会ネタから時事ネタ、スポーツまで、何でもやっていた。

この年のアジアでの大きなニュースは、四月にインドネシアのバンドンで開かれたアジア・アフリカ会議（バンドン会議）である。アジア・アフリカの国々による初めての国際会議で、日本を含む二九カ国が参加した。この会議では反帝国主義・反植民地主義の下に、民族独立や人種平等、世界平和などを謳う「平和一〇原則」が決議された。ＰＡＮＡ東京からもカメラマンがジャカルタ経由でバンドンまで派遣されている。日本の新聞社はカメラマンを特派する余裕はなく、多くが外国通信社頼りであったが、ＰＡＮＡは東南アジアからの特派員とともに精力的な取材を展開したのである。特約の新聞社には独占的に「ＰＡＮＡ特約電送」のクレジットを付けて配信した。

五月、羽田の新ターミナルが開業し、内外の民間航空会社が一斉に旧ターミナルから移転して活動を開始した。報道各社は新ターミナルの三階に支局を設置したが、「朝日」「共同」の部屋が使われるのは特定の取材の時だけで、常駐はＰＡＮＡと「毎日」だけだったようだ。ＰＡＮＡが羽田に支局をつくったのは、エアライン向けの事業を拡大し能率を上げる目的からである。この頃には国際線の便数も増え、日本航空が日本のフラッグ・キャリアとしてホノルル、サンフランシスコ、沖縄、香港などへの路線を運航したのが軌道に乗り始めていて、ＰＡＮＡへの発注も増えていた。他にも東京に乗り入れている全ての外国航空会社と契約を結んでいた。二四時間必ず誰かが駐在し、暗室も整備して暗室マンも有楽町から頻繁にやって来た。米軍払い下げの組み立てベッドも入って泊まり番用の仮眠施設も整うと、スタッフはそれまでのように有楽町から通うのではなく羽田に直接出勤する体制となった。

だが、「この頃が東京のＰＡＮＡの最盛期だったような気がします」と小秋元は言う。実際、これ以降ＰＡＮＡは経営的に苦しくなっていくのである。住吉も次のように回顧する。「終戦直後はまだ日本の新聞は海外にそんなに出られない。そのため情報をとるのは通信社しかない。「朝日」だったらＡＰかＰＡＮＡね。それがある時期までとんとん拍子にいったんだろうと思います。だけど日本の新聞社が支局を持ち始める。それで降下していったんでしょうね」。

事実、日本の新聞社は次第に自前の特派員を海外に置くようになっていった。そうすると通信社の需要が低下するのは避けられない。とりわけＰＡＮＡが強みとしていたアジア地域は、各新聞社が真先に支局を再開した場所であり、ＰＡＮＡに頼らずとも自前でニュースが収集できるようになっていったのである。一方で、アジアの新聞社を相手にした取引では収益はほとんど見込めなかった。

『アジア・マガジン』の創刊と離日

そんな中、宋は新たなビジネスを起ち上げた。一九六一年、ジャーナリストのエイドリアン・ゼッカとともに香港で『アジア・マガジン』（以下、『マガジン』）という雑誌を創刊するのである。ゼッカはタイム・ライフ社の特派員をしていた人物で、元はインドネシアの出身である。といっても彼の高祖父はオーストリア・ハンガリー二重君主国時代のボヘミア（チェコ）出身で、移住した先のオランダで兵士になりジャワ島のバタヴィア（現・ジャカルタ）にやってきていた。その娘が現地の華僑と結婚し、そこから三代目であるエイドリアンの父はマレーシア華僑の娘と結婚する。二三年に生まれたエイドリアンはこうした様々な文化が交じり合う生活環境で育ったのである。アメリカのコロンビア大学を卒業してタイム・ライフ社のジャカルタ通信員をした後、五六年から五八年まで販売部長として日本に滞在した〔山口：二〇一三〕。

欧米的な視点も持ち合わせながら国境の枠にとらわれずアジアの発展を考える二人は、すぐに意気投合したことだろう。ちなみにゼッカは後にアマン・リゾーツの創業者としてホテル業界に革命を起こし、世界にその名を知られている。

『マガジン』を見ると、編集者がノーマン・スーン、発行者がエイドリアン・ゼッカと書かれている。二〇ページほどのタブロイド判の週刊誌で、一般の書店では販売せず、日本の『ジャパン・タイムズ』他、アジア各国の一五の英字紙で日曜版に付録として挿入されていた。これらの新聞の部数を全部合わせれば七五万部を越え、他の雑誌の一〇倍の普及力があった。しかも読者は英語の読める各国の指導層・富裕層となるので、影響力も期待できた。イギリス領である香港を拠点としたのは、特定のアジアの国の都市にしない方がよいと考えたことと、利便性を考えてのことだという〔Zecha: 1962〕。同誌はアジア地域にまたがって刊行された初の定期刊行物となった。

ゼッカは創刊の理由を、「一九五〇年代にアジアの国はみんな独立を果たしましたが、お互いに隣の国のことは、ほとんど知らなかった。その頃は、みんな西洋の音楽や文学に興味がありましたから」と語っている〔山口：二〇一三〕。

厳しい地理や広大な地域が、長年にわたって考え方や感情の面で「アジア人」であることを妨げてきた。人々は「日本人」「インド人」「フィリピン人」などであり、自分を「アジア人」とは規定してこなかったのだ。教育を受けたタイ人はバッハの協奏曲やベートーベンの交響曲に親しんでいても、隣国ビルマの音楽はよく知らない。教養あるセイロン人はシェイクスピアを知っていても、インドのタゴールのことはほとんど聞いたことがない。洗練されたフィリピン人は最新ブロードウェイ演劇について語るが、日本の歌舞伎については全然親しみがない。音楽、文学、演劇の分野だけでなく、経済や文化、信教に至るまで人間の活動の全てにおいてお互いに知る必要があると『マガジン』の創設者たちは考えたのである［Zecha: 1962］。

アジア人同士の交流や友好は、宋が長らく重視してきたことである［宋：一九五二］。だが、分断された人々の認識を変えるのは容易ではない。ＰＡＮＡ東京でも、「アジアのための」という社是を掲げていながら、実際には日本以外のアジアの国々を見下すようなスタッフもいたという。まずは他のアジアの国々を知り、「アジア」という範疇を意識化し、自分が「アジア人」だという認識を持つことが重要だと宋やゼッカは考えたのだ。一つの国民国家の枠内で生きていない二人には、そうした世界がよく見えていたのだろう。

宋は『マガジン』を次のように表現した。「アジア人による、アジア人のための、アジアについての」雑誌である、と［Zecha: 1962］。これはＰＡＮＡの社是と同じである。宋はまた違った形でこの理念を実現させようとしたのであった。彼の目指したのはどこかの国が主導的役割を果たすのではなく、アジアの人々がお互いに協力して「アジア」を創り上げていくことであった。それは困難な道のりである。だが宋は、持ち前のアイディアと先見性で新たに挑戦をした。

創刊後まもなく、宋はＰＡＮＡから身を引くことを考えた。そして六二年、かつてＰＡＮＡで働いていたこともあるカメラマンの近藤幹雄に東京のＰＡＮＡを任せたいと申し出るのだった。突然打診された近藤は驚いたが、迷った末に引き受けることを決意した。こうして宋は、一七年の間拠点とした東京を後にしたのである。

四五年に占領軍とともにやってきたときには、まさか日本滞在がこのように長期に及ぶとは思ってもみなかっただろう。この戦勝国の戦場記者は、敗戦直後の日本に様々な痕跡を残して香港へと戻っていった。

引き継がれたＰＡＮＡ東京は外国通信社としての強みが薄れ、経営的には相変わらず厳しかった。だが、近藤はＰＡＮＡを再建しようと若い仲間たちとともに奮闘する。カメラマンとしてバンコクを取材したいという風変わりな若者が現れ、彼が行うヴェトナム報道で同社が注目されるのは、もう間もなくのことである。

第五章　シンガポールのPANA通信社

——日星の架け橋へ　東南アジア総局長・陳加昌

二〇〇九年一二月　シンガポール

コンドミニアム一八階の窓からは、南国の暖かな光に照らされた水色の海が見えた。見渡す限りの水平線が美しく、何艘もの帆船が浮かんでいる。これらの船は全て海外と行き来しているのだ。この国に住んでいたら、自分のいる場所が世界とつながっていることをもっと肌で感じることができるだろう。陳が追加の資料を自分の部屋に取りに行ってくれている間、私は外を見ながらそんなことを考えていた。真冬の日本からは正反対の気候でゆっくり流れる時間に身を任せ、異国でのインタヴューという緊張もすっかり和らいでいた。

シンガポール人ジャーナリストの陳加昌は、激動の現代アジア史を目撃してきた証人である。日本占領下の昭南島で少年時代を過ごし、戦後日本やヴェトナム戦争を早くから取材、東南アジア各国の要人にも幅広い人脈を持っている。七〇年代以降はシンガポールで日本語メディアを経営し、日本とシンガポールの関係構築に多大な貢献をしてきた。その時期にシンガポールにやってきた日本の商社駐在員や特派員の多くが彼の世話になっている。

そして私にとっては何よりも、ＰＡＮＡの歴史を探るための案内人でもあった。彼は同じ華人である宋徳和とは宋の晩年まで親しく、また日本の事情にも通じていることから近藤幹雄や岡村昭彦の良き相談相手だった。

ＰＡＮＡの成り立ちについて、陳は次のように語った。

ノーマン・スーンさんという方はもともと中央通信の戦地記者だったんです。沖縄とか硫黄島とかを取材したね。それから初代の東京支局長になったんです。蔣介石が負けて中国から台湾に行ったとき、中央通信の海外での運営も小さくなりました。そうすると彼は中国に戻るチャンスがなくなり、一九四九年に同じ蔣介石系の香港の新聞記者と、アジア人のアジアの新聞を創ろうとしたんです。それでフィリピン人もインド人も入らないといけないということで声をかけていきました。理想的なものですから。みんな別々の会社から東京特派員として来ていた人たちです。

アジア各国のジャーナリストが共同して通信社を起ち上げることができたのは、敗戦国日本という磁場が彼らを結び付けたことが背景にあったのである。

こうして陳から聞いた話をもとに、私の調査はさらに広がっていった。

本章の目的は、陳のライフヒストリーを軸にＰＡＮＡの歴史を辿っていくことである。それによって、これまでバラバラの点だったものが繫がって見える部分もある。それからもう一つの目的は、シンガポールPANA——それはすなわち陳の個人的特性によるところが大きい——の日星関係における位置を示すことである。日本とシンガポールの結びつきは、現在では経済上のものばかりが注目されがちである。しかしその背景には、戦争と占領という重苦しい過去が存在する。そうした歴史を経て両国が築き上げてきた関係史の中で、PANAはいくつかの役割を果たしているのである。それは、宋徳和がつくり上げたPANAの一つの帰結であり、「アジアの、アジア人による、アジアのための通信社」という理念がもたらした果実であると言える。

広々としたリビングで中国茶をいただきながら、陳の口から語られるアジアの激動の歴史を聞いた。四〇年代のシンガポールや六〇年代のヴェトナムの情景が、しばしば私の目の前に現れては消えた。

生い立ち

陳加昌（Chin Kah Chong）は一九三一年一〇月五日、父・陳雪階と母・李炳嬌の間にシンガポールで生まれた。客家の家系で、もとは広東省の梅県の出である。陳雪階が新天地を求めてシンガポールにやってきた一九世紀後半から二〇世紀にかけては、中国移民最大のうねりの時代だった。人口増加や政治的混乱を背景に国外への出国者が後を絶たず、イギリスによって開港させられていた沿岸部の町から東南アジアや太平洋諸島、さらにはアフリカへまで多くの中国人が送り出され、植民地経営のための重要な労働力となったのである。「中国人を世界中にばらまいたのは、ほかでもない大英帝国そのもの」であると言われるゆえんである［パン：一九九五］。もともと父を亡くしていた陳雪階は、母が病死した後に親戚のいたシンガポールへ渡り、靴屋で働き始めた。プロテスタントの一派である真イエス教会の信徒であった彼は、シンガポールに同教会を設立した初期のメンバーでもある。

シンガポールは、一八一九年にトーマス・スタンフォード・ラッフルズによってイギリスの交易植民地とされた。イギリス東インド会社の職員で、スマトラ島のイギリス植民地ベンクーレンの準知事でもあったラッフルズは、当時一二〇人ほどのマレー漁民と三〇人ほどの中国系農民しか住んでいなかったこの地を格好の港として発見すると、オランダなどの反対を押しのけてシンガポール島南東の一部をイギリス東インド会社の領土、すなわちイギリスの植民地にしたのだった。二四年にはシンガポール全島を植民地に、さらに二六年にはマラッカ海峡に面した北部のペナン、中部のマラッカ、そして南部のシンガポールの三つの港町を合体して「海峡植民地」としている。

植民地化後、マレー人やインド人などの移民が押し寄せたが、そのうち最大の移民集団となったのが中国人である。中国人はクーリー（苦力）と呼ばれる肉体労働者の他、人力車夫、飲食店・商店の経営などあらゆる仕事に就いた。時代を経るにつれて小規模の会社を営む者も登場し、ゴム産業や貿易業、銀行業で財を成した華人もいる。

靴屋で働いていた陳加昌の父もお金を貯めて独立し、その後現地で出会った華人女性と結婚して五男六女をもうけた。陳は二男である。父は息子たちの名前の最初の漢字に「新加坡（シンガポール）国戦」と順番にあてた。長男が新昌、次男が加昌、三男が坡昌、四男が国昌、五男が戦昌、といったようにである。海外在留華人の家庭に多く見られるように、どんなに貧しくても子どもたちの教育を第一に扱った。

イギリス植民地下のシンガポールには日本人もやってきていて、一八七〇年代からは日本の貧しい東北や九州の農村・漁村から若い女性が売春婦として出稼ぎにきていたことがよく知られている。「からゆきさん」と呼ばれた彼女たちは、アジアから単身で出稼ぎに来る男性労働者相手の買春産業に従事し、故郷に仕送りをしていた。さらに彼女たちに続いて、日本製の雑貨を景品にゲームをさせる香具師や、雑貨販売をする日本人なども次々とやって来るようになった［西岡：一九九七］。

日本人居住者や日本船の来航が増えると、一八八九年に日本総領事館が開設され、九二年には初の法人商社として三井物産が進出、その後、商店や貿易商、医師、旅館、理髪店なども増加し、農民や漁民も暮らすようになる。日清戦争・日露戦争に勝利した日本は勢いに乗って南方進出を加速させたため、シンガポール在住邦人は増え続け、日本人会や日本語新聞が現地に設立されるほどになった。陳加昌が生まれた一九三一年頃には、三〇〇〇から四〇〇〇人ほどの日本人がシンガポールに居住していた［シンガポール日本人会：一九七八］。ちなみに当時のシンガポール全体の人口は五六万人ほどで、そのうち七割以上が華人である［パン編：二〇一二］。

陳が初めて「ニホン人」というものを意識したのは、八歳の誕生日を控えた一九三九年のことであった。この頃、家の向かいに「ノブちゃん」という女の子がいる日本人一家が住んでおり、この少女は陳と同じ日に同じ産院で生まれたため、幼いころから兄妹のように仲良くしていた。彼女の国籍など意識したこともなかったが、彼女がある日突然「あたいはニホン人よ！」と宣言したのである。それがどういう経緯であったかは今となっては覚えていないものの、ともかくその時初めて「ニホン人」というものを認識したのであった〔陳：一九七六ａ〕。

少年であった陳はあまり意識していなかったが、しかしシンガポールではそれ以前から排日運動が巻き起こっていた。一九一五年に日本が中国に対して二一か条の要求を突き付けて以降、日本商品ボイコット運動が組織されていたのである。もともと、シンガポールにやってきた移民たちは出稼ぎのための一時滞在と考えていたため同地に対する政治的関心は薄く、むしろ本国への帰属意識が強かった。だからこそ母国で大きな政治的出来事が起こると大いに関心を示したのであり、これはとりわけ華人に顕著であった〔岩崎：二〇一三〕。日中戦争が始まるとボイコット運動は最高潮に達し、日本人経営の商店、医師、理髪店を利用することを拒否した他、日本商品を売る店に客が入るのを阻止したりもした。

四〇年代に入り、日中戦争はますます激化する。中国の黄埔軍官学校で教育を受けて大尉に昇進していた陳の従兄弟も忽然と行方をくらませたという。こうしたところを見ても、シンガポール華人にとって中国がまさに自分たちと地続きの存在であることが分かる。学校でも日本人を「東洋鬼」と呼ぶ宣伝キャンペーンが繰り広げられ、この時期になると騒然とした空気を陳も感じるようになっていた。華僑団体や中国総領事館、中華総商会（日本の商工会議所に相当）などで反日宣言がなされ、学校でも先生は生徒に日本軍の非人道的な暴力行為を説いていた。

小学五年生になった陳は、同級生に誘われてある日本の宗教施設の攻撃を指揮したことがある。少年たちはこの社屋の窓ガラスに石を投げて片っ端から破壊し、「打倒日本、殺漢奸（日本を倒し、敵に協力するものは殺す）」と張り紙をして意気揚々と引き上げた。一躍仲間たちの間でヒーローになったが、心がひどく沈んだのを覚えているという［陳：一九七六ａ］。

さらに日本軍はここシンガポールにも近づいていた。四一年一二月八日、アジア太平洋戦争の開戦である。戦争は日本海軍が真珠湾を奇襲攻撃してまずアメリカとの間で始まったと思われがちだが、実際には一時間早く、陸軍がマレー半島東岸に上陸し日英が開戦していた。「難攻不落」という宣伝とは裏腹にイギリスはドイツとの戦争に手一杯だったため、武器も戦艦も兵士もアジアに割く余裕はほとんどなかった［リー：一九九六、山本：二〇一六］。そのため日本軍はイギリス軍の迎撃を打ち破ってマレー半島を迅速に南下し、翌四二年一月末にはマレー半島南端のジョホールバルに達するほどの勢いを見せた。

日本軍がジョホール海峡を渡り、シンガポール島へ上陸を開始したのは二月八日夜のことである。この場所の守備に当たっていたオーストラリア軍は激しい攻撃を加えたが、日本軍が圧倒し、戦いはわずか一週間後の二月一五日に終結した。シンガポールは陥落し、およそ一二〇年に渡るイギリスのマラヤ・シンガポール植民地支配は終わりを迎えた。

昭南日本学園

陳が初めて日本軍を見たのは、イギリスが降伏する前日の二月一四日だった。街ではいろいろな噂が流れたが、ほとんどは日本人が「東洋鬼」であることを裏付けるようなものだった。この日はちょうど中国の旧正月の大晦日に当たる日だったため、多くの華人が当日のことを記憶している。

ご馳走を準備していた陳家の前にも日本軍の戦車三台がやってきて、三時間ほど停車した。父はその直前に機転をきかせ、「昨夕除西寇、今晨迎東皇（昨夕に西の侵略者を追い出し、今朝は東の皇帝を迎えます）」と書いて門前に掛けておいた。この時、陳の家には父の友人一〇〇名近くが避難してきており、またそのことは近隣の日本人のよく知られていたため、一家全員が日本軍に殺されるのではないかと恐れたのである。幸い、陳が住んでいた地域では何事も起こらず平静であった。ただ自転車に乗った日本兵もやって来ては鶏や酒など正月のご馳走を奪っていき、正月のご馳走はあっという間になくなってしまった。日本兵は醬油が入っていたヘネシーの瓶も酒と勘違いして持っていったという［陳：一九七六a、時事通信社シンガポール支局：二〇〇三］。

陳らは無事切り抜けることができたが、殺される危険があったのは事実である。実際にシンガポール攻略の際に住民が殺された例は数多くあり、例えば島の中央部にあるブキテマでは防空壕に避難していた一家三十数人が殺害されている。他にも、当時九歳だった華人は家族三二人を目の前で殺され、死んだふりをして何とか生き延びた［許・蔡編：一九八六、中国新聞『亜細亜からアジア』取材班：一九九三］。これらはおびただしい犠牲家族のうちの二事例に過ぎず、シンガポール陥落時の記録を読めば同様の事例は次々に見つけられる。また一家全員が殺害された多くの家庭には、証言をする生存者もいない。

最も大規模なものは、占領直後に行った「華僑粛清」である。二月一九日、日本軍は一八〜五〇歳の華僑男性全員に、数日分の飲食料を持参して市内数か所に設けられた検問所に出頭するよう告示を出した。日本軍としては華人が最も激しく抗日運動をしているという認識があり、協力しない者を処罰するために検証をするという位置づけだった。指揮をした河村参郎少将には、元義勇軍兵士や共産主義者、略奪者、武器所持者、その他治安を乱す恐れのある者等を選別し処刑することが命じられた。

告示には「右に違反する者は厳重に処罰さるべし」との注意書きも付けられており［大西：一九七七］、後ろめたいところがなければ素直に応じた方が処罰を免れると考えた者もいただろう。だが三日間で約七〇万人の華人が出頭すると、日本軍はいい加減な選別により容疑をかけて彼らをすぐさまトラックで連行した。そして東海岸やセントーサ島で処刑したのである。犠牲者数は、日本側では五〇〇〇人、シンガポールでは五万人と主張されている。この事件は日本占領時代を象徴する忌むべき記憶として戦後も日星関係に影を落としている。

また、日本軍は華人住民が持っていた金にも注目した。自発的な寄付金と言いながら献金を強制し、日本主導で創設した華僑協会などをその徴収にあたらせたのである。目標金額は五〇〇〇万海峡ドルとされ、これはイギリス政府がシンガポール・マラヤで発行した額の四分の一程度に当たる途方もない金額であった。住民は家財道具などを売り払って何とか自分に割り振られた金額を献金したものの、期日までに集めることができたのは二九〇〇海峡ドルで、残りは日本の横浜正金銀行からの借入金で賄うことになった。この強制献金もシンガポールの華人にとっては忘れられない歴史である。

占領後、日本はシンガポール島を「昭南島」に、シンガポール市を「昭南特別市」に改名した。一週間後には『昭南新聞』という邦字紙が刊行された他、それまで使われていた海峡ドルに替わる大日本帝国政庁発行のドル札を発行する。また住民は占領後すぐに各世帯の居住者を登録させられ、ブロックごとに分けた相互監視組織「隣組」の監視下に置かれた。反日的だとみなされれば憲兵隊に投獄、拷問をされ、恐怖の中で監視される生活を余儀なくされた。

日本は他のアジア諸国で行ったのと同じように、シンガポールでも皇民化教育を実施している。そしてこのような教育の一翼を担ったのが、一九四二年五月一日にクイーン・ストリートのメソジスト女学校を接収して開校した昭南日本学園であった。設立主体は第二五軍の総務部宣伝班である。これはナチス・ドイツの「宣伝中隊（P《ペー》・K《カー》）」を模したもので、従来の宣撫・報道班よりも総合的な文化戦を行う目的で戦中に編成されたものだった。参謀本部第八課は宣伝班として作家、評論家、画家などの文化人を徴用し南方占領地へ派遣し、フィリピンに三木清、ジャワに大宅壮一、ビルマに清水幾太郎、高見順、マラヤに神保光太郎、井伏鱒二、中島健蔵らが送り込まれている［町田：一九六七、鈴木・横山編：一九八四、多仁：二〇〇〇］。

この中から詩人の神保光太郎が昭南日本学園の校長に就いた。これ以前から二人の教員が日本語を教えていた「昭南日語学園」を神保が校長として引き継いだのであるが、この時に学園名も「昭南日本学園」に改名した。これは神保が、「私たちは現地住民に日本語を教えるのであるが、単に語学を教授するのではなくして、日本語を通じて、日本を教えたかったのである」からだ［神保：一九四三］。

まもなく、陳の兄一人と姉二人が第一期生として入園することになった。父は一一歳だった陳も通うべきだと主張したが、学校が閉鎖され自由を満喫していた陳は当初通学を拒否していた。しかし結局は父に説得され、入園を決意する。父は「外国語を学ぶことは、たとえそれが敵国語でもいいことだ。それに永遠の敵などというものはいない」と語った。この言葉は今も陳の心に印象強く残っている。

その後、一一歳では対象年齢に満たなかったため入園を断られたが、陳はやると決めたら何が何でも入らないと気が済まなかった。姉二人が神保を説得し、ようやく入園が認められた［陳：一九七六ａ］。

一期生は三二〇人ほどで、一一歳から五二歳の住民が学んでいた。神保の著書によれば華人、インド人、マレー人に各一人ずつ一一歳の者がいたというから、このうちの華人が陳だったということだ。授業は約二時間で、当初は朝のみだったものが朝・夜の二部、さらに朝・午後・夜の三部授業へと変遷した。それぞれ三カ月のコースで、授業料は無料である［神保：一九四三、宮脇：一九九三］。入園希望者が殺到したが、これは日本語を学んでよい職に就きたいという動機の他に、日本兵とのトラブルに対処する目的もあった。日本兵の多くは意思疎通ができないと暴力を振るったり怒鳴ったりしたため、日本語を話すことで衝突や誤解を避けようとしたのだ［リー：一九九六］。

さて最年少で入園した陳だが、学び始めてみると若い自分には有利なことを実感した。学園の授業は「愛国行進曲」や「海行かば」といった軍歌や勅語の丸暗記が中心だったためすぐに覚えてしまったし、簡単な日本語会話ならたばこ売りの仕事で臆することなく日本兵相手に復習できた［陳：一九七六ａ］。

ちなみに陳は学園の一階にあった「さくら」のクラスに入ったが、二階の「ふじ」のクラスでは

「活発で強いリーダーシップを持った」青年が日本語を学んでいた。それは後にシンガポールの初代首相になる若き日のリー・クアンユーであった［時事通信社：二〇〇三、八月一八日付］。

日本占領下の生活

四二年一一月、昭南日本学園はマレー全体を統括する軍政監部に管轄・運営が移り、名前も軍政監部国語学校へと変わった。同学校は初等科、中等科、高等科の三課程で、こちらも三カ月のコースである［鈴木・横山編：一九八四］。

陳は軍政監部国語学校にも入学し、引き続き日本語を学した。当時、日本語会話を習得したものにはバッジが与えられ、さらに成績優秀者には「特」のバッジが支給されたのだが、陳はこのバッジをつけていたおかげでいろいろな機会を得ることができたという。電車での移動中に将兵たちから一等車に招かれたり、兵士との交流のきっかけになったりした。

しかし軍政監部国語学校で高等科まで学び終えてしまうと、これ以上程度の高い日本語学校は日本語教師用の学校以外は設けられていなかった。まだ一二歳だったため働きに出たとしても給仕の仕事しかなく、思案した挙句、カトリック教会学校でまた日本語を学ぶことにした。当時、英語の初等教育学校はすでに日本語学校に改変させられていた［リー：一九九六、多仁：二〇〇〇］。

ただそうした学校は急ごしらえで日本語教師を育成せねばならず、多くは「正統」とされた昭南日本学園や軍政監部国語学校の卒業生ではなかった。そのため陳の方が日本語能力は上だったのである。ある日、日本人の視学官が参観に来た際に、陳は教師の日本語の間違いを指摘してしまった。

陳は視学官から褒められ、帰りに一緒に電車で帰ったのだが、教師からは次の日に「生徒が教師の誤りを正すべきではない」といって、当時日本軍の影響で流行していた平手打ちを受けた。陳はこの時の自分の「天真爛漫」さを苦笑しつつ思い出している〔陳：一九七六b〕。

さて占領開始から数カ月の混乱を経て、基本的な生活環境は回復していた。家庭には電気や水が届き、店や住民の仕事も再開される。陳も後にパヤレバー空港が出来るあたりの土地でタピオカや野菜を栽培し、その一部を日本軍と米に交換していたりしたので、食料には困らなかった。陳自身はこの時期に苦労をしたという認識はないようだ。ただし「父の方はどう考えていたか分かりません。苦しかったかもしれない」とも言う。

確かに大人の方が状況をより切実に感じていたかもしれない。実際、日本占領期には華人に対して厳しい扱いがなされており、日本は華人を抑圧する一方でマレー人やインド人を優遇するなど、民族ごとに異なる政策を行っていた。マレー人は日本の統治を補助する下級役人や警察官などに登用され、インド人はインド本国をイギリスから解放するとしてインド国民軍に編入された。これらはアジアを自らの手中に収めるためであり、「アジアの解放」という大義名分をよそに、日本は帝国の領土としてシンガポールを支配したのだった。

中には市の厚生課長だった篠崎護のように、自分の地位を利用して多くの住民を助けたことで賞賛されている人物もいる。彼は華僑粛清事件の際も「保護証」という安全通行証を大量に発給して多くの華僑の命を救ったので、「日本のシンドラー」と呼ばれることもある。その後の占領期間中も住民が日本軍とトラブルに巻き込まれないように助言を与えたり、食料・衣料品を提供したりした。戦前に篠崎はスパイ容疑でイギリス軍に逮捕され獄中で非人道的な扱いを受けた経験があり、憲兵隊のシンガポール住民に対する態度を見て、住民に協力すべきだと考えたのだという［リー：一九九六、Shinozaki: 1975、篠崎：一九七六］。なお、ずっと後に陳はこの篠崎と関わることになる。

「朕オモウニ…」

カトリック教会学校を卒業後、また陳は進路を考えねばならなかった。小学校を優等で卒業した者は海軍少年航空訓練学校へ入学することができたが、宿舎に住まなくてはならないことや、実際に戦闘で戦うことを避けたかったためこれは選択しなかった。家の近くには軍政監部が現地官僚育成のために設置した「興亜訓練所」があったが、こちらも青年向けであり一三歳の陳に入学は無理であった。そして結局、姉が働いていた南方第一測量隊岡第一〇四一四部隊に紹介され、そこの測量学校で学ぶことになったのである。「岡」とは南方軍の指揮下にあった第七方面軍の通称名である［秦編：一九九一］。

測量学校はタンジョン・パガーのカントンメント・ロードにある赤いビルの中にあり、ここで一三歳から六〇歳までの華人、マレー人、インド人など約四〇名の生徒が製図や測量、日本語を学んでいた。この測量学校で机を並べて学んだ仲間には、後にシンガポール国務次官となる馮世保もいる。学校の隣には水上憲兵隊本部があり、そこで日夜行われていた拷問の様子も手に取るように分かった。陳は同じ皇軍にありながら測量隊と憲兵隊ではこうも違うのかと知り、「軍服を見ただけで、それを着用している人間を判断してはならない」と感じたのもこの頃である［陳：一九七六b、時事通信社：二〇〇三、八月一八日付」。

測量学校で記憶に残るのは宮城遥拝だ。日本や日本が「大東亜共栄圏」としたアジアの国々では皇居の方角へ向けた礼拝が強制されており、キリスト教徒やイスラム教徒も含めこれを行わなければならなかった。昭南島では四二年一〇月頃から全ての学校で毎日授業前に行うよう命じられている［許・蔡編：一九八六］。

測量学校では毎月八日の大詔奉戴日に全員が広場に集合して宮城遥拝し、部隊長の校長が読み上げる詔書を聞くことになっていたのだが、毎月この日は陳にとって困った日だった。というのは、詔書の中で「朕オモウニ…」という箇所が自分の名前と同じ「チン」なので思わず笑ってしまうのである。そしてそのたびに、教室に帰ると佐光教官から不謹慎だとして往復ビンタを食らうのだった。このことは毎月起こった。校長が読み上げる「神聖不可侵」な天皇の言葉も、一三歳の陳にはその意味を十分に理解できなかったのだ［PANAタイムズ：一九八六、四月二九日付］。日本は言語や習慣によって占領地の住民に日本精神を教え込もうとしたわけだが、相当レヴェルの日本語を習得した陳のケースだけを見ても、日本精神なるものは全く浸透していなかったのだと言える。

四四年、日本は連合国との戦いですでに苦しい状況に立たされていた。七月にはインパール作戦が陸軍とインド国民軍に多大な死者を出して中止になり、太平洋でもサイパンの部隊が全滅した。一一月五日にはB29約五〇機が中国から飛来し、昭南島への初空襲がなされている。日本兵らが焦燥していく様子は陳の目にも映った。その頃の様子を次のように語る。

だんだん、日本軍が劣勢になって行くのは感じました。農村の上空で、日本の軍機と連合国の軍機が戦闘するんです。高射砲も下から。空襲警報が鳴って。私たちがいるのは田舎ですから、木の下から見ててね。父は怒って、「あぶないから早く防空壕に来なさい！」って言うんですけど。私はまだ子供ですからね［陳インタヴュー］。

その頃、陳は学校からこっそり持ち帰った測量用紙で手のひら大の日記帳をつくった。その日記は「昭和十九年十一月十八日正午　空襲」という記録で始まり、日本占領末期の様子が中国語と日本語で綴られている。日々の空襲警報と解除の時間がメモされている他、「炸弾多」、「空戦」といった言葉が当時の状況を伝えている。

四五年三月には昭南島の石油施設が爆撃され、日本への郵便も止まった。昭南市当局は、防衛施設の建設に利用可能な市民は全て動員するよう命令を受け、地元の学校や民家は可能な限り利用されることになったが［フライ：二〇〇二］、こうした努力をよそに、日本本土では広島と長崎に原爆が投下され、その他の都市も空襲によって焦土と化す。日本はこれ以上の戦いを不可能だと判断し、八月九日の御前会議で降伏を決定した。

陳が学校で日本降伏の話を聞いたのは八月一八日のことである。約四〇人の生徒に佐光教官は「敗戦ではなく、終戦」だと述べた。いつもビンタをされていた陳だが、不思議と恨みがましい感情を持ったことはなかった。佐光はビンタをした日は、後からバナナや菓子を必ずくれるのであった。乱暴ではあったが、スキンシップの変形といった側面があったような気が今ではしている。実際、

「終戦」になり急に精気を欠いた佐光と別れる際に、陳は大切にしていたパイロットの万年筆を記念品として贈ったほどだった［陳：一九七六b］。

陳が測量用紙につけた日記の最後のページは八月一八日の次のような言葉で終わっている。「昭二〇年八月一八日（土）　佐光先生説　終戦不是敗　同学　サヨウナラ　かなし」。三年八カ月にわたる日本の占領が終わり、「昭南島」は再び「シンガポール」へと戻った。

新聞記者になる

九月五日にイギリスが上陸した時、家々では一斉にイギリス国旗を掲げ、イギリス人がやってくると喝采や歓呼で出迎えた［岩崎：一九九六、リー：一九九六］。これは、インドネシアやヴェトナムですぐさま独立宣言がなされ、支配を復活させようとするオランダやフランスに闘争が開始されたのと対照的である。

イギリス側は日本降伏後の権力の空白にシンガポールやマラヤでも独立への動きが起こるのではないかと警戒していたが、終戦時に同地で最大の勢力を持っていたマラヤ共産党は動きを起こさなかった。これは、党書記長のライテクがイギリスのスパイだったことや、華人やインド人がマラヤではなく中国やインドに帰属意識を持っていたためと言われている［木畑：一九九五、原：二〇〇二］。反植民地意識を持っていたのは共産主義者や英語教育を受けた一部のエリートだけで、一般大衆はシンガポールで金を稼いでまた本国へ送金できるという喜びの方が大きかった。このあたりが、ヴェトナムやインドネシアと異なるところである。

しかし再びこの地を支配することになったイギリスは、その統治形態を変更した。戦前期にこのあたりは、マラッカ、ペナン、シンガポールで形成された「海峡植民地」と、マレー半島の「連合マレー州」(Federated Malay States)、「非連合マレー州」(Unfederated Malay States)とに分割されていたのに対し、四六年四月にはマレー半島本土、マラッカ、ペナンを合体させた「マラヤ連合」(Malayan Union)と、シンガポールとに分割され、後者を単独の直轄植民地にしたのである。シンガポールだけを切り離したのは、イギリスがシンガポールの軍事的経済的価値を重視したことや、マレー人たちが華人の政治経済力を懸念したことなどが背景にある［田村：二〇〇〇、岩崎：二〇一三］。マラヤ連合は四八年二月にマレー人をより優遇した「マラヤ連邦」(Federation of Malaya)になるが、シンガポールはそのまま切り離された形で変わらなかった。

また、かつての占領者である日本人の扱いについても見ておく必要があるだろう。イギリスがマレー半島や香港、ビルマなど、自身の支配地で行った戦犯裁判のうち、被告数が最も多かったのは四六四名のシンガポールである。捕虜や現地人に対する犯罪が裁かれ、華僑粛清の裁判では中心となった二名が絞首刑となった［林：一九九八、林：二〇〇五］。現地の一般住民の間でも日本への恨みは強く、日本兵を見ると顔に唾を吐きかけたり、罵ったりする者が少なくなかった［リー：一九九六］。日本人に対してはこのような状況であったのだ。

終戦時に一四歳だった陳はその後、学校教育を終え、一九五〇年にシンガポールの華字紙『中興日報』に記者として就職した。ジャーナリズムの道を選んだ理由を次のように語る。

戦争が終わって、当時、学校を出ても教員か会社の秘書になるくらいしか就職先はありませんでした。でも政治に関心があった私は教員や秘書になることには興味はありませんでした。それで、新聞記者になろうと思ったんです。心配した母が親戚に「この子が新聞記者になりたいっていうんだけど、どう思う?」と相談したところ、その親戚は実は昔、私の父に「加昌君は立派な新聞記者になるよ」と言ったことがあったそうです。その頃から私は学校で壁新聞とかつくってたんですよ［陳インタヴュー］。

戦後の職業選択が限られた状況の中で、興味のあった政治に関わることのできる仕事として新聞記者を選んだのだ。ただし他に陳が書いたものを見ると、測量学校での緻密な測量作業が客観的に物事を見る重要性を認識させたことや、中学生の時に新聞で見た映画女優のインタヴュー記事が記者という職業に興味を持たせたことも理由として挙げている［陳：一九七六b、PARTI：二〇〇二］。いずれにせよ、職業選択の背景は複合的なものであろう。このようにして陳は、ジャーナリストとしての第一歩を踏み出したのである。

当時、シンガポールの華字紙には共産党系、商業系、国民党系があり、中興日報は国民党系であった。同紙での仕事について陳は、「読者はあまりいないから編集部も少ない。政治も経済も社会も全部担当して、非常に勉強になりました。なんせ激動の時代ですからね」と回顧する。五〇年代のまさに国家が打ち立てられようとしている時代に、その最前線を取材するのは確かに刺激的なことであろう。

この頃、シンガポールにいた日本人は残留を希望した四〇名ほどを除いて日本に引揚げていた。

さらに数年は、新たな居住はもちろん、入国さえ許されなかった。初めて日本人が同地を訪れたのは、サンフランシスコ講和会議の七カ月ほど前、五一年一月末のことである。

連合国最高司令部（SCAP）の許可を受けた船「信用丸」がそれで、昭南特別市の厚生課長を務めていた篠崎護がボーキサイト鉱石の貿易の為に東洋汽船からチャーターしたものだった。篠崎は船内に留まったままで上陸は許可されなかったが、連日一〇〇名を超すシンガポール華人たちが船上に篠崎を訪ねたという。地元紙などでも、篠崎が戦中に住民を助けた記事が取り上げられ、大きな話題となった［陳：一九七七、シンガポール日本人会：一九七八］。

同年九月にはサンフランシスコ会議条約が結ばれ、翌年に日本とイギリスの国交が正常化している。イギリスの植民地であるシンガポールもそれに応じて日本との関係を回復したことになる。なおこの時、イギリスは日本に対する賠償請求権を放棄しているので、同じくシンガポールの請求権も法的には存在しない。アメリカは日本を反共の防波堤にする政策をとり、賠償負担で経済的困難に陥ることのないように画策した。そして主要連合国に対日賠償の請求を放棄するよう説得し、イギリスとその植民地はアメリカの方針を受け入れたのである［永野・近藤：一九九九］。しかしこの時に抑圧されたシンガポール住民の感情は、六〇年代に噴出することになる。

国交正常化を経て五二年九月一七日、戦前に横浜正金銀行の北支総支配人を務めた二宮謙が初のシンガポール駐在日本総領事として任命された。だが一〇月一八日に館員三人とともに空港に到着した際、彼らは三六時間たっても放っておかれ、外交官としての待遇を与えられなかった。シンガポール発のロイター電は二宮が次のように語るのを伝えている。「私はいつ正式にシンガポール政庁から認めてもらえるのか分からない。一八日カラン飛行場に着いた時も政府の役人が迎えに来ていないので驚いた」〔朝日新聞：一九五二、一〇月二一日付〕。日本に対するシンガポールの姿勢がどれほどのものであったかがよく示されていよう。

それでも二宮は、困難を承知でこの任務に取り組み、両国の新しい関係確立に尽力したことで現地の日本人に慕われている〔シンガポール日本人会：一九七八〕。駆け出しの新聞記者だった陳も二宮とよく話す機会を持った。陳は後に「私はこの二宮氏の豊かな人間性に魅了され、心から敬愛の念を深めた。戦争中の昭南特別市厚生課長篠崎氏と二宮氏は、私の半生を通して尊敬する人物であり、このお二方ほどシンガポールと日本の友好関係維持において公私にわたる貢献を残した日本人はいないと私は信じる」と述べている〔陳：一九七七〕。

陳が日本を訪れた初のシンガポール人記者となったのも、この二宮の招待によるものなのである。一九五四年のことであった。この年の四月に大阪で第一回の国際見本市が開かれ、陳は中興日報の特派員として戦後復興を遂げつつある日本を取材して回ったのだった〔陳：一九八四〕。

予算が厳しかったため行きは飛行機で帰りは船だったが、それでも日本滞在中は全国をまわり、三カ月にわたって北海道から九州までを縦断した。大阪では四人の学生に囲まれ、「似顔絵を書かせてくれ」と頼まれる出来事があった。学費を稼ぐためのアルバイトだったようで、陳は彼らを応援するつもりで一人一枚ずつ描いてもらった〔PARTI：二〇〇二〕。陳にインタヴューした際、今でも大切に保管されているこれらの似顔絵を見せてもらうことができた。

天皇の誕生日である四月二九日には、友人と皇居へも行った。すでに「人間宣言」していた天皇が数分おきに出てきては手を振る光景を目にした時、大きな感慨に打たれたという。陳は「新しい日本の象徴として再出発した天皇だが、敗戦の重荷を背負っているといった姿にはどことなく哀愁の影が感じられ、変転きわまりない動乱興亡の歴史の中で、悲劇の主人公を演じさせられているように思えてならないのだった」と後に回顧している［ＰＡＮＡタイムズ：一九八六、四月二九日付］。それが少年時代に「神」だと崇めさせられた人物への率直な思いであった。

なお初来日の感想は、日本はあまりにも自分が思い描いていた通りの国だったということであった。まるでかつて住んだことのある土地へ舞い戻ったような気がしたそうだ。陳は疲れも知らずに歩き回り、多くの日本人と交流を持った。

宋徳和との出会い

日本の取材を終えて無事帰国し、記者として多忙な毎日を送った。当時はアジアの激動の時代である。ヴェトナムでは五四年五月にヴェトミンがフランス軍に勝利し、七月のジュネーヴ協定で北緯一七度線を軍事境界線とすることなどが取り決められた。これより少し前の四〇年代末には、インド、パキスタン、ビルマ、セイロン、インドネシアなどが次々と独立を遂げ、国家建設に邁進していた。もはや植民地支配を許さない巨大な力学が働き、独立後も大国の影響を排すべく協力関係が模索されていた。

その最も象徴的な出来事が、第四章でも触れた五五年四月のバンドン会議である。開催に至るまでにはいくつかの前段階的な会議が存在したものの、それまで西欧列強に支配されてきたアジア・

アフリカ諸国が開いた世界史上初の国際会議だった。
陳もバンドン会議を取材に訪れた。そしてそこで、同じく取材に来ていた宋徳和と初めて出会うのである。このとき陳は二四歳。宋は四四歳で、経験と実績を積んだジャーナリストであった。宋は会議場で会うと、「今日何か特別なニュースありますか」と陳に聞いた。これは一般的な挨拶である。「ないですね」と陳は答えた。会議の内容はすでにみな知っていることである。「ただ」と続け、陳は中国代表団の泊まっていたホテルの本屋で見かけたものについて話した。

私は「ないですね」と答えました。ただ、中国の陳毅さんと共産党重要幹部の泊まっているホテルの下に本屋さんがあります。そこの店の前に、『タイム』紙が置いてあって、その表紙、五五年四月一八日号の表紙は蔣介石の顔だったんですよ。共産党幹部が泊まってるホテルの本屋にそんな雑誌が置いてあったら大変でしょう。それを私は宋さんに言ったんですよ。宋さんはだまって聞いてた。彼はそれを聞くだけで、別に記事にするわけではありません。だけど私のこと、「ニュースセンスがある。国際的なものもできる」と思ったらしいです。最後の日、シンガポール戻ったら私のところに来てくださいと言われました［陳インタヴュー］。

一カ月後、シンガポールに帰った陳が宋を訪ねると、宋から開設したばかりのＰＡＮＡシンガポール支局で働いてほしいと打診を受けたのである。陳は嬉しく思い、さっそく中興日報の社長に話すと、ＰＡＮＡという新しい会社で働くことを個人的には応援してくれたものの「中興日報は貧乏な会社で、記者も記事もないから辞められると困る。できれば続けて欲しい」と引き留められてしまった。同社には四年間お世話になった恩があり、陳もそう言われると決断できない。

こうした状況を聞き、宋は社長を説得するため中興日報のオフィスに三回もやってきたという。陳はこの時のことを「大変感動しました。中国三国志の中にも「三顧の礼」というのがありますでしょう、偉い人が三回もお願いに来る。私は大したことないのに」と回想する。結局、中興日報の新任が決まるまで三カ月間働くことになり、その間はPANAと兼任することになった。

ちょうど五五年はPANAシンガポール支局ができたばかりだった。それ以前、シンガポールのニュースは胡文虎ファミリー経営のシンガポール・スタンダード紙のある記者がアルバイトで原稿を提供してくれていたのだが、五一年に同紙社長でPANAの出資者でもある胡好が飛行機事故に遭った際、その記者も同乗していて一緒に亡くなってしまったのだ。その後は、同じくスタンダード紙の記者で、宋の友人だったS・ラジャラトナムに依頼し、しばらく記事を寄せてもらっていた時期がある。なお、ラジャラトナムは五四年にリー・クアンユーらと人民行動党を創設し、国家建設の中心的役割を果たすことになる四人のうちの一人である。原稿料の支払いも滞るような状態だったが、PANAシンガポール支局ができてから残る原稿料を払った。「彼、大臣になったから、「こんな額では」大したことないけどね」と陳は笑う。

PANAシンガポールができた際に支局長となったのは、香港からやってきた沈文誼という男だった。彼は五四年七月のキャセイ・パシフィック航空機撃墜事件の際に、撃墜が中国の人民解放軍によるものであったことをUPの記者としてスクープした実績を持つ。これは、シンガポール発香港行きのキャセイ・パシフィック機が中国のミグ戦闘機二機に撃墜された事件で、南シナ海の海南島沖に緊急着水、一〇名が死亡し、米軍の水陸両用機が生存していた八名を救助した［ゲロー：一九九七］。当初、米英は詳細を明らかにしなかったが、沈は清掃夫に扮して負傷者が収容された病院に潜り込み、中国軍がやったという乗客の証言をすっぱ抜いた。これを見た宋がPANAにスカウトしたのである。しかし沈がシンガポール支局長だった体制は長くは続かなかった。彼は数カ月して香港に戻り、しばらくしてAFPの記者になった。

次に支局長になったのは、香港のPANAで働いていた康詩源である。彼はUPの上海支局で中国語部門の部長、経営責任者を務めた後、PANA香港支局で経営責任者をしていた。五五年、沈の後任でPANAシンガポールの支局長となり、彼が陳の直属の上司となった［Pan-Asia Newspaper Alliance: 1958］。

激動の東南アジア

陳がPANAの記者として最初に取材したニュースは、五五年一二月二八、二九日の二日間にわたって行われたマラヤ共産党とトゥンク・ラーマン首相の会談である。四八年二月にマラヤ連邦が結成されて以来、マレー人優遇の制度に対して非マレー系住民の不満は高まり、これに乗じたマラヤ共産党が武装闘争を始めていた。錫鉱山やゴム農園などが襲撃され、マラヤ政府は連邦全域に非常事態宣言を出していた他、その後数年にわたり、共産党ゲリラと政府軍との戦闘が続いていたのである［鈴木：二〇一一］。五五年の会談はその休戦を模索してのことだった。

陳にとって運がよかったのは、この時ラーマンのアドバイザーを務めていたのが陳の友人だったことである。初日にその友人が言うには、会議はうまくいかないとのことであった。会談の一日目を終え、陳は「会議は失敗」と記事を書き送った。

ところが、他の通信社や新聞社はどこも「調印」「成功の見通し」と楽観的な見方で報じていたのである。香港のPANA本社からは「うちだけ悲観的だけど、大丈夫なのか」と問い合わせがあり、陳は心配になってきた。友人に「困りますよ、初めての取材なのに失敗したら、これからもうおしまいですよ」と訴えると、彼は、「大丈夫です、あと何時間かしたら分かるから」と言う。陳は気が気でなかったが、結局、二日目の会談後に開かれた記者会見の席で政府のスポークスマンが、「会議は失敗」だと発表し、香港やシンガポールのPANAスタッフたちから「この新人、悪くないね」と認められたのである。会議の失敗とは裏腹に、PANAでの初仕事を成功させることができた。

取材が終わってシンガポールに戻ると、年明け早々に香港にいる宋から次のような指示があった。「加昌君ね、ラオス、カンボジア、ヴェトナムの三カ所の領事館にすぐ行ってヴィザとっておいで。もし領事館がなければフランスの領事館に」。宋は陳をインドシナに派遣し、サイゴンに取材の拠点をつくろうとしたのである。また、新人である陳をトレーニングする目的もあったようだ。

その頃、ヴェトナムでは五五年一〇月にヴェトナム共和国（南ヴェトナム）が政権樹立を宣言し、アメリカの後ろ盾を受けたゴ・ディン・ジェムが大統領に就任していた。五四年に結ばれたジュネーヴ協定では、二年後に南北統一のための総選挙が行われることになっていたが、フランスと入れ替わりにアメリカが南で政治・軍事両面で存在感を高めていたところを見ると、先行きは不透明であった。このような状況でヴェトナムの政治的重要性に宋は早くから気づいていたのである。なお陳がサイゴンに行った際に特派員を置いていた日本のメディアは、「共同」のみであった〔岩間：二〇一〇〕。

一方、サイゴンには欧米のヴェテラン・ジャーナリストたちも多数やって来ていた。陳は彼らが宋のことを知っていると聞いて非常に誇らしい思いをした。その時のことを次のように語る。

マジェスティック・ホテルのロビーには年長のジャーナリストたちがいっぱいいました。私はその中でとても若かった。PANAの記者だと言うと、「PANAか！ノーマン・スーン知ってるよ。彼は兄貴（Big Brother）だ」と言われました。私はすごく誇らしくて自信になりました。だって彼らは私のボスを「兄貴」だと言ってるんだから。自分はそれまでPANAなんて聞いたことなかったけど、他のジャーナリストたちに、ノーマン・スーンと仕事をしていることを羨ましがられてとても嬉しかったです。その後、何度もそういうことがありました〔陳インタヴュー〕。

国際ジャーナリストは常にその時々の事件を追いかけ世界を回っている。日中戦争、第二次大戦のヨーロッパ戦線、太平洋諸島での戦い、沖縄戦、占領下東京、朝鮮戦争、そしてヴェトナム。こうした現場で取材を重ねる彼らは顔見知りとなり、中でも宋は良く知られた存在だったのだ。

また陳自身も、ヴェトナム戦争の早い段階から取材を重ね、幅広い人脈を形成した。グレアム・グリーンの『おとなしいアメリカ人』のモデルだと言われるエドワード・ランズデール大佐にも長

ヴェトナム取材を行う陳加昌（陳氏提供）

時間のインタヴューをしたことがある。ランズデールも宋のことを知っていて、「よろしく伝えてくれ」と言われたという［平敷：二〇一〇］。また、タイム誌やロイターの記者をしていたヴェトナム人、ファム・スァン・アン（Pham Xuan An）ともよく情報交換をした。彼が北ヴェトナムの大物スパイだったことを知るのはもちろん戦後のことである［陳：二〇一二］。

ゴ・ディン・ジェム大統領の弟、ゴ・ディン・ヌーの夫人、チャン・レ・スアンも親しく交流したうちの一人である。大統領は独身だったため、実質彼女はファースト・レディのような役割を果たしていた。気の強い性格で「女傑」「ドラゴン・レディ」などと呼ばれていた。六三年に僧侶のティク・クァン・ドックが仏教徒弾圧に抗議して焼身供養を行った際、「バーベキュー」だといって非難を浴びたことは有名である。

この記者嫌いのマダム・ヌーにアジア人として初めてインタヴューしたのも陳であった。彼女は不遜な態度で国内外から批判をされていたが、陳にとっては、植民地支配下で屈辱的な生き方を身につけてしまった東南アジアで、何者にも屈従しない彼女の存在が興味深かった。また、実際話してみるとフランクで平凡な部分を持ち合わせた女性であり、親しみを覚えたのである［陳：一九六四］。このように人間として向き合う姿勢があったからこそ、チャン・レ・スアンも陳に心を開いたのであろう。

結局、最初にこの地を取材した時には、ヴェトナム、カンボジア、ラオスの三カ国を三カ月ほど回り、またサイゴンへ戻って三カ月ほど、合わせて半年間の取材をした。南ヴェトナムでは総選挙が五六年に実施されずに過ぎて以降、反政府勢力の動きは激しさを増すばかりだった。

PANA東京のこと

一方、シンガポール・マラヤでも歴史的な動きが次々と起こっている。まず五七年八月三一日、マラヤ連邦がイギリスから独立した。連邦ではマレー人、華人、インド人という三つの主要な民族集団からそれぞれ支持を受けた三政党の連立政権が誕生し、新しい時代が始まったのである。続いてシンガポールは、五九年にイギリス連邦内自治州となり、外交と国防以外の内政自治権を獲得するに至った。しかしリー・クアンユーらの人民行動党が五四年の結成当初から目標とするのは、マラヤ連邦への統合によってイギリスの植民地支配を終わらせることである。シンガポールは小さな国であり、水や食料をマラヤに頼らねばならず、市場の確保や共産主義の浸透を防ぐといった面でもマラヤとの合併は不可欠であるとリーらは考えていた［田村：二〇〇〇、岩崎：二〇一三］。

そして六三年九月、内外の様々な論争と選挙を経て、マラヤ連邦、シンガポール、北ボルネオ、サラワクを統合したマレーシア連邦（Federation of Malaysia）が結成され、イギリスによる植民地支配が終わりを告げた。

この頃、陳は五七年八月からシンガポールPANAの支局長に就任していた。責任者として写真やニュースの販売、加盟社との各種交渉を任されていた他、シンガポール・マラヤでの出来事を取材して香港に送るのも重要な仕事だった。陳はそれらのニュースを東南アジアの目線で捉え、APやUPとは異なる視角で報道するよう心がけた。人々の暮らしに注目した人情的な記事も書き、配信されて多くのアジアの新聞に掲載されたという。まさに目の前で国家が動く「面白い時代」であったと振り返る。ちなみに五九年には、日本航空の大阪支店で働いていた日本人女性と結婚している。

その後、宋徳和が六一年に香港で『アジア・マガジン』を起ち上げ、PANAを退いた。アジア各国のPANAはそれまで支局長をしていた者に引き継がれたが、東京ではかつて同社のカメラマンとして働いていた近藤幹雄が引き継ぐことになった。陳はこの頃、東京へ行って近藤と彼の秘書の本間和美、そして近藤を支えていた川辺隆太郎の四人で会合を持ち、再生のための相談をしたという。

ところで宋はなぜ近藤に託したのだろうか。そう尋ねると陳は次のように答えた。

近藤さんがやりたいっていったんです。やりたい、戻りたいと。若い時にPANAに入ったから思い入れがある。初めは田路さんがやったけどうまくいかなかったようです。他のPANAの年配の人達は自分でやるつもりはなかったんです。生活が大事ですからね。近藤さんはPANAがそのまま消えたらよくないと思って、再生させようとしたんです。近藤さんがやることになって、年配の人達は合わないからやめました。宋さんは誰か若い人にやって欲しかった。日本は日本人に。宋さんの持論は、どこへ行ってもその国の人がやるということです［陳インタヴュー］。

陳の言う通りだとすれば、宋がＰＡＮＡ東京の経営を打診したのは近藤が初めてではなかったということになる。しかし既存のスタッフは、傾いた小通信社の経営など誰もやりたがらなかった。そして若い近藤だけが、宋の思いに応えたのである。陳はまたこうも言う。

あの時のＰＡＮＡ、みんな理想に燃えていました。近藤さんも。給料は大したことないです。精神が先ね。愛情とパン、どっちを選ぶかと言うと、昔の人は必ず愛情です。今の人はパンです。パンがなければ愛情もなし［陳インタヴュー］。

このようにして近藤はＰＡＮＡ東京の再生に奮闘することになり、陳もそれに大きく関わったのだった。それは彼が日本語に堪能であり、かつ東南アジアを熟知していたこと、また宋とも綿密に連絡をとり合える関係であったことなどが背景にある。

宋も東京を完全に放っておいたわけではない。近藤がＰＡＮＡを引き継いで最初の大きなイベントとして、六二年八月から九月にかけて開催されたジャカルタのアジア競技大会があったが、当時は日本政府の外貨持ち出し制限が厳しく、取材経費を準備することが難しかった。近藤からの手紙を受け取った陳が相談すると、宋はハワイから四〇〇米ドル送金してくれたということがあったという。一ドル三六〇円、公務員の初任給が一七〇〇〇円ほどの時代である。

また陳が強調するのは、この頃の中国語言論界の政治環境である。前にも述べたように、新聞の立場は共産党系か国民党系かという傾向が強かった。ＰＡＮＡは共産党には反対の立場をとる記者が多かったが、国民党系というわけでもない。共産党系の新聞からは、「あなたは国民党系ですね」と言われ、国民党系の新聞からはその逆の扱いを受けた。あるいはアメリカ系であると目されることもあったが、いずれにせよ政治的立場が難しい時代だった。「あの頃、中立はありませんでした」と陳は言う。それもＰＡＮＡが経済的に困難であった要因の一つである。

六四年の東京オリンピックも、近藤が力を入れていた出来事として印象深いものである。陳は六四年にはＰＡＮＡの東南アジア総局長になっており、海外支局の連絡を任されていた。オリンピックの際にはＰＡＮＡが撮影した写真がアジア各国の新聞に掲載された。当時の取材について、次のように語る。

その時、面白かったのは、例えばシンガポール選手団は水泳では絶対負けるんですが、ＰＡＮＡのカメラマンは負ける選手の写真を撮るんですよ。当時、旅行は簡単にできないから、みんな自国の選手の様子を見たいんですね。ロイター、ＡＰ、ＵＰＩのカメラマンたちは不思議そうな顔して見てるんです。自分たちはチャンピオンの写真を撮っているのに、ＰＡＮＡのカメラマンたちは順位の遅い選手を撮っているんだから。もしＰＡＮＡも優勝者だけ撮ってたら、シンガポールやマレーシアの人達は自国選手の姿を見ることができなかったでしょうね［陳インタヴュー］。

PANAのカメラは人気競技や有力選手ではなく、アジアの弱小選手を追いかけた。カメラマンたち自身は別の競技を撮りたかったようであるが、彼らの撮影した写真はアジアの人々にとって、自国選手の奮闘を見る貴重な一枚となったのであった。

岡村昭彦のこと

陳が岡村昭彦に初めて出会ったのは、六二年一二月のことである。当時、岡村はどうしてもバンコクを取材したいと近藤に訴えていた。カメラマンとしての経験もなく、また語学もそれほどできるわけではない岡村を東南アジアに派遣する理由はなかったのだが、岡村が「給料を返上して白腹を切ってでも取材したい」との熱意を見せたので、近藤は「岡村に活動の場所を与えてやってほしい」と陳に相談していたのである。この時、陳は岡村にタイではなくヴェトナムを取材するのはどうかと提案した。

陳の視点から見ると、岡村にヴェトナム行きを勧めたことは自然なことのように思われる。東南アジア情勢の中で大きなニュースになりつつあったのはまずもってヴェトナムであった。またバンコクにはPANA支局があって人員が足りていたのに対し、ヴェトナムはそうではない。「共同」は五六年に南北統一選挙がなされなかった時点で一度支局を閉鎖しているので、この頃は日本のメディアでサイゴンに特派員を置いているところは一社もなく、岡村が取材をすれば貴重な仕事になるはずだった。だが、岡村はあくまでもバンコクにこだわり、ヴェトナム行きには同意しなかったのである。それでもこの時、PANAの経営陣は岡村の希望に従って力を尽くしてやることにし、クリスマスの前夜に岡村は東南アジアへと旅立っていった。

その後、陳はサイゴンに拠点を移したという岡村からの絵葉書を受け取った。バンコクPANA支局長のアレックス・ウーから聞くところによると、バンコクまで追ってきたタイ航空のCA、スーニーが結婚したために、傷心を引きずって南ヴェトナム行きを決意したのだという。いずれにせよ、岡村はこの時期から南ヴェトナムの各地を渡り歩き、現地の人びとに深く入りこんで彼らを理解しようと奮闘した。そしてヴェトナム戦争を継続的に取材する、初めての日本人ジャーナリストになった。

岡村は持ち前の行動力と民衆重視の姿勢で、積極的な取材を敢行した。日本のメディアがヴェトナム戦争に注目し始めた頃には、この領域は岡村の独壇場になっていたのである。写真やルポが大手メディアに掲載され、一時帰国した際にはインタヴュー申し込みが殺到、さらには数々の写真賞を受賞した。岡村は一躍時代の寵児となった訳である。岡村自身が書いているように、この頃、陳は一貫して岡村の東南アジア取材を助け、励ましていた。

岡村が解放区取材を繰り返してきた頃、サイゴン政府との軋轢や安全性を懸念した近藤はそれを止めさせようとしていた。陳には経営者としてPANAの全体を心配する近藤の気持ちも理解できたが、目の前でともに取材する岡村の思いも分かる。結局、陳は岡村の立場を応援し、彼の解放戦線取材に協力することにした。

岡村にとって最大のスクープはジャングルの解放戦線拠点Dゾーン入りと、副議長フィン・タン・ファットとの会見である。岡村は『従軍記』ではDゾーンまで一人でバスに乗り、行き当たりばったりで取材を敢行したかのように記述しているが、これは事実ではない。実際には案内役のヴェトナム人がおり、また岡村がそこへ行くことも事前に取り決められていたのである。

陳によると、この取材で岡村の案内役兼通訳をしていたのは、「リエン」というヴェトナム人女性だった。リエンは二〇代後半と見られる解放戦線の連絡員で、以前から岡村の助手のような役割をしていた。英語とフランス語が理解でき、また日本語はかなり流暢に話すことができたという。岡村は彼女を正式にスタッフとして雇い入れて欲しいと陳に頼んできたこともあったが、それは実現しなかった［岩間：二〇一〇］。

Dゾーンに向けて出発した六五年四月三日の早朝、準備を整えた岡村と陳、PANAカメラマンの市来逸彦がアパートの下で待っているとリエンがやってきた。市来は出発前に一枚だけ写真を撮り、そのまま部屋へと引きかえした。その写真を見ると、岡村、陳、リエンの三人があたかも見知らぬ他人であるかのように少し距離をとり、バラバラの行動をしているのがわかる。南ヴェトナム政府の監視を気にして、少しでも目立たないようにしているのである。

三人はアパートの下からタクシーに乗ってジャディン地区のバス乗り場へ行き、同じようにもう一枚写真を撮影した。岡村に万一のことがあった際、彼が確かにジャングルへと向かったことを証明するために撮影されたものだった。

長距離バスにで二時間半ほど国道一三号線沿いに北上し、小さな村の前で降りると、バス停近くの小屋から出てきた少女が近くのジャングルまで案内した。そこのゴム園で解放戦線幹部の案内人と引き合わせられたのである。幹部の簡単な宣伝と報告が終わると一行は再び元いた場所に戻って

Ｄゾーン入り直前の三人。左からリエン、陳、岡村
（陳氏提供）

昼食をとり、その後一時間ほど午睡して、陳は一人の中年女性とともにバスに同乗してサイゴンへと引き返した。岡村とリエンはそのまま滞在したのだった〔陳：二〇一二〕。

岡村はこのあたりのことを『従軍記』では全く割愛している。それは協力者や行程を隠しておくためには理にかなったことであるし、また当時としては珍しいことでもない。だがこうして裏側を聞くと、破天荒に見える取材もある程度の手順を踏んでいたことが分かるのである。

しかしにもかかわらず、ジャングルに連れていかれた岡村は四三日間にわたって不自由な生活を余儀なくされた〔岡村：一九六六〕。最終的には信頼されファットとの単独インタヴューが実現したものの、拘束されている間は陳やＰＡＮＡのスタッフも気が気でなかった。

取材の成果は『ライフ』誌を華々しく飾り、岡村の名をさらに知らしめることになった。だがこれによって彼は南ヴェトナム入国禁止となり、その後五年間この戦争を現地で取材することができなくなってしまうのである。その時の出来事を、陳は今感慨深げに思い出している。

時事通信社と「太平洋ニューズ圏」

岡村がジャングルを抜けてサイゴンへ戻ってきた頃、陳はヴェトナムにはいなかった。シンガポールもまた重大な歴史的局面にあったからだ。六三年からマラヤ連邦などと一緒になりマレーシア連邦として独立したわけだが、連邦政府とシンガポールとの対立が続き、シンガポールはわずか二年で連邦から追い出される形で分離独立することになった。

これには、マレー人が多数派を占めるマラヤと、華人が多数派を占めるシンガポールという民族構成、それに伴う政策の違い、そしてシンガポールの国民所得の方が二倍以上多いという経済格差などが背景にあった［田村：二〇〇〇、岩崎：二〇一三］。そして六五年八月九日、シンガポールは単独の独立国家となって再出発することになる。

アジアの国々がこうして国家建設に邁進している中、戦後復興を遂げ高度経済成長の日本では、ある男の野心が動き始めていた。時事通信社の長谷川才次が、アジア報道の本格化に乗り出したのである。その手始めに、六五年六月にアジアに強い写真通信社であるＰＡＮＡと写真提供の契約を結び、六〇〇万円の出資をして二人の取締役を送り込んだ。長谷川としては対抗する共同通信社を凌駕し、アジア報道でＡＰなどの大手国際通信社と互角になるほどの存在に「時事」を成長させたかったのである。六七年九月にＰＡＮＡは「時事」からさらなる融資を受けるとともに、近藤が社長の座を退き、経営を長谷川に任せることになった［時事通信社社史編さん委員会：一九七〇］。アジア各国のＰＡＮＡはそれぞれの国で現地法人化していたので特に何も変わることはなかったが、こうした体制下の東京とネットワークが続くことになった。

太平洋ニューズ圏会議に参加する陳（奥から四人目）
（時事通信フォト提供）

翌六八年一二月、陳の元に長谷川から一通の手紙が届いた。各国ＰＡＮＡの代表を集めて東京で会議を開くのだという。「時事」は何か新しいことを始めるつもりらしい。六九年四月二三日、アジア一一カ国のＰＡＮＡと「時事」の代表による会議がもたれ、「太平洋ニューズ圏」（ＰＮＣ）なるものを創設することが長谷川の口から語られた。陳やフィリピンのニヴェラは「いったい何をやるのですか」と誠にもっともな質問をして長谷川を戸惑わせたが、さしあたりはアジア各国で写真やニュース交換の体制を強化することが確認された〔時事通信社報：一九七〇、五月一日付〕。

このＰＮＣ会議は六九年から七一年まで年に一回開かれた。長谷川は外務省関係者にＰＡＮＡ代表たちのことを宣伝し、代表らにも外務省や新聞関係者を紹介した。陳は「日本の要人たちに「時事」のアジア・ネットワークを、ＰＡＮＡの人たちに日本の要人ネットワークを見せつける目的があったんでしょうね」と語る。

だが華々しい会議とは裏腹に、ＰＮＣは確固たる実態を持たなかった。それは活動年数の少なさだけではなく、長谷川の理念をアジアのＰＡＮＡ代表たちも、そしておそらくは「時事」の者たちも心からの共有をしていなかったためである。この構想をＰＡＮＡ代表たちはどう捉えていたのだろうか。そう尋ねると陳は次のように答えた。

あまり本気にしていませんでしたよ。熱心だったのは長谷川さんだけで、ＰＡＮＡの人たちは必要事項を連絡したり年に一度集まって話し合いをするという程度でした。「時事」がＰＡＮＡのアジア各社に少々の資金を毎月送ったのは、何かあったときに仕事をしてもらうためです。それさえもなかったら、いざというときアジア各地の記者たちが「時事」のために動いてくれないかもしれない。それぞれ忙しいから。長谷川さん退陣後、「時事」の人たちにも引き継がれなかったです［陳インタヴュー］。

ＰＡＮＡの代表たちは協力してアジア報道を行うことの重要性は認識しているが、「ニュース植民地からの脱却」という美名のもと、結局は「時事」のためのプロジェクトである長谷川主導のＰＮＣには熱心に取り組む理由がなかったのであろう。

陳が右の様に指摘するのは、何も今になってのことではないのだ。一九七一年のＰＮＣ会議資料には、陳の次のようなコメントが記載されている。

これまでの経験では、ＰＮＣの各メンバーは問題を真剣に取り上げず、何名かにいたっては提供されたニュース写真について批判的なコメントをすることさえしません。

残念ながら二日間のＰＮＣ会議では写真サービスの改善を詳細に議論するのに十分な機会となりませ

んし、ごくごく一般的な性質についての意見交換になるだけです。重要なのは同僚が送ってきたものに対して応答をすることでよいサービスを築いていくことです。もっとメンバー間での直接的なやりとりと意見交換が奨励されるべきでしょう。

ＰＡＮＡ代表の中にはニュース写真交換について関心も持たず、何の反応もしない者もいたようだ。ＰＮＣが形骸化している中で陳は少しでも意味のあるものにしようと問題提起をしたわけだが、改善されることもなくこの第三回をもってＰＮＣ会議は最後となった。

長谷川のＰＮＣ構想全体を振り返って、陳は次のように言う。

ＰＡＮＡの「アジア人による、アジアのための、アジアの通信社」というのには、長谷川さんの発想も近いですね。でも彼は欧米の独占を崩したかった。日本は国際的通信社を持つ必要はなかった。みんな興味があるのは国内のことだけです。だけど中国人は何百万人がアジアに住んでいるし、アジア全体の政治状況についても非常に興味を持っていた。民族主義のようなものだけどそんなに強いものではない。私は民族主義的なものは持っていません。日本のアジア学は違うやり方です。ノーマン・スーンの言うアジアと長谷川さんのアジアは異なる。ノーマン・スーンはアジアに情報を提供しようとした。長谷川さんは世界にアジアの情報を伝えてＡＰやＵＰＩと対抗しようとした。長谷川さんのやろうとしたことは大きいです。それは無理ですよ［陳インタヴュー］。

ここには重要な指摘がいくつもある。まず宋や陳のような華人はアジアを自分のこととして捉え、その中に身を置いている点である。それに対して、日本人にとってアジアとは対面するものであり、自分自身のことではなかった。陳が「民族主義のようなものだけどそんなに強いものではない。私は民族主義的なものは持っていません」という時、「民族主義のようなもの」とは自らのアイデンティティの枠をアジアに置いた「アジア主義」に最も近いものなのではないだろうか。そして、宋がアジアのための情報をアジアに提供しようとしたのに対し、長谷川の眼中にあるのはあくまでも国際通信社の覇権争いだったのだ。

『PANAニュース』創刊

さて、六五年にマレーシアから分離独立したシンガポールは、市場として想定していた領域を失ったため、新たな経済政策を考えなければならなかった。そうして考え出された政策が、欧米や日本の企業を積極的に誘致し、輸出志向型工業化を推進するというものである。日本は六〇年代半ば以降、貿易、直接投資、技術移転、人材開発といった形でシンガポール経済に進出した［清水：二〇〇四］。しかしその前に、日本の戦争責任をめぐって噴出した「血債問題」について踏まえておく必要がある。

独立前の六二年二月、シンガポール自治政府が公共住宅を建設するためにイースト・コースト一帯の土地を整備していると、そこから大量の人骨が出土した。調査の結果、これは日本軍が行った華僑粛清の犠牲者であることが分かり、住民たちに虐殺の記憶を呼び起こさせた。これを機に中華総商会が中心となって遺体の調査と発掘作業を進めたところ、イースト・コースト以外でも次々と人骨が発見され、激怒した華人住民を中心にデモや集会、日本に賠償を求める運動が起こったのである。

前述の通り、五一年のサンフランシスコ講和条約時にイギリスは日本に対する賠償請求権を放棄しており、シンガポールに請求権はなかった。それでもシンガポールはこれを法的にではなく道義的に考えるべきだとし、血債問題として日星間の政治問題としたのだ。独立後、日本企業を呼び込んで経済を成り立たせようとするシンガポールにとって、また進出を望む日本にとっても、この問題は避けては通れないものだった。

六六年一〇月、交渉の末に日本が五〇〇〇万ドルの準賠償金をシンガポールに供与することが椎名悦三郎外相とラジャラトナム外相との間で合意され、六七年九月に調印された。二五〇〇万ドルの無償供与と同額の低利円借款という内容ではあるものの、五〇〇〇万ドルという数字は占領期に華人が強制献金をさせられた金額と同じである。これで血債問題は一応の決着を見ることになった。

同じ六七年の二月一五日には、中華総商会が中心となって占領期に死亡した人々の慰霊碑が建てられ、以降、毎年二月一五日には慰霊祭が盛大に行われている。この頃、日本企業は大挙してシンガポールへ進出し、低コストの生産拠点として直接投資を増加させていたわけだが、その背景はこのようなものであったことを確認しておきたい。

なお、陳は七二年に、昭南特別市厚生課課長だった篠崎護の回想録を翻訳し、華字紙『南洋商報』に三二回にわたって掲載、翌年に書籍として出版した。住民を助けた篠崎の人気が高かったこともあるが、日本の昭南島統治については文書がほとんどが焼却され残されていないため、歴史的に貴重な資料となっている。また、作家の曽野綾子が日本軍によるシンガポール占領を扱った小説『地を潤すもの』の取材でシンガポールを訪れた際に、手伝いをしたこともある［PARTI：二〇〇二］。これらの仕事は、単に両国の間を取り結ぶということではなく、戦争の記憶をめぐる紛争と経済協力の間のディレンマを解消すること、すなわち過去を忘却することなく新たな関係を築くことを志向するものだと言える。

この過渡期の中で、陳は新しいビジネスを考えた。日本企業向けに日本語の政治・経済ニュースを配信することを思いついたのである。この頃、シンガポールPANAは華字紙に記事や写真を提供していたが、収入は決して十分とは言えなかった。一方、進出初期の駐在員たちはシンガポールやマレーシアの事情を知りたがっていたが現地の事情に疎く、また言語もできない者が多かった。そこに目を付けたのである。

実はこの構想は六〇年代末から持っていたものの、当時の「時事」のシンガポール支局長に頼まれて少し待つことにしたのだという。「時事」の支局長は、長谷川が真似して同じような事業をやりたいと言いかねないため、自分がシンガポールにいる間は控えて欲しいと訴えるのであった。それを聞き、陳は少し待つことにした。

その後、七一年に長谷川が退陣したこともあって実現に動き出し、七三年、日本語で東南アジアの政治経済ニュースを配信する『ＰＡＮＡニュース』（以下、『ニュース』）をスタートさせた。一般記事だけでなく、資料や解説、分析記事なども多数掲載し、現地の事情を知らない日本商社駐在員や特派員には貴重な情報として評判になった。
最初は手書きである。一日にA4サイズ二枚を週に四回、月五〇ドルからスタートした。後にワープロ入力になり、A4サイズ八枚、月一〇〇ドルになる。決して安くはなかったが、それでも情報を欲していた駐在員たちはこぞって購読した。陳は次のように語る。

『PANAニュース』をやったのはちょうどいいタイミングでした。商社の人も報道記者もみんな東南アジアのことは分からないし、言葉もできない。資本金はそんなに必要ないんです。三井物産や丸紅にも情報を売りました。月一〇〇ドル。それからだんだん収入が増えて、アルバイトも雇いました。一日一〇社以上から購読申し込みがあったこともあります。商社は毎月一〇〇ドル払うの面倒だから、一年払いするところも多かったですよ。購読者も増えてきて、三〇〇部にも上るようになりました。だから『PANAニュース』はすごく元気でした［陳インタヴュー］。

大企業はもちろん、新聞社、テレビ局、大使館など、当時、シンガポールに進出したほぼすべての日本企業や組織が『ニュース』を購読していた。一部だけ買ってコピーを社内で回すということもなかった。支店長、課長、事務局長など、それぞれに十分な予算がついていたから同じ企業の中で何部もの購読があったのである。
大使館では、大使が知っている内容を自分が知らないと困るため、参事官も購読していたそうだ。この時期には経済問題の他に、政治的にも日本にとって重要なニュースが東南アジアで起きている。

例えば、七四年一月一一日の田中角栄首相による東南アジア五カ国訪問である。戒厳令下のフィリピン以外では「日本の経済侵略」に対する反日デモや日本批判が巻き起こり、シンガポールは比較的穏健ではあったものの、現地の大使館や企業は敏感になっていた〔朝日新聞社：一九七四、一月一六日付〕。そうかと思えば一月三一日には、日本赤軍とＰＦＬＰ（パレスチナ解放人民戦線）のメンバーがシンガポールのブクム島にあるロイヤル・ダッチ・シェルの石油製油施設に上陸し、石油タンクにプラスチック爆弾を仕掛けて爆破させるという事件が起こっている。この時、陳は爆弾で穴の開いた石油タンクの写真をいち早く入手し東京の「時事」に送信したので、日本でも多くの新聞、テレビ局が「ＰＡＮＡ＝時事」の写真を使った。こうした出来事を背景に、ＰＡＮＡの情報はますます重宝された。

この頃、日本のメディアも新たにシンガポール支局を開いたり、もともとあった体制を強化させたりている。七三年のヴェトナム和平協定とアメリカ軍撤退でヴェトナム戦争は終結したとみなされたため、サイゴンからシンガポールへと拠点が移ったことも大きい。陳はそうした記者たちの就業パス取得を手助けしたり、シンガポール取材について助言したりした。『ニュース』を見て記事を書く記者も大勢いたため、魚本藤吉郎駐シンガポール大使からは「陳さん、もしＰＡＮＡが間違えたら日本の新聞が全部間違えるね」と言われたこともあるという。それほどまでに、日本の駐在員・特派員にとってＰＡＮＡの存在は大きな助けだったのだ。

『PANAタイムズ』

『ニュース』が儲かったので、陳は次に日本語新聞を発行することにした。写植の機械を厳選し、「読売」が使っているのと同じものを選んだ。当初、大阪の販売所は外国人に使いこなすのは難しいという理由で難色を示したが、陳が「中国語には漢字がいっぱいあるので中国人の方が漢字は強いです」と説得すると、店主も納得したという。そうして機械を二台購入し、使い方を覚えるためにシンガポールからスタッフを派遣したのである。彼女たちは写植の機械をマスターし、これで「読売」の字体と同じ印刷を実現できた。日本の特派員などは、「どうしてこれがシンガポールでできるんですか」と目を丸くした。

次はスタッフである。陳は記者や編集者、翻訳など日本人スタッフを雇用した。人員集めでは、かつてPANA東京で働いていた菅田正俊にも依頼をしている。菅田は日本人スタッフ三人を陳に紹介したという。陳からの要望は、若くて独身、英語ができて新聞の編集ができる人である。「そんな人はいないだろう」と思っていたら、たまたま神戸外語大出身の二〇代後半男性が知人の紹介で見つかり、電話で依頼すると「ぜひ行きたい」ということだったので彼をシンガポールに送った。あとの二人は女性である。

そうして準備が整い、八五年八月一六日に『PANAタイムズ』（以下、『タイムズ』）を創刊する。同紙はシンガポールをはじめとする東南アジアの政治経済だけでなく、暮らし・文化、そして日本国内の事情などについても取り上げた。火・金の週二回発行で、一カ月二五ドルであった。『ニュース』とは編集部は別で、各一五人ほどの日本人スタッフを雇っていた。当時はシンガポールの日本大手商社でもこれだけの人数の日本人を雇っているところはなかった。
日本国内のニュースについてはやはり菅田の事務所に依頼した。菅田は次のように話す。

陳さんには仕事でずいぶん助けられたんですよ。一カ月に七〇万円くらい送ってくれてね。渋谷の東急ハンズの前に「暫《しばらく》」という事務所をつくってやってたときに。人件費二、三人分にはなりましたからね。こっちから毎週記事を送って。一般的な芸能その他のニュースね。経済ニュースはシンガポールの方がたくさん手に入りますから。いろいろなテーマを日本で取材して原稿を送るという仕事を請け負ってたんですが、特に要請があったのは日本シリーズの結果です［菅田インタヴュー］。

シンガポールに行ってまで駐在員たちが野球の結果を知りたがっていたというのが興味深い。
また、シンガポール現地でのニュースにおいて『タイムズ』は日星関係に関する特色ある報道をしばしば行っている。例えば、八六年三月にニューワールドホテルが倒壊し三三名が亡くなるという事故があった。この時期、MRT（高速鉄道）が工事中だったためシンガポールには世界各国から技術者、作業員がやってきていたのだが、工事を請負っていた日本企業五団体が、シンガポール政府からの応援要請を受けて二四時間体制で生存者救出活動を行い、政府から表彰を受けたのである。『タイムズ』はこの表彰式の様子を取材し、日本企業の代表たちがリー・クアンユーを囲んだ写真や、ウィー・キムウィー大統領から表彰状を手渡される様子などを詳しく報道している。実は、紙面には書かれていないが、当局からの連絡を受けて日本企業に救出の相談を繋いだのは陳なのである。

また、八六年一月二一日号では、戦時中の日本軍による泰緬鉄道の記録写真を掲載している。泰緬鉄道はタイとビルマを結んで日本軍が建設した鉄道で、その建設時には連合国の捕虜やアジア人労務者を劣悪な環境で酷使し、捕虜約一万二四〇〇名と労務者約六万名の死者を出したものである［吉川：一九九四、林：一九九八］。日本軍は敗戦直後に記録を焼却したため、新たに発見された一〇八枚の写真は貴重なもので、今回『タイムズ』に掲載されたのはシンガポール国立大学から編集部に持ち込まれたものだった。

さらに、日本占領をめぐる問題では、地元紙と「日本人批判論争」を展開したこともある。経緯は次のようなものである。昭南特別市元職員らは戦後に「シンガポール市政会」をつくり、八六年に文集『昭南特別市』を発行した。またそれと同時にシンガポール再訪ツアーを企画し、元職員一五名が四〇年ぶりに来星したので、その様子を『タイムズ』は取り上げた。それに対して華字紙『聯合早報』が批判を加えたことから二紙の間で論争が起こったのである。

批判の内容は、「ほんの目と鼻の先にあるシンガポール受難者記念碑に赴き、花輪をささげ、懺悔することをしない」元職員ら自身に対するものと、陳が執筆した職員来星に関する記事に対するもの、そしてPANAの別のスタッフが書いた『昭南特別市史』の書評に対するものの三つがあった。

元職員らの行動に対しては『タイムズ』は何も言う立場にはないが、陳の記事とスタッフが書いた書評については、昭南特別市市政を肯定的に捉えているという『聯合早報』の批判に対し、あくまでも職員来星の事実や文集の歴史的資料としての意義を伝えたのみで、肯定も否定もしたつもりはないとして反論した［日本シンガポール協会：一九八六］。それでもこうしたテーマ自体が、容易に反発を生み出すことが明確に表れた出来事であった。

終刊――「星・日―夢のかけ橋に終る…」

『ニュース』の方は政治経済ニュースのみであり、また商社が相手なので簡単であったが、『タイムズ』の運営はとにかく大変であった。前者の編集はだいたい六時には終わるのに対し、後者は週二日の刊行とはいえ夜中までかかることもあったという。

そしてまず配達が大変である。夜中の一二時から一時に起きて、印刷は朝五時である。配達先が遠かったり雨だったりするとそれだけで一苦労で、またセキュリティ・エリアにある大使の家は獰猛な犬もいた。配達が遅れるとすぐに苦情が来る。陳は夜中に雨が降り出すと、配達員のことが心配で眠れなかった。月二五ドルであるから、一部配達しても二、三ドル。それだけでは大して儲からず、配達員の給料は定額であるため彼はむしろ新聞購読数が増えない方がいいと思っていたようだ。

『タイムズ』の発行部数は約四〇〇〇部まで行ったが、当初から一貫して赤字だった。それでも『ニュース』で稼いだ資金があるので、陳は「大丈夫、最後は必ず部数も伸びる。伸びなければもうしょうがない、閉める」と考えていた。月五〇〇〇ドルぐらいまでの赤字は許容できたものの、『ニュース』で稼いだ金を『タイムズ』につぎ込むという状態であった。陳は「私の夢は新聞を作ることでした。もし新聞をやらずにそのとき儲かったお金を不動産かなんかに投資していたら、大変な金持ちになっていたでしょうね」と笑う。実際、陳のスタッフで付近のアパートに投資してかなりの額を儲けた女性もいるという。

しかし一番頭を悩ませたのは、何といっても日本人スタッフの扱いである。日本人といえば団結して勤勉に働くというイメージだったが、シンガポールに来ていた日本人は個人主義の者が多かった。日本の働き方を好まないからこそ海外に出てくるのだと、しばらくして分かったそうだ。

結局、赤字の『タイムズ』をいつまでも続けるわけにもいかず、一年一〇カ月ほどたった八七年六月一九日号をもって廃刊とした。「廃刊のことば」には『タイムズ』を続けられなかった事情が記されている。もともと、発刊にあたって在留邦人の総数が必ずしもマーケットとして十分ではなかったことや、企業の従業員とその家族は三、四年ごとに転勤になってしまうので長く固定読者になってもらうことが難しい点は覚悟していた。だが、陳も想定していなかった様々な変化があった。

一つ目は、在留邦人数が一九八四年の二万人をピークに減少傾向となったことである。これが必要発行部数維持の上で大きな打撃になった。二つ目は、日本の国際化が進むにつれ邦字紙の必要性が薄れ、特に若い世代が地元英字紙を読み、容易に地元に同化できるようになったことである。それ自体は歓迎すべきことであるが、発刊の構想を練った時には思いもしなかった傾向だった。さらに言えば、急激な円高も日本人ジャーナリスト雇用などの面で負担となった［PANAタイムズ：一九八七、六月一九日付］。

以上のような事情から継続が困難となり、やむなく廃刊するに至った。最終号の見開きページには、「星・日ー夢のかけ橋に終る…」という言葉と共に、これまでに発刊した『タイムズ』の一覧が掲載されている。日本とシンガポールを繋いだ一つのメディアの短い歴史であった。

これに対して、『ニュース』はその後も続いた。むしろ日本のバブル景気を背景に日本企業はますます強くなり、シンガポールでの政治・経済情報に対する需要も存続した。九〇年代に入ってバブルがはじけてからはシンガポールに四〇社以上あった日本大手企業は減少し『ニュース』も大いに影響を受けたが、それでも継続していけるほどには収益があった。なお、陳はこうした長年にわたる日星関係への貢献を評価され、日本外務省が新設した「在外公館長表彰」制度のシンガポール第一号として二〇〇〇年に表彰を受けている。

二〇〇〇年代に入ってからは、インターネットの普及で無料ニュースが流入し、『ニュース』の立場も難しいものとなっていった。ちょうどその頃、アジアのビジネス情報を扱う日本企業NNA社のシンガポール法人が『ニュース』を買収したいとのことだったので、二〇〇二年七月をもって譲渡することにした。半世紀に渡りジャーナリストとして東南アジアの歴史を見つめ、日星の交流を支えてきた陳もこの時七一歳になっていた。

日本語が陳の強みの一つだったとはいえ、反日感情の根強かったシンガポールで日本人を助けることには批判的な声もあった。だが陳は、過去に日本が行ったことを冷静に見つめつつ、一人一人の日本人に対して温かいまなざしで接したのである。インタヴュー中に陳が語った言葉で印象的だったものがある。それは次のようなことだ。

支配者が変わる中で私の国籍も四回変わりました。イギリス、日本、またイギリス、それからマレーシア、シンガポールです。だから人間にとって国籍はたいした意味はないのです。関係ないのです。私が他の人と違う人生観を持っているとしたら、このことに由来するのでしょう［陳インタヴュー］。

小国シンガポールで激動のアジアを生きた人物ならではの言葉である。もちろん、同じ経験をした全ての人が同じように思うわけではない。しかしこのことこそ、国家ではなくアジアという枠組みを重視する背景にあると思われるのである。

陳にPANAの「アジアの、アジア人による、アジアのための通信社」という社是をどう捉えていたかと尋ねると、「強く意識していました」と答えた。そしてこう続けた。「なぜなら私たちはアジア人ですから」。アジアの通信社PANAの理念はこのようにして受け継がれ、その役割を果たしたのである。

終章　PANA通信社とは何であったか

「アジア」とは、西方から与えられた呼び名であった。古代ギリシャの人びとは、エーゲ海からダーダネルス海峡とボスポラス海峡を通って黒海を結ぶ線のこちら側を「エウローペー（Europe）」、そして向こう側を「アシエー（Asie）」と呼んだ。「アジア（Asia）」はそのラテン語形であり、この二つの固有名そのものは古代アッシリアにまでさかのぼると言われている。だからアジアという枠組み自体がヨーロッパによって規定されたものだということは、しばしば指摘されることである［松枝：二〇〇五、植村：二〇〇六］。

さらに言えば、本書でキーワードの一つとなっている「東南アジア（Southeast Asia）」は第二次大戦後生まれの新しい言葉であり、政治性を帯びた言葉である。「東南アジア」は第二次大戦中、マウントバッテン指揮下に東南アジア司令部が設置されたのが公式に使われた最初の例とされているが、これは英語での話であり、米語では戦後もしばらく「中国とその周辺（China and its vicinities）」がこの地域を一括して呼ぶ言葉として使われていた。それが、一九四九、五〇年頃、ワシントンで

「東南アジア」が新しく使われるようになったのである。四九年に中華人民共和国が成立し、五〇年には朝鮮戦争が勃発して「中国とその周辺」では都合が悪くなったからである［白石：二〇〇〇］。このように、地理的概念とはしごく人為的なものである。

戦前、戦中の日本にも多くのアジア主義者たちがおり、この領域の研究も数多くある。だがアジアとは実体のない概念であるから、それが何であるかを指し示すことは難しい。できるとすれば、特定の誰かにとってアジアとはどのようなものであったかを描くことであろう。とはいえ本章で取り上げたジャーナリストたちは思想家ではないし、アジアとは何かについて明確に語ったりしていない。おそらく大雑把な地理的区分として捉えていたと考えて差支えないだろうが、時代背景を考えればそれに加え、欧米に支配ないし翻弄されているという性質を彼らは共通して意識していたと思われる。だが、そのことへの向き合い方は、一様ではない。

宋徳和は、アジア諸国が次々と独立を遂げていた一九四九年にPANAを設立した。その目的は、「アジアのニュースを、アジアの視点から、アジア地域の新聞に提供すること」であった［UNESCO: 1953］。こうした試みは、五五年のバンドン会議に象徴されるアジア・アフリカ諸国の連帯の動きを思い起こさせる。

バンドン会議の内容はすでに紹介したので繰り返さないが、その先駆けとなったのは四七年三月にインドのニューデリーで開催されたアジア関係会議であった。植民地や属領を含む二九カ国が参加し、民族独立問題、植民地経済から民族経済への意向の問題などが討議され、連帯と協力が確認された。また四九年一月には、その流れをくむ「インドネシアに関する一八カ国会議」が再びインドで開かれている。

　バンドン会議の構想が表面化するのは、五四年四月にセイロンで開かれたコロンボ会議である。ジュネーヴ会議と同時期に開催されたこの会議は、インドシナ情勢への危機感を背景に、インドシナ休戦や民族自決などについて話し合われたものであり、同会議にてインドネシア首相のアリ・サストロアミジョヨがアジア・アフリカ会議の開催を提案したのである。アジア・アフリカの連帯という思想自体はそれほど新しいものではなかったものの、脱植民地化という二〇世紀の潮流を基礎に、会議という形に結実するには具体的な契機が必要であった［宮城：二〇〇一］。

　サストロアミジョヨの構想は、彼が五〇年から五三年まで駐米大使を務めた経験から生まれたものだという。ワシントンで各国の外交官と交流するうちに、アジア・アフリカ諸国が米ソの冷戦に巻き込まれたくないという共通の思いを持っていることを知り、団結の必要を痛感したのであった［Sastroamijoyo: 1979］。

　おそらく、アジア諸国を取材でまわっていた宋にも似たような認識が生まれたのではないだろうか。すなわち、各国とも共通してアジア目線の情報に飢えていたことに宋は気がついたのである。ＰＡＮＡの誕生は、バンドン会議に象徴されるようなアジア・アフリカ連帯の思想と同じ潮流にあったのであり、宋徳和はその思想をジャーナリズムの世界で実務家として行った人物だと位置づけられるのではないか、というのが本書の考えである。

　新興国と欧米との情報格差をめぐる論争は少なくとも五〇年代、前者が独立した直後からなされていた。だがこのことが国際会議などの場で表立った議論として注目されるようになるのは七〇年代以降のことである。バンドン精神などを源流とする非同盟主義諸国は七三年、アルジェで行われた第四回会議で現存の通信経路を再編するための共同行動をとるべきだとの宣言を採択し、七六年のユネスコ総会ではそうした「新国際情報秩序」を実現するためのマスメディア宣言草案を提出した。それによって、欧米との激論が起きる。非同盟諸国の主張は、現在のような不均衡な状態を是正するために「自由」な情報の流れを国家が制限すべき、という傾向があったためである［フレデリック：一九九六］。

一方、こうした趨勢を背景にこの時代には通信社の連携も進み、ニュース交換協定などが結ばれた。例えば第三章で共同通信社が参加していることでも触れたアジア太平洋通信社機構（ＯＡＮＡ）が六一年、非同盟諸国の通信社で構成される非同盟通信社プール（ＮＡＮＡＰ）が七五年、ラテンアメリカの国営通信社の集まりである国家情報組織連合（ＡＳＩＮ）が七九年、アフリカの通信社で構成される全アフリカ通信社（ＰＡＮＡ）が七九年に設立され、アラブ諸国の通信社で構成されるアラブ通信社連合（ＦＡＮＡ）は七五年に運営開始した。

このように、六〇年代から七〇年代にかけて、新国際情報秩序構築への要求が高まる中でいくつもの通信社連合が発足したのである。これらは各国政府の主導ないし管理下にあったり、構成通信社自体が国営通信社であったりした［フェンビー：一九八八、江口：一九九七］。

こうした組織は、複数の通信社による共同体として創設されている。宋の立ち上げたＰＡＮＡは名前は似ていても、あくまでもそれ自体が一つの通信社である。アジア各国の新聞記者がおそらくは元々の仕事を継続しながらＰＡＮＡをも兼務したという形だ。また、新国際情報秩序を求めるユネスコ等での動きも、通信社連合の設置も、政府によるものであった。国家主導であることのメリットとデメリットについてはここでは深く議論しないが、ＰＡＮＡは完全な民間のビジネスとして登場したという点でそれらの試みと異なっている。

長谷川才次が構築しようとした「太平洋ニューズ圏」も七〇年代の趨勢とパラレルであったと言える。だがこれは長谷川の退陣もありうまくいかなかった。もちろん退陣しなかったらうまくいっていたのかといえば、心もとない。長谷川は「少なくとも太平洋圏については、勉強次第でＡＰの塁を摩することが出来るのではないか」と考えたわけだが、「ニューズ植民地」からの脱却と言ってもその主役は「時事」であったから、その思いをＰＡＮＡのアジア代表らと共有できていたとは思われない。

もちろん、客観的データとして、識字率やメディア組織の発達、機器の設置状況などを見て、日本が豊かな状態にあったことは紛れもない事実である。だが長谷川のような発想を前にして、私たちは「脱亜」と「興亜」のせめぎ合いを繰り返してきた日本知識人の歴史を思い出さずにいられないだろう。

中国研究者の竹内好は、アジア太平洋戦争を「脱亜が興亜を吸収し、興亜を形骸化して利用した究極点、とした方がいいかもしれない」と述べた。つまり日本はアジアではないから、アジアを率いるのである。また五八年に書いた別の論考の中で、「日本はアジアでないといいながら、アジアにおける支配権は失いたくないのである。西欧（そのチャンピオンはアメリカだ）とアジアの中間に立って、買弁としてサヤを取りたいというのが隠された本心である。これは今日のアジアの動きと正反対だ」と喝破している〔竹内：一九九三〕。「アジアのための通信社」という理念がこのような野望の中に吸収されてしまったとすれば、同じ構造を繰り返しているとしか言いようがない。

とはいえ日本の戦争目的を「アジア諸民族の独立解放」として美化した長谷川も、逆にその戦争責任を認める立場の岡村や近藤も、日本をアジアから切り離して考えているという意味では共通している。もちろんそのことを批判するつもりはない。日本人として日本に生まれ育った彼らにはそのような認識が自然だったろうし、彼らはそれを引き受けなければならなかった。しかしこの点こそ、中国系移民としてハワイに生まれ育ち、各地で他者としての眼を持ちながら社会を見た宋や、支配者が変わる中で国籍を四回変え、「人間にとって国籍はたいした意味はないのです」と言い切った陳らと異なる部分なのである。言い換えれば、国民国家への帰属意識が長谷川や近藤、岡村と、宋や陳とでは違うということだ。ＰＡＮＡ運営において華僑のネットワークが一定の役割を果たしていたことからもそれはうかがえる。アジアが単なる国家の集合体ではなく、アジアそのものとして「想像の共同体」になりえるとすれば、その時のアジア人とは宋や陳のような人々だろう。そしてその時にこそ、「アジアの、アジア人による、アジアのための通信社」は成功を収めているはずである。

本書では、各ジャーナリストの生い立ちからＰＡＮＡとの出会い、離れるまでの期間を記述してきた。最後に彼らのその後を紹介しておきたい。

岡村昭彦は、六五年にＰＡＮＡとの契約を解消後、沖縄や環太平洋諸島、アイルランド、ビアフラ他、世界各国を取材しフォトジャーナリストとして活躍した。七一年にはラオス侵攻作戦の実態をただ一人地上から取材することに成功し、成果が『ライフ』に掲載されている。その後も小泉八雲の足跡をたどりながら松江、シンシナティ、マルティニク島などを訪れたり、七三年にはパリでヴェトナム和平交渉を取材した。八〇年以降はバイオエシックスやホスピスに関心を持ち、調査や講演活動を行って看護師や母親、医師など関心を持つ市民に対して直接語り掛けるという活動を続けた。そして八五年三月、敗血症のため五六歳で生涯を閉じている〔岡村：一九八七〕。毀誉褒貶はあるものの、平和や生命などを探求したその人間性は他を魅了し、死後も複数の評伝が書かれるほど戦後史に名を残す人物である。

近藤幹雄は、六七年にＰＡＮＡの代表取締役を退いた後、個人事務所コンドウ・アソシエーツを設立し、経営コンサルタントとして多くの会社の経営に携わった。また、更生管財人として会社の再建を行うなど多岐にわたる活動をした他、八九年には三木淳らとともに日本写真作家協会の設立に尽力した。二〇〇九年に現役を引退し、二〇一一年に肺炎と骨折により入院、闘病生活を経て翌一二年六月に死去した。私が近藤に出会ったのがちょうど引退した時期であったことを想うと、不思議なめぐりあわせに感謝の念を禁じ得ない。

長谷川才次は、七一年に「時事」から退いた後、同社から切り離された時事画報社の理事長としてグラフ誌『フォト』の仕事に専念した。だが長谷川に長年連れ添っていた秘書の給料をめぐっておきた内紛により、七二年三月にはそこも去ることになった。同月、画報社を退職する少し前に株式会社「内外ニュース」を設立し、『世界と日本』という週刊紙を発行し始める。長谷川の他に海外の著名な研究者や政策担当者が実名で寄稿し、日本の政財界を中心に幅広い読者を獲得したが、またしても長谷川と秘書による社業私物化を批判する内紛が起きる。そして七八年一月、癌が発見され胃の摘出手術を受けるも、三月に急性心不全のため死去した［「長谷川才次」刊行会：一九七九、下山：二〇〇二］。長谷川の言論人としての才を思えば、会社組織の運営に問題が起きてしまったのは残念なことである。

宋徳和は、六二年にPANAを後継に譲ると、香港で雑誌『アジア・マガジン』の編集に傾注した。しかしそれも六三年頃には退き、六四年にアジア・マーケティング・メディア社を設立、六五年に『アジアン・インダストリー』誌を発行している（同紙は後にファー・イースト・トレード・プレスに売却）。ビジネス・センスにたけた人で、次々と新しい事業を起こした。そんな宋も六八年に癌を患い、六九年四月に五八歳で亡くなった。彼は見舞いに来た友人に、自分はやり残したことがたくさんあると嘆き、「今死んでいくことは、本当に耐えられない」と語ったという［陳：二〇一二］。陳加昌は「神がもっと多くの時間を与えていたら、彼はより多くのことを成し遂げたに違いない」と書いているが、誠にその通りだと思う。世界を渡り歩き時代を俯瞰した宋ならば、人々の先を行く新規なビジネスをまた実現することができただろう。

陳加昌は、二〇〇二年に『PANAニュース』を譲渡した。だが、『ニュース』の挨拶文で彼自身が、「ジャーナリズムは私にとって天職であり、一生涯放棄することができない使命でもあります。パナニュースの譲渡が即ち引退を意味するわけでは決してありません」と述べているように、その後も旺盛な執筆活動を続けている。二〇一一年に出版されたヴェトナム戦争取材の回想録『越南我在現場』(ヴェトナム　私は現場にいた)は、中国語でヴェトナム体験を語った書籍が珍しく、またルポ形式が読みやすいということで評判となり、シンガポールだけでなく香港や台湾でも出版された。また、二〇一五年に刊行された『我所知道的李光耀』(私の知っているリー・クアンユー)も、シンガポールのノンフィクション部門売上一位、中国語圏書籍の同部門で五位を記録するほどの人気を博している。八六歳となった現在も新作を書き進めているようで、先日もカンボジアを取材に訪れたそうである。

そして最後に、PANAはその後どうなったのか。本書では「太平洋ニューズ圏」構想が長谷川の退陣と共に消えていく一九七一年までを対象とした。それは、その辺りまでを同社が「アジアの通信社」としてのアイデンティティを残していた時期だと考えたからである。以後は次第に写真通信社として正常化し、経営再建して「ノーマルな」メディア企業になっていく。もちろんアジア関係の歴史写真のストックは多く、アジア各国のPANAともしばらくは連携が続いていた。だが、アジアという認識はだんだんと少なくなっていった。

二章で述べたように、PANAは六七年に「時事」の出資を得て資本金を一〇〇〇万円に増資するとともに、近藤が退いて「時事」の代表取締役である長谷川がPANA代表取締役に就任した。その後、七三年に経営の一切を「時事」に委任し、八四年一一月には発行株式二万株全株を「時事」が取得、一〇〇%子会社として再出発した。六七年度に約四九〇〇万円だった総収入は、九四年度には約一億八八〇〇万円になっている［時事通信社社史刊行部会:一九九五］。

そして二〇一三年、ＰＡＮＡ通信社は「時事通信フォト」に社名を変更した。もうＰＡＮＡの名は残っていないのである。「ＰＡＮＡ」が消えたことについて、私が取材したＯＢ、ＯＧの中には寂しく思っている者もいた。だが、時代は変わっていくものであるから、名称を変えることで仕事がやりやすくなったり、幅が広がったりするのであればそれが進歩、前進というものだと考えている、という声もあった。

私自身は、このようなタイミングで本書を執筆できたことを嬉しく思っている。また別のあるＯＢは、「近藤さんも亡くなりましたし、初期のことを知っている人はほとんど亡くなりました。すべては忘却の彼方へと飛び去ってしまうのでしょうか？」と語った。その時に言わなかった返答を今ならすることができる。「そうはさせませんよ」と。

現代アジア・ジャーナリズム史の一角に存在したアジアの通信社とそこに携わった人々の思いを、少しでも残すことができたとすれば幸いである。

インタヴュー・リスト

＊敬称略。正式なインタヴューの他に、会合でお話を聞かせていただいた方も含めている。

藍原瑞穂：元ＰＡＮＡスタッフ。二〇一三年七月二一日、東京・新宿スタジオ「俯瞰写」にて。
秋岡家栄：元朝日新聞社サイゴン特派員。二〇一〇年一月一三日、東京・プレスセンター九階ラウンジにて。
井川一久：元朝日新聞社サイゴン特派員。二〇〇八年九月九日、東京・目黒の喫茶店にて。
石井義治：元ＰＡＮＡカメラマン。二〇一六年二月七日、東京・新宿の喫茶店、同年五月二一日、神奈川県・大磯の喫茶店にて。その他、複数回のメールのやり取り。
石川文洋：フリーカメラマン。二〇一〇年二月一〇日、長野・ＪＲ上諏訪駅の喫茶店にて。
伊藤良二：元ＰＡＮＡスタッフ。二〇一五年七月四日、東京・銀座の飲食店にて。その他、電話と手紙によるやり取り。
市来逸彦：元ＰＡＮＡカメラマン。二〇〇九年一一月一九日、東京・時事通信社ビル内にて。その他、書面によるインタヴュー。
今城力夫：元ＵＰＩ通信社カメラマン。二〇一五年一〇月一〇日、東京・日本外国特派員協会有楽町電気ビル内レストランにて。
大槻尊光：元ＰＡＮＡスタッフ。二〇一三年七月二一日、東京・新宿スタジオ「俯瞰写」にて。その他、複数回のメールのやり取り。
小川卓：元カメラマン。二〇一五年四月四日、東京・新宿の喫茶店にて。その他、複数回の手紙・メールのやり取り。

木村譲二：元ＰＡＮＡスタッフ。二〇一〇年一月一三日、東京・成城学園駅の喫茶店にて。その他、複数回のメールのやり取り。
小秋元龍：元ＰＡＮＡカメラマン。二〇一二年一一月二六日、東京・新宿スタジオ「俯瞰写」にて。その他、複数回のメールのやり取り。
小西（矢野）暁美：元ＰＡＮＡスタッフ。二〇〇九年一二月一〇日、京都・三条京阪の喫茶店にて。
近藤淳：近藤幹雄長男。二〇一三年七月二一日、東京・新宿スタジオ「俯瞰写」にて。
近藤毅：近藤幹雄次男。二〇一六年五月二六日、東京・目黒の喫茶店にて。
近藤幹雄：元ＰＡＮＡ社長。二〇〇九年一〇月二一日、東京・時事通信社ビル内にて。
桜井芳明：元ＰＡＮＡスタッフ。二〇一五年七月四日、東京・銀座の飲食店にて。
佐野道子：元ＰＡＮＡスタッフ。二〇一五年七月四日、東京・銀座の飲食店にて。
島津葆史：元ＰＡＮＡスタッフ。二〇一五年七月四日、東京・銀座の飲食店にて。
菅田正俊：元ＰＡＮＡスタッフ。二〇一〇年九月七日、東京・池袋の喫茶店、二〇一五年九月二〇日、東京・新宿のレストラン、二〇一六年二月七日、東京・新宿の喫茶店にて。
鈴木博信：元ＮＨＫ移動特派員。二〇一〇年七月一〇日、東京・プレスセンター九階ラウンジにて。
住吉正道：元ＰＡＮＡスタッフ。二〇一二年二月一一日、一一月二六日、東京・新宿スタジオ「俯瞰写」にて。
陳加昌：元ＰＡＮＡシンガポール社長。二〇〇九年一二月二～六日、二〇一二年二月一六～二一日、二〇一六年二月一八～二三日。シンガポール・陳氏自宅にて。
寺島利正：元ＰＡＮＡスタッフ。二〇一二年一一月二六日、東京・新宿スタジオ「俯瞰写」にて。
波多野宏一：元朝日新聞社香港特派員。二〇一〇年一月一二日、東京・波多野氏自宅にて。
林理介：元朝日新聞社ジャカルタ特派員。二〇〇八年九月九日、東京・プレスセンター九階ラウンジにて。
藤村一郎：元ＩＮＳ通信社カメラマン。二〇一三年七月二一日、東京・新宿スタジオ「俯瞰写」にて。その他、書面によるインタヴュー。

本間和美：元ＰＡＮＡ社長秘書。二〇〇九年一〇月二一日、東京・時事通信社ビル内にて。
益岡良吉：元ＰＡＮＡスタッフ。二〇一二年一一月二六日、東京・新宿スタジオ「俯瞰写」にて。
峰岸輝一：元ＰＡＮＡスタッフ。二〇一五年七月四日、東京・銀座の飲食店にて。
森岩弘：元ＰＡＮＡスタッフ。二〇一三年七月二一日、東京・新宿スタジオ「俯瞰写」にて。
森田昌宏：元ＰＡＮＡスタッフ。二〇一三年七月二一日、東京・新宿スタジオ「俯瞰写」にて。
山本茂：元ＰＡＮＡスタッフ。二〇一五年七月四日、東京・銀座の飲食店にて。
渡辺澄晴：元日本光学工業スタッフ、写真家。二〇一五年四月四日、東京・新宿フォトギャラリー「シリウス」にて。

調査協力機関

青森県立図書館
市政専門図書館
新聞通信調査会通信社ライブラリー
時事通信社
時事通信フォト（旧ＰＡＮＡ通信社）
東京工芸大学

参考文献

朝日新聞百年史編修委員会（一九九四）『朝日新聞社史　昭和戦後編』朝日新聞社
有山輝雄（一九九六）『占領期メディア史研究　自由と統制・一九四五年』柏書房
有山輝雄（二〇一三ａ）『情報覇権と帝国日本Ⅰ　海底ケーブルと通信社の誕生』吉川弘文館
有山輝雄（二〇一三ｂ）『情報覇権と帝国日本Ⅱ　通信技術の拡大と宣伝戦』吉川弘文館
飯沢耕太郎（二〇〇八）『増補　戦後写真史ノート　写真は何を表現してきたか』岩波書店

石井妙子（二〇〇九）『おそめ　伝説の銀座マダム』新潮社
石原莞爾・宋徳和（一九八六）「満州事変の真相」玉井礼一郎編『石原莞爾選集5　教育革新論・国防政治論』たまいらぼ
今井幸彦（一九七三）『通信社　情報化社会の神経』中央公論社
岩崎育夫（一九九六）『リー・クアンユー　西洋とアジアのはざまで』岩波書店
——（二〇一三）『物語　シンガポールの歴史』中央公論新社
岩永裕吉君伝記編纂委員会（一九四一）『岩永裕吉君』岩永裕吉君伝記編纂委員会
岩間優希（二〇一〇）『ヴェトナム戦争の初期報道における日本のジャーナリズム』博士論文（立命館大学）
植村邦彦（二〇〇六）『アジアは〝アジア的〟か』ナカニシヤ出版
上野英信（一九八六）「解説」岡村昭彦『岡村昭彦集1』筑摩書房
梅本浩志（一九九六）『わが心の「時事通信」闘争史　日本マスコミの内幕的一断面』社会評論社
永六輔、大竹省二（二〇〇六）『赤坂檜町テキサスハウス』朝日新聞社
江口浩（一九九七）『「TOKYO発」報道戦争』晩聲社
大西覚（一九七七）『秘録昭南華僑粛清事件』金剛出版
岡部冬彦（一九七八）「不思議な写真家」稲村正隆『ソノラマ写真選書14　踊り子』朝日ソノラマ
岡村昭彦（一九六五）『南ヴェトナム戦争従軍記』岩波書店
——（一九六六）『続南ヴェトナム戦争従軍記』岩波書店
——（一九七五）『兄貴として伝えたいこと——岡村昭彦証言集』PHP研究所
——（一九七八）「R・キャパ　戦場にロマンを見た男」『現代の眼』一九（一二）、現代評論社
——（一九七九）「世界史のシッポをとらえるまで」「知的生産の技術」研究会編『続・わたしの知的生産の技術』講談社
——（一九八七）『岡村昭彦集6　ホスピスへの遠い道』筑摩書房

岡村昭彦・近藤幹雄（一九六五）「従軍対談　戦争」『サンデー毎日』（一月一〇日号）、毎日新聞社
岡村春彦（一九八六）「兄貴に伝えたいこと　あるいは兄・昭彦のこと」『本』五月号、講談社
荻野富士夫（二〇一二）『特高警察』岩波書店
小倉貞男（一九七七）「平和を叫び続けた解放ベトナム〝民間大使〟」『週刊読売』三六（七）、読売新聞社
笠井真男・竹内亨（一九九八）「国連軍従軍記者として朝鮮へ」『体験者に聞くテーマ別戦後新聞史』第二号、日本新聞協会
笠原十九司（一九九四）『アジアの中の日本軍　戦争責任と歴史学・歴史教育』大月書店
笠原十九司（一九九七）『日中全面戦争と海軍　パナイ号事件の真相』青木書店
金森幸男（一九九三）『銀座・エスポワールの日々』日本経済新聞社
河上徹太郎（一九四五）「大公報特派員　宋徳和君と語る」『文藝春秋』一二月号、文藝春秋社
川名鍬次郎編（一九八四）『ホスト・トゥ・ザ・ワールド』竹村喜久子
關禮雄（林道生訳）（一九九五）『日本占領下の香港』御茶の水書房
木畑洋一（一九九五）「ヨーロッパから見たアジア太平洋戦争」中村政則他編『世界史の中の一九四五年』岩波書店
共同通信社社史刊行委員会（一九八一）『共同通信社三十五年』共同通信社
許雲樵・蔡史君編（田中宏・福永平和訳）（一九八六）『日本軍占領下のシンガポール　華人虐殺事件の証明』青木書店
暮尾淳（一九九一）『カメラは私の武器だった　きみは、アキヒコ・オカムラを知っているか』ほるぷ出版
クロウ、カール（山腰敏寛）（一九九三）『モルモットをやめた中国人　米国人ジャーナリストが見た中華民国の建設』東方書店
ゲイン、マーク（井本威夫）（一九六三）『ニッポン日記』筑摩書房
ゲロー、デイビッド（清水保俊訳）（一九九七）『航空テロ　一九三〇年から現在までの「航空犯罪」記録集』イカロス出版

洪小夏（河本美紀訳）（二〇〇四）「サンフランシスコ会議中国代表団の編成過程　国共関係の国際問題化」西村成雄編『中国外交と国連の成立』法律文化社
小西豊治（二〇〇六）『憲法「押しつけ」論の幻』講談社
小林英夫（二〇〇一）『戦後アジアと日本企業』岩波書店
小林英夫、柴田善雅（一九九六）『日本軍政下の香港』社会評論社
近藤紘一（一九八八）『パリへ行った妻と娘』文藝春秋
近藤幹雄（一九六五）「話題のマーケッター　アジアの市場調査業務に着手」『セールスマネジャー』一（二）、ダイヤモンド社
近藤綸二（一九二八）「親権行使の制限に就いて」『正義』四（六）、帝国弁護士会
佐々木俊尚（二〇一〇）『「当事者」の時代』光文社
佐藤早苗（一九八七）『東條勝子の生涯　〝A級戦犯〟の妻として』時事通信社
時事通信社社史刊行部会（一九九五）『時事通信社50年史』時事通信社
時事通信社社史編纂委員会（一九六五）『建業十有五年』時事通信社
時事通信社社史編さん委員会（一九七〇）『建業弐十五年』時事通信社
――（一九八五）『建業四十年』時事通信社
時事通信社シンガポール支局（二〇〇三）「シンガポール社会NOW　終戦、敗戦にあらず　ノートに綴られた日本占領下のシンガポール」『時事速報』八三六一号、時事通信社シンガポール支局
篠崎護（一九七六）『シンガポール占領秘録』原書房
清水洋（二〇〇四）『シンガポールの経済発展と日本』コモンズ
下山進（二〇〇二）『勝負の分かれ目（上）』角川書店
白石隆（二〇〇〇）『海の帝国　アジアをどう考えるか』中央公論新社
白石忠男（一九九九）「佐倉時代の岡村昭彦　上本佐倉の部落解放運動に風穴を開ける」中川道夫編『シャッター以

前』（三）、岡村昭彦の会
白山眞理（二〇一四）『〈報道写真〉と戦争　一九三〇―一九六〇』吉川弘文館
シンガポール日本人会（一九七八）『「南十字星」記念復刻版』シンガポール日本人会
新藤健一（二〇〇六）『疑惑のアングル』平凡社
神保光太郎（一九四三）『昭南日本学園』愛之事業社
鈴木静夫・横山真佳編（一九八四）『新生国家日本とアジア　占領下の反日の原像』勁草書房
鈴木安蔵（一九四五）「憲法改正の根本論点」『新生』一二月号、新生社
――（一九六七）『憲法学30年』評論社
鈴木陽一（二〇一一）「マラヤ非常事態」和田春樹他編『岩波講座東アジア近現代通史7　アジア諸戦争の時代　1945―1960年』岩波書店
スノー、エドガー（松岡洋子訳）（一九六三）『目覚めへの旅』紀伊國屋書店
戦争と空爆問題研究会編（二〇〇九）『重慶爆撃とは何だったのか　もうひとつの日中戦争』高文研
宋徳和（一九四八）「戦争と日本人の責任」『世界週報』二九（一）、時事通信社
――（一九五〇）「東南アジアの現段階」『朝日評論』五（八・九）、朝日新聞社
――（一九五一）「カメラと共にある生活」『アサヒカメラ』三六（六）、朝日新聞社
――（一九五二）「近衛　鳩山　吉田　外人記者の回想と直言」『ダイヤモンド』四〇（九）、ダイヤモンド社
宋徳和・長谷川才次（一九四九）「古い日本と新しい日本」『世界週報』三〇（一）、時事通信社
――（一九五〇）「東亜の各地をめぐって」『世界週報』三一（三一）、時事通信社
袖井林二郎（二〇一五）『マッカーサーの二千日』中央公論新社
高木桂蔵（一九九一）『客家』講談社
高草木光一（二〇一六）『岡村昭彦と死の思想「いのち」を語り継ぐ場としてのホスピス』岩波書店
竹内好（一九九三）『日本とアジア』筑摩書房

多仁安代（二〇〇〇）『大東亜共栄圏と日本』勁草書房
田村慶子（二〇〇〇）『シンガポールの国家建設』明石書店
ダンカン、デイビッド・ダグラス（PANA通信社訳）（一九六七）『ヤンキー放浪者　写真によるオデッセイ』ニッコールクラブ
中国新聞『亜細亜からアジア』取材班（一九九三）『亜細亜からアジア 共生への道』中国新聞社
チュオン・ニュ・タン（吉本晋一郎訳）（一九八六）『ベトコン・メモワール　解放された祖国を追われて』原書房
陳加昌（一九六四）「親友ゴ・ジンヌー夫人へ忠告する」『二人自身』四（七）、光文社
――（一九七六a）「わが半生の日本人①「永遠の敵などというものはない」」『南十字星』一〇・一一月号、シンガポール日本人会
――（一九七六b）「わが半生の日本人②「軍服で人間を判断してはならない」」『南十字星』一二月号、シンガポール日本人会
――（一九七七）「わが半生の日本人（完）「これからも愛と苦楽をわかち合う」」『南十字星』一・二月合併号、シンガポール日本人会
――（一九八四）「二宮先生を悼む」『南十字星』四月号、シンガポール日本人会
通信社史刊行会（一九五八）『通信社史』通信社史刊行会
辻井榮滋（一九九〇）「J・ロンドンに仕えた日本人使用人たち　関根時之助の場合」『立命館言語文化研究』二（二）、立命館大学
土橋弘道編（一九八五）『軍服生活四十年の想出』勁草出版サービスセンター
帝国ホテル編（一九九〇）『帝国ホテル百年史　1890―1990』帝国ホテル
富重静雄・江越壽雄・藤村一郎（一九九八）「〝前線〟と捕虜収容所の取材」『体験者に聞くテーマ別戦後新聞史』第二号、日本新聞協会
ドライスデール、ピーター・D・山澤逸平（一九八四）「太平洋貿易開発会議と小島清教授」『一橋論叢』九二（四）、

日本評論社
鳥居英晴（二〇一四）『国策通信社「同盟」の興亡　通信記者と戦争』花伝社
内藤頼博・川島武宜編（一九八六）『自由人近藤綸二　一法曹の生涯』日本評論社
永積昭（一九八七）『月は東に日は西に　東南アジアと日本のあいだ』同文舘出版
永野慎一郎・近藤正臣編（一九九九）『日本の戦後賠償　アジア経済協力の出発』勁草書房
中村貢（一九八五）「朝鮮戦争　証言Ⅰ国連軍に従軍して」山室英男編『〈ジャーナリストの証言〉昭和の戦争10　朝鮮戦争・ベトナム戦争』講談社
西岡香織（一九九七）『シンガポールの日本人社会史「日本小学校」の軌跡』芙蓉書房出版
日本シンガポール協会（一九八六）「シンガポールの2紙が日本人批判論争」『月刊シンガポール』一一月号、日本シンガポール協会
日本新聞協会
――（一九六四）『日本新聞年鑑1964』電通
――（一九六六）『日本新聞年鑑1966』電通
――（一九七六）『日本新聞協会三十年史』日本新聞協会
ニューカム、リチャード・F（田中至訳）（二〇〇六）『硫黄島　太平洋戦争死闘記』光人社
ニューヨーク・タイムズ編（杉辺利英訳）（一九七二）『ベトナム秘密報告 上』サイマル出版会
萩野脩二（二〇〇五）「謝冰心とスチュアート　燕京大学を中心に」『關西大學文學論集』五四（四）、関西大学文学会
長谷川才次（一九四八）「崩壊の前夜」『女性改造』八月号、改造社
――（一九五二a）「同盟通信社解体の内幕　上　まず業務の停止命令」『新聞協会報』（八六〇）、日本新聞協会
――（一九五二b）「同盟通信社解体の内幕　中　先手を打って解散通告」『新聞協会報』（八六一）、日本新聞協会
――（一九五二c）「同盟通信社解体の内幕　下　新聞組合と経済サービス」『新聞協会報』（八六二）、日本新聞協会
――（一九五二d）「時事通信社の発足　上　〝素手で荒海へ〟式の商法」『新聞協会報』（八六五）、日本新聞協会

――（一九五二e）「時事通信社の発足　下　〝梁山泊〟的気概で合作社」『新聞協会報』（八六六）、日本新聞協会
――（一九六五a）「淡如水　恩師畏友」『PHP』九月一日号、PHP研究所
――（一九六五b）「ANCの流産から合併論まで」『時事通信社報』八月一日号
――（一九七四）「対抗試合」『青森県立青森高等学校史』青森県立青森高等学校校史編集委員会
「長谷川才次」刊行会（一九七九）『長谷川才次』、長谷川才次刊行会
秦郁彦編（一九九一）『日本陸海軍総合事典』東京大学出版会
鳩山一郎（一九五七）『鳩山一郎回顧録』文藝春秋新社
――（一九九九）『鳩山一郎・薫日記〈上巻〉鳩山一郎篇』中央公論新社
鳩山薫・鳩山一郎（二〇〇五）『鳩山一郎・薫日記〈下巻〉鳩山薫篇』中央公論新社
林英一（二〇一二）『残留日本兵　アジアに生きた一万人の戦後』中央公論新社
林博史（一九九八）『裁かれた戦争犯罪　イギリスの対日戦犯裁判』岩波書店
――（二〇〇五）『BC級戦犯裁判』岩波書店
――（二〇〇七）『シンガポール華僑粛清　日本軍はシンガポールで何をしたのか』高文研
原秀成（二〇〇六）『日本国憲法制定の系譜〈3〉戦後日本で』日本評論社
原不二夫（二〇〇二）「マラヤ連合の頓挫とマラヤ連邦」池端雪浦他編『東南アジア史8　国民国家形成の時代』岩波書店
春原昭彦・小松原久夫（一九八六）「カイズ・ビーチ　戦闘記者をへて駐日特派員」『別冊新聞研究　聴きとりでつづる新聞史』（二二）、日本新聞協会
パン、リン（片柳和子訳）（一九九五）『華人の歴史』みすず書房
――編（游仲勲監訳）（二〇一二）『世界華人エンサイクロペディア』明石書店
東久邇宮稔彦（一九四七）『私の記録』東方書房
――（一九五七）『一皇族の戦争日記』日本週報社

平敷安常（二〇一〇）『サイゴン　ハートブレーク・ホテル　日本人記者たちのベトナム戦争』講談社
平野素邦（一九九五）『戦争責任　我に在り』光文社
平塚柾緒（二〇一五）『玉砕の島々』洋泉社
比留間洋一（二〇一〇）「フィン・タン・ファット小伝――『続南ヴェトナム戦争従軍記』の副主人公」『シャッター以前』（五）、岡村昭彦の会
フェンビー、ジョナサン（小糸忠吾訳）（一九八八）『国際報道の裏表』新聞通信調査会
福岡誠一（一九七四）「連合・同盟時代の松方君」松本重治他編『松方三郎』共同通信社
福島慎太郎・長谷川才次（一九六八）「通信社はいかにあるべきか」『新聞研究』（二〇一）、日本新聞協会
フライ、ヘンリー（波多野澄雄訳）（二〇〇二）「〝昭南〟の降伏」明石陽至編『日本占領下の英領マラヤ・シンガポール』岩波書店
古野伊之助（一九五五）「四十余年の夢」『五十人の新聞人』電通
古野伊之助伝記編集委員会（一九七〇）『古野伊之助』古野伊之助伝記編集委員会
フレデリック、ハワード・H.（川端末人他訳）（一九九六）『グローバル・コミュニケーション新世界秩序を迎えたメディアの挑戦』松柏社
ホイーラー、リチャード（堀江芳孝訳）（一九八一）『地獄の戦場　硫黄島・摺鉢山の決戦』恒文社
ポメロイ、チャールズ編（江口浩・佐藤睦訳）（二〇〇七）『在日外国特派員　激動の半世紀を報道して　1945年から1995年まで』新聞通信調査会
前田哲男（二〇〇六）『戦略爆撃の思想　ゲルニカ・重慶・広島』凱風社
町田敬二（一九六七）『戦う文化部隊』原書房
松枝到（二〇〇五）『アジアとはなにか』大修館書店
松本重治（一九八九）『上海時代（上）』中央公論新社
三木淳（一九七四）「木村伊兵衛氏のダンディズム」『日本写真家協会会報』三八号、日本写真家協会

三木淳監修（一九八三）『カール・マイダンス　激動日本の目撃者　１９４１〜１９５１』ニッコールクラブ
宮城大蔵（二〇〇一）『バンドン会議と日本のアジア復帰　アメリカとアジアの狭間で』草思社
宮脇弘幸（一九九三）「マラヤ、シンガポールの皇民化と日本語教育」大江志乃夫他編『岩波講座　近代日本と植民地（七）文化のなかの植民地』岩波書店
むのたけじ・岡村昭彦（一九六八）『一九六八年　歩み出すための素材』三省堂
森元治郎（一九八〇）『ある終戦工作』中央公論社
師岡宏次（一九八〇）『銀座写真文化史』朝日ソノラマ
安田道（二〇〇九）「実地明細絵図から読み解く明治の青森」『青森県立郷土館研究紀要』三三号、青森県立郷土館
矢吹晋・藤野彰（二〇一〇）『客家と中国革命　「多元的国家」への視座』東方書店
山口由美（二〇一三）『アマン伝説　創業者エイドリアン・ゼッカとリゾート革命』文藝春秋
山根良人（一九八四）『ラオスに捧げたわが青春　元日本兵の記録』中央公論社
山本文史（二〇一六）『日英開戦への道　イギリスのシンガポール戦略と日本の南進策の真実』中央公論新社
吉川利治（一九九四）『泰緬鉄道　機密文書が明かすアジア太平洋戦争』同文舘出版
吉田裕・森茂樹（二〇〇七）『アジア・太平洋戦争』吉川弘文館
李嘉・長谷川才次（一九七三）「台湾は主張する」『政界往来』三九（九）、政界往来社
リー・ギョク・ボイ（一九九六）『シンガポール近い昔の話　１９４２〜１９４５　日本軍占領下の人びとと暮らし』凱風社
李虎栄（一九九八）『日本のメディアにおける朝鮮戦争の報道に関する研究』博士論文（上智大学）
六十年史編纂委員会編（一九八三）『東京工芸大学六十年史』東京工芸大学
渡辺義雄他（一九五三）「座談会　弟子は師匠から何を学んだか」『アサヒカメラ』一九五三年三月号、朝日新聞社
『首輪のない猟犬たち　トップ屋　共同報告・情報キャンパスＶ』（一九七二）産報
「ピー子のおじゃまします！第12回　陳加昌（チン・カーチョン）さん【パナニューズ社長、ジャーナリスト】」（二〇

〇一）『PARTI』（八五）、PARTI

『共同通信社社報』
『新聞協会報』
『新聞通信調査会報』
『時事通信社報』

英語文献

Abend, Hallett., 1943, My Life In China 1926-1941, New York, Harcourt, Brace and Company

Alley, Norman., 1941, *I Witness*, New York, Wilfred Funk

Baillie, Hugh., 1959, *High Tention: The Recollections of Hugh Baillie*, New York, Harper & Brothers

Constable, Nicole., "Christianity and Hakka Identity", in Daniel H. Bays (ed.), *Christianity in China: From the Eighteenth Century to the Present*, California, Stanford University Press

Bureau of the census, 1940, *Sixteenth census of the united states: 1940: Population Hawaii*, Department of Commerce

Char, Walter F., Wen-Shing Tseng, Kwong-Yen Lum, Jing Hsu, 1980, *"The Chinese"*, in John F. McDermott, Jr., Wen-Shing Tseng, Thomas W. Maretzki, (eds.), *People and cultures of Hawaii: A Psychoculturcl Profile*, Honolulu, John A Burns School of Medicine and University of Hawaii Press

Chinese Ministry of Information (ed.), 1943, *Chia Handbook: 1937-1943*, New York, The Macmillan Company

French, Paul., 2009, *Through the Looking Glass: China's Foreign Journalists from Opium Wars to Mao*, Hong Kong, Hong Kong University Press

Kelley, Frank., Cornelius Ryan, 1947, *Star-Spangled Mikado*, New York, Robert M. McBride and Company

Lai, Him Mark., *"Roles Played by Chinese in America during China's Resistance to Japanese Aggression and during World War II", Chinese America: History and Perspectives 1997*, San Francisco, Chinese Historical Society of America

Mackinnon, Stephen R., Oris Friesen, 1990, *China Reporting: An Oral History of American Journalism in the 1930's and 1940's*, Berkeley, University of California Press

Merrill, John C., Hans Ibold, 2008, "The Beginning of Globalism in Journalism Education", in Betty Houchin Winfield (ed.), *Journalism 1908: Birth of Profession*, Columbia, University of Missouri Press

Nordyke, Eleanor C., Richard K. C. Lee, 1989, *"Chinese in Hawai'i: A Historical and Demographic Perspective", Hawaiian Journal of History, volume 23*, Honolulu, Hawaiian Historical Society

O'Connor, Peter., 2010, The English-language press networks of East Asia, 1918-1945, Folkestone, Global Oriental

Overseas Penman Club, 1929, *The Chinese of Hawaii*, Honolulu, Overseas Penman Club

Pan-Asia Newspaper Alliance, 1958, *The Asia Who's Who*, Hong Kong, Pan-Asia Newspaper Alliance

Perry, Hamilton Darby., 1969, *The Panay Incident: Prelude to Pearl Harbor*, New York, Macmillan

Sastroamijoyo, Ali., 1979, *Milestones on My Journey: The Memoirs of Ali Sastroamijoyo, Indonesian Patriot and Political Leader*, Queensland, University of Queensland

Shinozaki, Mamoru, 1975, *Syonan My Story: The Japanese Occupation of Singapore*, Singapore, Asia Pacific Press

Soong, Irma Tam., 1984, *Chinese-American Refugee: A world war II Memoir*, Honolulu, Hawaii Chinese History Center

Storey, Graham., 1951, *Reuters Century 1851-1951*, London, Max Parrish

UNESCO, 1953, News Agencies: Their Structure and Operation, Paris, UNESCO

Zecha, Austen Victor Lauw., 1962 *A Value-analysis of The Asia Magazine*, California, Stanford University, Master's thesis

中国語文献
中央通訊社（二〇一一）『1924：中央社、一部中華民國新聞傳播史』台北、中央通訊社
陳加昌（二〇一一）『越南、我在現場　一個戰地記者的回憶』新加坡、八方文化創作室
周培敬（一九九一a）『中央社的故事　民國二十一年至六十一年（上）』台北、三民
――（一九九一b）『中央社的故事　民國二十一年至六十一年（下）』台北、三民

映像資料
NHK（一九八五）『ETV8　二人のフォトジャーナリスト2　知己を後世に待つ　カメラマン岡村昭彦がたどった道』（一二月一〇日放送）

＊その他、新聞記事については本文中に記載した。

あとがき

本書では、戦後アジアに誕生したＰＡＮＡ通信社の歴史を、関わったジャーナリストらのライフヒストリーを軸にしながら執筆した。本書で扱いきれなかった二つの事柄について記しておきたい。

一つ目は資料に関することである。本書では公刊文献の他に、オーラルヒストリー、手紙、メモ、議事録、写真などを用い、知られざるＰＡＮＡの歴史をできるだけ掘り起こすことに努めたが、宋徳和の占領下日本での活動やＰＡＮＡ設立の背景は、これに加えて日本占領関係の公文書を調査すればさらに多くのことが分かる可能性もある。しかしながら、それらの文書は膨大な量に上り、関連する部局のものを閲覧するだけでもあと数年はかかる。そのため、今回は右に挙げた資料でひとまずまとめることとし、同盟通信社の解体などに関してのみ先行研究で発見された文書を国立国会図書館憲政資料室で確認するにとどめた。より本格的な探索は今後の課題としたい。

二つ目は、アジア各国のＰＡＮＡについてである。本書では東京の動きと、それに深い関わりのあるシンガポールを対象としたが、その他の国のＰＡＮＡ社や代表たちのライフヒストリーについても明らかにしたいと考えている。これについては現在、科学研究費（若手Ｂ）の助成を受け、「冷戦期アジアにおける汎リージョナル・メディアの研究――ＰＡＮＡ通信社を例に」（平成二九～三二年度）で調査中である。

ＰＡＮＡ代表といっても時期により異なるが、長谷川才次が「太平洋ニューズ圏」構想を進めていた七〇年ごろの代表について判明していることは以下の通りである（シンガポールは除く）。

カルロス・ニヴェラ（Carlos F. Nivera）（マニラ）

＊一九一四年生まれ。ニューヨーク・タイムズ、ＡＰ、フィリピン・ヘラルドなどの記者を歴任。

アレックス・ウー（Alex H. Wu 伍亜力）（バンコク）

＊タイ外国人特派員クラブ設立時（一九五五年）の共同設立者。

モナ・イー（Mona Yee 伊夢蘭）（台北）

＊一九三〇年南京生まれ。台湾初の女性カメラマン。二〇一四年に死去。

リンジョット・サストロミハルジョ（Sanjoto Sastromihardjo）（ジャカルタ）

チェン・ツェ・チョン（Tcheng Tse Choen）（ヴィエンチャン）

サルジャ（V. M. Saluja）（ニューデリー）

レ・ヴァン・リュック（Le Van Luc）（サイゴン）

呂国栄（Lui Kwok Wing）（香港）

ハン・サンソブ（Han San Sub）（ソウル）

ソロモン・デ・アルウィス（Solomon de Alwis）（セイロン）

右の情報だけで見ても、各国を代表する国際ジャーナリストであることがうかがえる。激動のアジアを生きた彼らのライフヒストリーを辿ることができれば、ＰＡＮＡを軸にしたダイナミックなアジア現代メディア史を描けるのではないだろうか。

本書を執筆するにあたってお世話になった方々に、ここで改めてお礼を申し上げたい。研究を遂行することができたのは、何よりもまずインタヴューにご協力くださった方々のおかげである。資料のほとんど残っていないＰＡＮＡの歴史を掘り起こすことは、皆様のご協力なしには不可能であった。また、インタヴュー・リスト、調査協力機関として挙げさせていただいた他にも、様々な方からのご支援をいただいた。

時事通信フォト支配人の小川泰成氏には、二〇〇九に近藤幹雄氏のインタヴューに同席していただいたときから、折に触れて質問に答えていただいたり、資料や写真をご提供いただいた。また、「時事」の社報閲覧をお願いした際には担当部局にご紹介くださり、あまり公にはなっていない同社の六〇〜七〇年代史を知ることができた。快く対応してくださった同社総務部長の玉城健二氏にも感謝申し上げたい。

また、シンガポールの陳加昌氏宅でインタヴューした際には、ご家族の皆様にも温かく迎えていただいた。とりわけ涼子夫人には、陳ファミリーのことやお二人の馴れ初めなど、ジャーナリストとしての仕事面とはまた違った観点から陳氏について教えていただくことができた。「あなたのことを信頼して」と、身内向けに書かれた「自分史」のコピーをくださったこともとても嬉しかった。

心からお礼申し上げたい。

「はじめに」で述べたように、本研究はもともと大学院時代に博士論文を書いている中で始まったものである。当時の所属先である立命館大学先端総合学術研究科や、その後ポストドクトラルフェローとして勤務した同大衣笠総合研究機構の諸先生方にも感謝申し上げたい。そこでの研究があってこそ成果が本書に結実したことは間違いなく、高水準の研究をしておられる先生方から多くのことを学ばせていただいたことを実感している。

そして本書執筆中の二〇一五年には、現在の勤務先である中部大学に専任教員として着任し、研究費や職員の方々のサポートなど、恵まれた環境で原稿を書き進めることができたのはありがたかった。とりわけ図書館スタッフの皆様には、いつも膨大な量の文献取り寄せ・複写依頼をプロの手際で処理していただき、彼女らの協力なしには本書はまだ日の目を見ることはなかっただろう。同図書館（当時）の稲垣啓吾氏には、『アジア・マガジン』共同設立者であるエイドリアン・ゼッカ氏の弟、オースティン・ゼッカ氏がスタンフォード大学に提出した修士論文"A value-analysis of The Asia magazine"（アジア・マガジンの価値分析）を入手する上で大変お世話になった。外国の学位論文を手に入れるのは現状の制度では難しいようだが、ピッツバーグ大学図書館のグッド和代氏にもご協力をいただき、データを送ってもらうことができたのである。また、複写を快諾してくださったゼッカ氏にもお礼を申し上げたい。

全ての方のお名前を挙げることができず恐縮であるが、この他にも多くの方々のご支援をいただいた。深く感謝申し上げる次第である。

恩師である小島亮先生には、いつもながら的確なご指導をいただいた。まだまだ長年の恩を返すには不十分であるが、初の単著を執筆できたことで少しはお礼をできたのではないかと思う。人文書院の井上裕美氏には、終始有益な助言と励ましをいただいた。未知の書き手である私に期待をしてくれたことに心からの感謝を述べたい。

岩間　優希

〔付記〕
本書は平成二七、二八年度中部大学特別研究費の助成を受けたものです。
本書は平成二九年度中部大学出版助成を受けたものです。

著者略歴

岩間優希（いわま・ゆうき）

1982年生まれ。立命館大学先端総合学術研究科一貫制博士課程修了。博士（学術）。専門はジャーナリズム論。現在、中部大学全学共通教育部専任講師。主な著書に、『戦後史再考』（平凡社、2014、共著）、『文献目録　ベトナム戦争と日本』（人間社、2008、編著）、オーラルヒストリーに「越境による抵抗、あるいは抵抗のための越境――高橋武智氏に聞く」（『アリーナ』18号別冊、2015、中部大学）など。

PANA通信社と戦後日本
――汎アジア・メディアを創ったジャーナリストたち

2017年9月20日　初版第1刷印刷
2017年9月30日　初版第1刷発行

著　者　岩間優希
発行者　渡辺博史
発行所　人文書院
〒612-8447　京都市伏見区竹田西内畑町9
電話　075-603-1344　振替　01000-8-1103

装幀者　田端恵（株）META
印刷・製本所　創栄図書印刷株式会社

落丁・乱丁本は小社送料負担にてお取り替えいたします

ISBN978-4-409-24118-9　C1036

落丁・乱丁本は小社送料負担にてお取り替えいたします